W0395910

Himmlische Düfte

Susanne Fischer-Rizzi

Himmlische Düfte

Aromatherapie

Anwendung wohlriechender Pflanzenessenzen
und ihre Wirkung auf Körper und Seele

Illustrationen und Gestaltung
Peter Ebenhoch

AT Verlag

Dieses Buch ist eine vollständig überarbeitete, aktualisierte und neu gestaltete Ausgabe des 1989 unter demselben Titel im Hugendubel Verlag, München, erschienenen Werks.

4. Auflage, 2008

© 2002
AT Verlag, Aarau, Schweiz

Umschlagbild oben: Farfalla Essentials AG, Uster, unten: Ulla Mayer-Raichle, Kempten
Druck und Bindearbeiten: Firmengruppe APPL, aprinta druck, Wemding
Printed in Germany

ISBN 978-3-03800-349-6

www.at-verlag.ch

www.susanne-fischer-rizzi.de

INHALT

VORWORT

In diesem Buch möchte ich Sie einladen zu einer Reise ins Reich der Pflanzendüfte. Diese kennen zu lernen ist wie sich verlieben: sie berühren unser Herz, öffnen uns für die Schönheit, die uns umgibt, und schließen geheime Türen unserer Seelen auf. Plötzlich ist alles wie verzaubert …

Lassen Sie sich von den edlen Pflanzendüften entführen in sonnige Orangengärten, süß duftende Jasminlauben, heilige Zypressenhaine oder würzig-frische Eukalyptuswälder. Lassen Sie sich berühren, erheitern, erfreuen …

Ich möchte hier meine Dankbarkeit, die ich für die duftenden Essenzen empfinde, mit Ihnen teilen, ein Geschenk weitergeben, denn die Pflanzendüfte kamen zu mir wie eine Gabe des Himmels:

»Ich habe ein altes Haus gekauft«, so erzählte mir eine Bekannte am Telefon, »im Keller steht alles voll mit Kräuterkram, denn das Haus gehörte einem plötzlich verstorbenen Heiler. Komm doch vorbei und schau, ob du etwas davon gebrauchen kannst.« Meine Bekannte wusste von meinem Interesse an Heilpflanzen und meiner Arbeit damit. So besuchte ich sie einige Tage später und wollte meinen Augen nicht trauen: Als sie die Türe ihres neuen Kellers für mich öffnete, tat sich vor mir ein komplett eingerichtetes Alchemielabor auf, eine Werkstatt zum Herstellen jeder Art von Pflanzenmedizin. Es gab Kräuter, Tinkturen, Pillen, Salben, alte Kräuterbücher … Während ich mir alles mit klopfendem Herzen anschaute, stieß ich auf einen Schrank, der viele besonders schöne Fläschchen enthielt. Jedes war mit einer Nummer gekennzeichnet, ohne weitere Beschriftung. Ich öffnete eines nach dem anderen, und die schönsten Düfte stiegen mir in die Nase. Über 50 verschiedene ätherische Öle waren es; auch Essenzen werden sie genannt, und sie sind für Alchemisten die Seele der Pflanzen. Ich war sehr begeistert und packte diese Fläschchen als Erstes ein. Noch ahnte ich nicht, dass damit mein Abenteuer mit den köstlichen Pflanzendüften seinen Anfang nehmen sollte.

Nirgends im Labor konnte ich jedoch den Schlüssel zur Erklärung der Zahlen finden, die die Fläschchen kennzeichneten. (Wenn Sie selbst einmal mit Essenzen experimentieren, werden Sie überrascht sein, wie schwer es ist, eine Essenz ohne Namen zu erraten.) Zu dieser Zeit, über fünfzehn Jahre sind seitdem verstrichen, gab es keine spezielle Literatur in deutscher Sprache über Wirkung und Anwendung ätherischer Öle. Der Begriff »Aromatherapie« war in Deutschland unbekannt. Es gab niemand, der diese spezielle Methode praktizierte und lehrte. So war ich auf mich selbst gestellt und begann, mit den Essenzen zu experimentieren. Zuerst probierte ich sie an mir selbst, später in meinem großen Freundeskreis aus, den ich an meinen Schätzen teilhaben ließ. Wir testeten sie durch Verdampfen, Einreiben, Einnehmen und waren fasziniert von den wunderbaren Pflanzendüften. Viel Spaß hatten wir an unseren Experimenten, auch wenn so manches Missgeschick passierte. Wertvolle Erfahrungen waren jedoch immer damit verknüpft.

Die Essenzen brachten ein neues Element in unser Leben. Ja, manchmal empfanden wir es vergleichsweise so, als könnten wir nach Jahren des gewohnten Schwarzweißfilmes vielfältige Farben sehen. Die Essenzen regten Freude, Begeisterung und Offenheit und die Selbstheilungskräfte unseres Körpers an.

Später dann, in meiner Praxis als Heilpraktikerin, wendete ich die Essenzen mit gutem Erfolg an. Ich hatte in ihnen ein Mittel gefunden, dort heilend zu wirken, wo in der Tiefe der emotionale Ursprung vieler Krankheiten liegt.

Es gab zu dieser Zeit jedoch noch immer keine deutsche Literatur oder lehrende Aromatherapeuten hierzulande. Viele meiner Freunde, Bekannten und Patienten hätten gerne über die Wirkung und Anwendung der ätherischen Öle mehr gewusst. Deshalb entschloss ich mich, Ausbildungsseminare darüber anzubieten.

Die Fläschchen des Heilers waren inzwischen leer geworden. Ich entdeckte beim Kauf neuer Essenzen große Qualitätsunterschiede und widmete mich der Suche nach ätherischen Ölen von reiner Qualität. Mein Weg führte mich in südliche Gefilde, und ich durfte dabei viele wunderbare Menschen wie Anbauer, Sammler, Destilleure usw. kennen lernen. Meiner Nase folgend entdecke ich jeden Tag etwas Neues, die Freude darüber geht nicht aus.

November 1988
Susanne Fischer-Rizzi

Vorwort zur überarbeiteten Auflage

Nun sind seit dem ersten Erscheinen dieses Buches fast 15 Jahre vergangen. «Himmlische Düfte» haben viele angesprochen und berührt, in Deutschland, der Schweiz und Österreich hat dieses Buch der Aromatherapie mit den Weg geöffnet. Es ist zu einem Klassiker geworden. In Wartezimmern, Krankenhäusern, Hospizen verbreiten Duftlampen angenehme Düfte, und es kann durchaus vorkommen, dass man im Krankenhaus zusätzlich ätherische Öle verabreicht bekommt. Es ist nicht mehr schwer, ätherische Öle guter Qualität zu finden. Ganz im Gegenteil – sie werden nun in großem Stil vermarktet. Die ätherischen Öle, kostbare Geschenke aus dem Pflanzenreich, werden mehr verbraucht als gebraucht und oft gedankenlos verschwendet. Nun, da die Essenzen in unserem Leben ihren Platz gefunden haben, wünsche ich mir, dass sie weiterhin mit Dankbarkeit und Respekt behandelt werden und dorthin finden, wo sie Gesundheit, Wohlbefinden, Inspiration und Freunde schenken.

Juli 2002
Susanne Fischer-Rizzi

Ätherische Öle sollten Sie – innerlich eingenommen – nur unter Anleitung einer erfahrenen Therapeutin oder eines Therapeuten anwenden.

Alle Ratschläge und Rezepte in diesem Buch wurden von der Autorin sorgfältig geprüft und erprobt.

Trotzdem kann keine Haftung übernommen werden.

Die im Buch beschriebenen Verfahren können eine Behandlung durch Ärzte oder Heilpraktiker bei ernsthaften gesundheitlichen Problemen nicht ersetzen.

Meine Schwester, liebe Braut,
du bist ein verschlossener Garten,
eine verschlossene Quelle,
ein versiegelter Born.

Deine Gewächse sind wie ein Lustgarten
von Granatäpfeln mit allen edlen Früchten,
Zyperblumen mit Narden,

Narde und Safran, Kalmus und Zimt,
mit allerlei Bäumen des Weihrauchs,
Myrrhen und Aloe mit allen besten Würzen.

Stehe auf, Nordwind, und komm, Südwind,
und wehe durch meinen Garten,
dass seine Düfte strömen ...

HOHESLIED 4, 12–16

Aromatherapie
Heilen mit ätherischen Ölen

»Die Zeit war noch nicht reif dafür«, antwortete mir vor etwa 15 Jahren ein Aromatherapeut auf meine Frage, warum hierzulande die Aromatherapie vor einigen Jahren noch unbekannt war. Und das, obwohl sie auf eine etwa 5000 Jahre alte Geschichte zurückblicken kann. Doch jetzt, so glaube ich, ist es so weit. Das wachsende Interesse bestätigt dies.

Wir sind aufgeschreckt durch die Nebenwirkungen der chemischen Medikamente. Wir wissen, dass diese die Selbstheilungsprozesse des Körpers schwächen, möchten uns aus der Abhängigkeit von ihnen lösen und selbst mehr Verantwortung für unseren Körper übernehmen und mehr Wert auf die Vorbeugung von Krankheiten legen.

Immer mehr verstehen wir, dass jede Krankheit ihren Ursprung in der Psyche hat, dass nur eine ganzheitliche Heilmethode Körper und Seele heilen kann. Die Suche nach Heilmitteln, die allen Bereichen gerecht werden, ist in der orthodoxen Medizin vernachlässigt worden. Deshalb findet die ganzheitlich ausgerichtete Naturheilkunde immer mehr Anhänger.

Unsere Bedürfnisse nach Nahrung, Schutz, Besitz und Sicherheit sind befriedigt, und doch nimmt die Zahl der unglücklichen Menschen in unserer Zivilisation zu. Wir verstehen, dass eine innere Leere nicht durch äußeren Reichtum oder Zerstreuung gefüllt werden kann. Die geistigen Kostbarkeiten scheinen uns verloren gegangen zu sein.

Deshalb sind wir offen für Heilmethoden, die all diese vernachlässigten Bereiche ansprechen. Gerade die Aromatherapie wirkt so umfassend wie wenige andere therapeutische Richtungen. Glücklicherweise sind die Essenzen, die konzentrierten Duftstoffe der Pflanzen, die wir hierfür verwenden, in ihrer reinen Form seit einigen Jahren jedem Interessierten zugänglich.

Wenn die Essenzen richtig angewendet werden, verursachen sie keine Nebenwirkungen. Im Gegensatz zur Chemotherapie mobilisieren sie die Selbstheilungskräfte des Körpers. Die Aromatherapie folgt den Prinzipien der Naturheilkunde: sie will die Lebenskraft und Selbstheilungskräfte des Patienten wecken und stärken. Die Essenzen oder ätherischen Öle haben tiefe Wirkung auf unser psychisches Gleichgewicht. Sie bewirken eine seelische Umstimmung, regulieren aus der Balance Geratenes und entziehen einer Krankheit den eigentlichen Nährboden. Sie wirken gleichermaßen auf den Körper und die Seele, also im ganzheitlichen Sinne.

Die Essenzen können uns für die Schönheit, Einmaligkeit und Kostbarkeit der Schöpfung öffnen und uns so zu innerer Zufriedenheit führen. Sie gelten als »Pforte zur Seele« und geben Impulse auf der Suche nach unserem Lebenssinn.

Die ätherischen Öle besitzen einzigartige Eigenschaften, aus denen sich ihre Wirkungsweise und die verschiedenen Anwendungsmöglichkeiten ergeben. Durch ihre unmittelbare Wirkung auf Zentren im Gehirn und von dort aus auf Steuermechanismen regulieren sie psychische und physische Vorgänge. Aus diesem Grunde wird das Aufnehmen der Düfte über Duftlampe, Aerosolgerät und Inhalation viel praktiziert. Besonders in der Psycho-Aromatherapie gebraucht man diese Anwendungsart zur Behandlung von Depressionen, Schlafstörungen, Stresssymptomen und Angst.

Die Essenzen können die Haut durchdringen und über Bindegewebe und Lymphe in den Blutkreislauf eintreten. Von dort aus erreichen sie die ihnen zugeordneten Organe. Über Nieren und Lunge werden sie wieder ausgeschieden. Durch ihren Kontakt mit der Haut, unserem größten Organ, unterstützen die Essenzen diese in ihrer vielfältigen Funktion. Sie werden in verdünnter Form auf die Haut gebracht in Form von Massagen, Bädern und Kompressen und wirken so nicht nur auf die Haut, sondern auch auf Körper und Psyche.

Die Essenzen können auch innerlich eingenommen werden. Besonders in Frankreich und Italien haben Aromatherapeuten auf diesem Gebiet in den letzten Jahrzehnten gute Erfahrungen gemacht. Diese Anwendungsart gehört in die Hände eines/r erfahrenen Therapeuten/in. Nehmen Sie die Essenzen als Laie niemals ohne therapeutische Begleitung innerlich ein. Unsachgemäße Anwendung kann zu Gesundheitsschäden führen. Ziehen Sie bei ernsthaften Erkrankungen einen Arzt oder Heilpraktiker zu Rate.

Die Aromatherapie lässt sich mit fast allen anderen Therapien kombinieren. Jede Anwendungsart der Naturheilkunde kann so in ihrer Wirkung verstärkt werden. Auch bei unerlässlicher Chemotherapie können Essenzen hilfreiche Begleiter sein.

Die Aromatherapie verträgt sich besonders gut mit der Bachblütentherapie, nicht immer mit der Homöopathie. Einige Essenzen können die Wirkung der homöopathischen Arzneimittel aufheben. Während einer homöopathischen Behandlung sollten Sie die Essenzen aus Kampfer, Minze und Kamille völlig meiden.

Die Aromatherapie ist schon vor Jahrtausenden praktiziert worden und dann in Vergessenheit geraten. In den letzten Jahrzehnten hat man sie wiederentdeckt, speziell in Frankreich, Italien und England. Als Vater der modernen Aromatherapie gilt der französische Chemiker René-Maurice Gattefossé, der den Ausdruck Aromatherapie prägte und ihn als Titel seines 1937 erschienenen Buches verwendete. Er war besonders daran interessiert, wie die ätherischen Öle auf die Haut kosmetisch und medizinisch wirken. Dr. Jean Valnet, ein französischer Arzt, war von Gattefossés Buch sehr beeindruckt. Im Zweiten Weltkrieg gebrauchte Valnet als Sanitäter

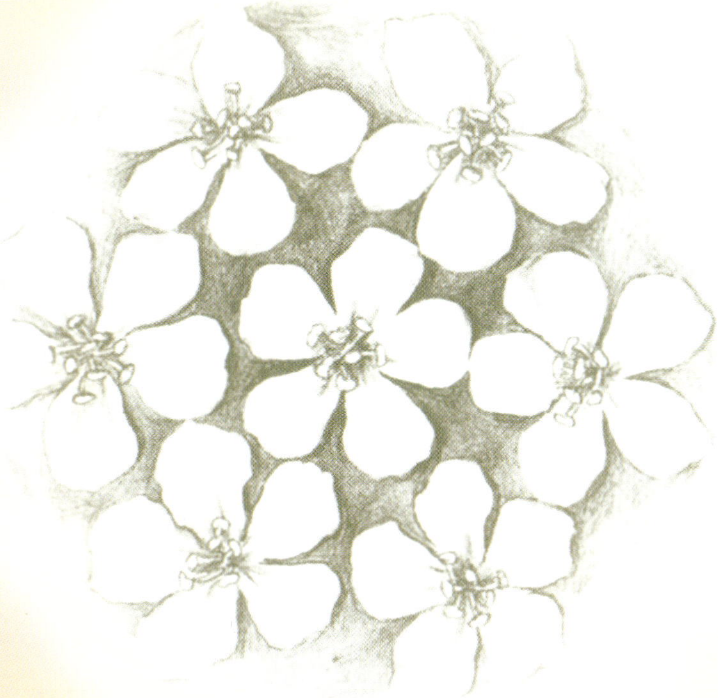

ätherische Öle, um Kriegsverletzungen zu desinfizieren und zu heilen. 1964 gab er sein Buch »Aromathérapie, Traitement des maladies par les essences des plantes« heraus. Valnet unterrichtete besonders Ärzte im Gebrauch der ätherischen Öle. In Frankreich gibt es viele Therapeuten, die mit ätherischen Ölen behandeln.

Von Frankreich aus erreichte die Aromatherapie England. Valnets Schülerinnen Marguerite Maury und Micheline Arcier führten dort die Aromatherapie ein. Sie erfreut sich heute großer Beachtung und Beliebtheit (auch die königliche Familie zeigt sich der Aromatherapie gegenüber aufgeschlossen). Es gibt in England bereits viele Aromatherapeuten und etliche Schulen, wo man diese Heilkunst erlernen kann. Auch in einigen Kliniken wird sie bereits angewendet.

In Italien beschäftigten sich in den Jahren 1920 bis 1930 Wissenschaftler besonders mit der Erforschung der psychologischen Wirkung der Essenzen. Dr. Renato Cayola und Dr. Giovanni Gatti veröffentlichten 1922 einen Artikel über die Wirkung der Essenzen auf das Nervensystem. Die beiden Wissenschaftler untersuchten die Wirkung der ätherischen Öle hinsichtlich ihrer stimulierenden oder beruhigenden Kraft und stellten umfangreiche Messungen von Blutdruck, Atemfrequenz und Blutzirkulation an. Außerdem erforschten sie die keimtötende Wirkung ätherischer Öle.

Professor Rovesti

Professor Paolo Rovesti von der Universität Mailand unternahm ebenfalls Studien über die psychische Wirkung der Essenzen. Er behandelte damit Patienten mit psychischen Störungen wie Depressionen und Angstzuständen. Er empfahl die Anwendung von Mischungen aus ätherischen Ölen. Zur Behandlung von Depression zum Beispiel verwendete er Jasmin, Sandelholz, Orange, Verbena und Zitrone; für Angstzustände Bergamotte, Neroli, Zypresse, Petit Grain, Limette, Rose, Veilchenblätter und Majoran.

Heute findet die Wirkung der Essenzen bei interessierten Laien, bei Naturheilärzten, Heilpraktikern und auch bei Wissenschaftlern der ganzen Welt Beachtung. Sie werden in Krankenhäusern, Altenheimen, Hospizen, Kindergärten usw. angewendet. Besonders in Amerika, Japan und England versuchen Wissenschaftler mehr über die geheimnisvollen Düfte und ihre Wirkung herauszufinden.

Der Geist in der Flasche

WAS SIND ÄTHERISCHE ÖLE?

Den unsichtbaren und vergänglichen Duft der Pflanzen einzufangen und ihn, wann immer man will, einzuatmen, ist ein Wunsch seit Menschengedenken. Wie viele schöne Erinnerungen und Stimmungen sind mit Düften verbunden! Wie oft wünschte man sie einzufangen und sie dann irgendwann einmal wie einen Geist aus der Flasche zu befreien, der einen in jene Zeit, jene Situation, in jenes Schlafgemach eines Prinzen oder einer Prinzessin, in jenen zauberhaften Blumengarten heben könnte? Das riecht nach Magie. Doch es ist gelungen.

Priester, Heiler und Alchemisten sind zu verschiedenen Zeiten und an verschiedenen Orten der Welt hinter das Geheimnis gekommen, Pflanzen ihrer Düfte zu berauben und diese einzufangen wie einen Geist in der Flasche. Auf der Suche nach dem Stein der Weisen fanden die Alchemisten die Seele der Pflanzen, wie sie die ätherischen Öle nannten.

Ätherisch heißt himmlisch. Und das sind sie wirklich, diese duftenden Kostbarkeiten. Sie werden auch Essenzen genannt, denn sie sind das Essenzielle, die Seele der Pflanzen. Keine gleicht der anderen, und jedes ätherische Öl ist eine Duftpersönlichkeit. Die Essenzen beinhalten, wie die Heilerinnen und Heiler erkannten, die Lebenskraft, das Kraftfeld der Pflanzen, in konzentrierter Form. Sie sind Energieträger. Radiästhesisten, Menschen, die diese Energien mit verschiedenen Geräten messen können, wissen von der hohen Schwingung reiner ätherischer Öle.

Mit der Kirlianfotografie kann man die Ausstrahlung von Lebenskraft fotografisch sichtbar machen. Ein frisch gepflücktes Blatt zum Beispiel hat einen farbigen Lichtkranz um sich, eine Aura. Diese nimmt mit der Zeit ab, bis sie um das tote Blatt fast ganz verschwunden ist. Reine Essenzen zeigen in der Kirlianfotografie auch eine starke Ausstrahlung.

Schauen wir uns die Pflanzen, die uns diese kostbaren Essenzen schenken, näher an. Ihr Duft, das ätherische Öl, sitzt in winzigen Öltröpfchen in oder auf dem Pflanzengewebe. Bei einigen Pflanzen kann man die Öldrüsen sogar mit dem bloßen Augen erkennen, zum Beispiel in den Schalen der Orangen oder in einem Johanniskrautblatt, das man gegen das Licht hält.

Weshalb produzieren Pflanzen Duftstoffe? Früher hieß es, das seien lediglich Abfallprodukte des Pflanzenstoffwechsels. Doch davon spricht heute niemand mehr. Ätherische Öle spielen eine wichtige Rolle in der Entwicklung der Pflanzen. Sie sind Energiespeicher, Informationsträger, Krankheitsschutz, Temperaturregler und vieles mehr für die Pflanzen. Besonders viel Essenz in der Blüte lockt entweder die der Pflanze genehmen Insekten an oder schreckt andere ab, die die Pflanze nicht »lieben«, sondern auffressen wollen. Heute wird diese Tatsache schon mit Erfolg zur Bekämpfung von Insekten verwendet, indem man sie in »Duftfallen« lockt.

Als ich letzten Sommer in der Toskana abends bei geöffnetem Fenster eine ätherische Ölmischung abfüllte, kamen ganz besonders große Nachtfalter zum Fenster hereingeflogen und ließen sich an den Wänden und auf den Möbeln nieder. Diese spezielle Art der hereinflatternden Insekten reagierte sicherlich auf den Duftstoff. Die ätherischen Öle oder Essenzen schützen auch die Pflanze vor Bakterien und Pilzen. An anderer Stelle werden wir noch von der keimtötenden Kraft der Essenzen hören. Die verdunstenden ätherischen Öle schaffen ein geeignetes Mikroklima um die Pflanzenteile herum und schützen sie dadurch vor Hitze und Kälte. Der Duft dient auch zur feinstofflichen Kommunikation zwischen den Pflanzen, wie er zu Beginn des Lebens im Meer die einzige Kommunikationsmöglichkeit zwischen den Einzellern war. Zimmerpflanzen reagieren mit verstärktem Wuchs und Blühfähigkeit auf ätherische Öle in der Luft. Die Duftstoffe können in verschiedenen Teilen der Pflanze konzentriert eingelagert sein:

in den Blüten, wie bei Rose, Jasmin, Kamille;
in den Blättern, wie bei den meisten Vertretern der Familie der Lippenblütler, zum Beispiel Salbei, Melisse, Thymian;
in den Wurzeln, wie bei Kalmus, Angelika, Vetiver;
in Früchten, wie bei Anis, Koriander, Kümmel;
im Holz, wie bei Sandelholz, Zedernholz, Rosenholz;
in der Rinde, wie beim Zimt;
im Harz, wie bei Weihrauch, Myrrhe, Benzoe; in der äußers-

ten Fruchtschale, wie bei allen Zitrusfrüchten.

Man braucht eine sehr große Menge von Pflanzen, um ein wenig Essenz zu erhalten. Der Behälter dafür sollte immer verschlossen aufbewahrt werden, denn als »himmlische« flüchtige Essenzen wollen die ätherischen Öle wieder »zurück in den Himmel«, das heißt, sie verdunsten. Ätherische Öle sind keine wirklichen Öle. Im Gegensatz zu den fetten Ölen (wie allen Salatölen, Mandelöl oder Jojobaöl, die – schwerfällig wie eine alte Schildkröte – sich nicht in die Luft erheben) sind die Essenzen leicht flüchtig. Fette Öle hinterlassen auf einem Stück Fließpapier, im Gegensatz zu den meisten Essenzen, immer einen Fettfleck. Ätherische Öle erheben sich wie Schmetterlinge von unserer Haut und bewegen sich in die Luft.

Zum Aufbewahren der Essenzen sollte man nie durchsichtige Flaschen verwenden. Ätherische Öle sind lichtempfindlich; ihre Qualität sinkt schnell, wenn sie dem direkten Licht ausgesetzt werden. Am besten eignen sich braune oder blaue Flaschen.

Wie lange halten sich die ätherischen Öle? Wenn sie richtig gelagert sind, einige Jahre. Die Flaschen sollten ganz gefüllt sein, damit die Essenzen mit der Luft nicht oxydieren können. Sie dürfen auch keinen extremen Temperaturen ausgesetzt werden, weder Minusgraden überhaupt noch Plusgraden von mehr als 35 Grad. Ihre volle Energie haben die Essenzen ein Jahr lang, dann lässt sie minimal nach. Auch Kräuter wechselt man nach einem Jahr, bei der neuen Ernte, aus. Die ätherischen Öle aus Zitrusschalen sind empfindlicher und sollten, bei längerer Lagerzeit, im Kühlschrank aufbewahrt werden. Ungeöffnet halten sie 6 bis 8 Monate.

Es gibt auch einige Essenzen, die im Laufe der Jahre reifen, wie es gute Weine tun: Jasmin, Patchouli, Rose, Weihrauch und Rosenholz. Legen Sie sich auch in den Weinkeller ein Fläschchen Jasminessenz!

Die Konsistenz der ätherischen Öle ist verschieden. Manche sind sehr flüssig, wie Lavendel, Zitrone oder Minze; andere wiederum zähflüssig wie Vetiver, Mimose oder Tonka. Wenn Sie eine zähe Essenz aus der Flasche entnehmen wollen, benützen sie am besten einen winzigen Spatel oder eine Stricknadel. Tauchen Sie das Instrument in die Essenz und drehen sie es dann zum Beispiel in einem Fläschchen mit fettem Öl und reiben Sie es gegen den inneren Rand. Manche der zähflüssigen Essenzen werden schon vor dem Abfüllen mit Alkohol oder fettem Öl gemischt, damit sie besser verwendbar werden.

Auch in der Farbe differieren die verschiedenen Essenzen. Manche sind farblos und klar wie Lavendel oder Eisenkraut; andere sind dunkler bis braun wie Vetiver oder Patchouli. Deutsche Kamille und Schafgarbe sind tiefblau.

Die Essenzen vermischen sich nicht gut mit Wasser, jedoch mit fettem Öl, in Alkohol, Seife und teilweise in natürlichen Emulsionen und Emulgatoren wie Milch, Sahne, Honig, Eigelb. Daraus ergeben sich verschiedene Anwendungsarten.

Aus dem Repertoire von Hunderten von duftenden, aromatischen Pflanzen werden nur etwa siebenhundert zur Herstellung von ätherischem Öl verwendet. In der Aromatherapie bedient man sich heute gewöhnlicherweise maximal siebzig verschiedener Essenzen (einige Therapeuten gebrauchen bis zu einhundertzwanzig). Wenn man die Essenzen kennen lernen und ausprobieren will, genügen jedoch für den Anfang fünf bis zehn verschiedene. Folgende gehören dazu:

Lavendel, Minze, Eukalyptus;

eine der vielen Zitrusfrüchte: Zitrone, Orange, Bergamotte, Mandarine, Limette, Pampelmuse;

eine der Nadelbäume: Zirbelkiefer, Douglasie oder Zeder;

eine der süßen Blumen: Rose, Ylang-Ylang, Neroli, Jasmin oder Geranie;

ein Gewürz: Fenchel, Koriander, Dill, Estragon, Kümmel oder Wacholderbeere;

ein Holz: Sandelholz, Linaloeholz oder Zedernholz.

Gewinnung der ätherischen Öle

»Das Destillieren ist nichts anderes als das Subtile vom Groben und das Grobe vom Subtilen zu scheiden, das Gebrechliche oder Zerstörbare unzerstörbar, das Materielle unmateriell, das Leibliche geistig, das Unschöne schöner zu machen.«

HIERONYMUS BRUNSCHWIG
Aus dem »Buch der wahren Kunst zu destillieren«, 1512.

DIE GESCHICHTE DER GEWINNUNG

Wie kann man die winzigen, duftenden Tröpfchen des ätherischen Öls von den umgebenden Pflanzenteilen trennen? Wie werden sie aufbewahrt? Dieses Geheimnis scheint schon vor etwa 5000 Jahren gelöst worden zu sein. Seltsamerweise ging es immer wieder verloren und wurde dann wieder neu entdeckt.

Historisches alchemistisches Labor Schloss Heidelberg

Alchemistische Geräte

Archäologen fanden ein mesopotamisches Destilliergerät, das zur Herstellung von Essenzen diente. Es wird auf ein Alter von 5000 Jahren geschätzt (siehe mein Buch »Auf der Suche nach den verlorenen Düften«). Auch von den Ägyptern wissen wir, dass sie schon 4000 Jahre vor der Zeitwende ätherische Öle verwendeten. Sie benützten vor allem die Essenzen aus Zedernholz, Zimt, Terpentin, Dill, Basilikum und Koriander zur Mumifizierung, zum Heilen und für Kosmetik. Chinesen und Inder kannten ebenfalls den Gebrauch des Destilliergerätes. Sie stellten zu ältesten Zeiten ihrer Geschichte ätherische Öle her, vor allem Rosenöl, Kalmusöl und Andropogonöl. Griechen und Römer zehrten vom Wissen der Ägypter und deren Erfahrung mit Heilpflanzen nach der Eroberung des ägyptischen Reiches.

Doch dann scheint das Geheimnis verloren gegangen zu sein. Die ätherischen Öle verschwanden. Ende des 10. Jahrhunderts tauchten sie wieder auf, diesmal bei arabischen Ärzten und Alchemisten. Es heißt, der bekannte arabische Arzt Avicenna (980–1037) habe die Destillation entdeckt. Diese Kunst lehrten die Araber an den von ihnen gegründeten Universitäten in Spanien. Auch durch die Kreuzzüge kam das Wissen von duftenden Wässern und Essenzen nach Europa und verbreitete sich hier. Durch Mongoleneinfälle und später durch die Türken wurde es in den durch die Araber beherrschten Ländern wieder verdrängt. Die Destillierkunst war dort, wo sie aus dem Dunkel der Jahrtausende gehoben wurde, wieder versunken.

Im 16. Jahrhundert erlebte sie in Deutschland eine Renaissance. H. Brunschwig, ein Straßburger Arzt, beschrieb in seinem »Buch der wahren Kunst zu destillieren« 25 verschiedene ätherische Öle. Der große Arzt und Alchemist Paracelsus (1493–1541) förderte und beeinflusste in besonderem Maße die Herstellung und den medizinischen Gebrauch der ätherischen Öle. In den Jahren 1500 bis 1730 lernte man bis zu 114 verschiedene ätherische Öle zu destillieren und medizinisch einzusetzen. In Kräuterbüchern wurden ihre Heilwirkungen beschrieben. Erst im 19. Jahrhundert begann man, sie aus dem Arzneimittelschatz durch die neu entstandenen chemischen Heilmittel zu verdrängen.

Durch das neu entstandene Interesse an der Aromatherapie ist die Nachfrage nach reinen Essenzen gestiegen. Deshalb werden heute zunehmend mehr Öle mit guter Qualität angeboten. Mehr und mehr Bauern, vor allem jene, die biologisch anbauen, destillieren ihre Essenzen wieder selbst.

GEWINNUNG DURCH WASSERDAMPFDESTILLATION

Was war nun dieses Geheimnis, das im Laufe der Jahrtausende immer wieder neu entdeckt wurde? Es war einfacher Wasserdampf! Dieser kann den Pflanzen ihre Öltröpfchen entreißen und sie nach oben tragen. Wenn man in einem großen Bottich, Alambic genannt, zerkleinerte Pflanzen und Wasser erhitzt, löst der aufsteigende Wasserdampf die ätherischen Öle aus den Pflanzen. Ergiebiger ist es, wenn man die Pflanzen auf einen Rost legt und Wasserdampf hindurchleitet. Den Dampf fängt man samt Essenz in einem sich verjüngenden Rohr auf, das mit kaltem Wasser gekühlt wird, und leitet das Destillat in ein Auffanggefäß. Dort findet sich Wasser, auf dessen Oberfläche das leichtere Öl schwimmt. Nur in wenigen Ausnahmen ist das ätherische Öl schwerer und sinkt nach unten. Das Öl wird abgeschöpft oder mit einer venezianischen Flasche getrennt. Diese Methode wird Wasserdampfdestillation genannt und ist noch heute die gebräuchlichste, um Essenzen zu gewinnen.

Das Destillieren der Essenzen ist eine Kunst, die jahrelange Erfahrung erfordert. Druck, Temperatur und Zeit müssen genau auf das spezifische Öl abgestimmt sein. Wenn man stark erhitzt oder den Alambic unter hohen Druck setzt, wird die Ausbeute an ätherischem Öl größer. Entsprechend nimmt die Qualität des Öles ab. Für die Aromatherapie werden vollständige Öle gebraucht, das heißt, sie sollten so weit wie möglich noch alle Inhaltsstoffe besitzen. Die ätherischen Öle sind komplexe Substanzen, die aus einigen Hundert verschiedenen Inhaltsstoffen bestehen können.

Hoher Druck und zu viel Hitze können viele dieser Bestandteile zerstören und außerdem Brandgeruch in den Essenzen erzeugen und Harzbildung hervorrufen.

Um die Reinheit der Essenzen zu erhalten, soll die Destillation langsam durchgeführt werden, bis auch die Teile in die Essenz übergehen, die am schwersten verdunsten. Innerhalb des ersten Viertels der Zeit erhält man drei Viertel des ätherischen Öls. Die weitere Destillation ist für viele Destillateure nicht mehr rentabel. Leider fehlen in solchen nicht zu Ende destillierten Ölen jene wichtigen Bestandteile, die das Produkt therapeutisch voll wirksam machen.

Ein reines ätherisches Öl ist für die Nase das, was für unsere Augen ein vollständiges Gemälde ist. Es hat Vordergrund und Hintergrund, Licht und Schatten und viele Details. Erschnuppern Sie einmal eine Essenz! Mit der Zeit werden Sie herausfinden, dass schlechte Öle oder Imitationen »flach« riechen. Geübte Nasen können die feinsten Unterschiede in den Essenzen erriechen. So haben manche Öle einen leichten Metallgeruch, der von einem schlechten Metallrost im Alambic oder von einem schlechten Alambic selbst kommt. Inoxstahl wird bevorzugt, da andere Materialien von manchen Ölen (zum Beispiel Wacholder und Zypresse) gelöst werden können.

Der Alambic schluckt eine schier unglaubliche Menge an Pflanzenmaterial, das fest in ihn hineingepresst wird. Am anderen Ende, im Auffanggefäß, findet sich eine vergleichsweise

winzige Menge an ätherischem Öl. 160 kg wilder Lavendel ergeben ein Kilogramm Öl. Ebenfalls nur ein Kilogramm Öl ergeben 1000 kg Jasminblüten, fünf Tonnen Rosenblätter oder die Schalen von 1000 Zitronen. Aus dieser großen Menge an Pflanzenmaterial erklärt sich der hohe Preis echter Essenzen. Ganz hochwertige, schonend abdestillierte Öle sind noch teurer. Als eines der kostbarsten Geschenke der Natur haben sie zu Recht ihren Preis.

GEWINNUNG DURCH KALTPRESSUNG

Die Zitrusfrüchte lagern ihre ätherischen Öle in der Schale. Wir können die kleinen Öldrüsen sogar mit dem bloßen Auge erkennen. Wenn wir eine Orangenschale gegen die Flamme einer brennenden Kerze ausdrücken, verbrennt das ätherische Öl in hellen Flämmchen. Bis zirka 1930 wurden die Zitrusöle so hergestellt, dass man deren Schalen gegen einen Schwamm ausdrückte. Heute werden sie durch maschinelle Kaltpressung gewonnen. Die Schalen werden fein zerkleinert und – mit wenig Wasser vermischt – ausgedrückt. Aus dem entstandenen Öl-Wasser-Gemisch wird das ätherische Öl mit einer Zentrifuge getrennt. Wichtig ist (wie bei Honig), dass für diesen Vorgang keine Hitze zu Hilfe genommen wird, weil dadurch wichtige Bestandteile der Essenz zerstört werden. Gerade bei Zitrusölen ist zu beachten, dass die Pflanzen und Früchte nicht gespritzt sind oder besser noch aus biologischem Anbau stammen, da bei der Pressung sämtliche Giftstoffe aus der Schale ins Öl gelangen.

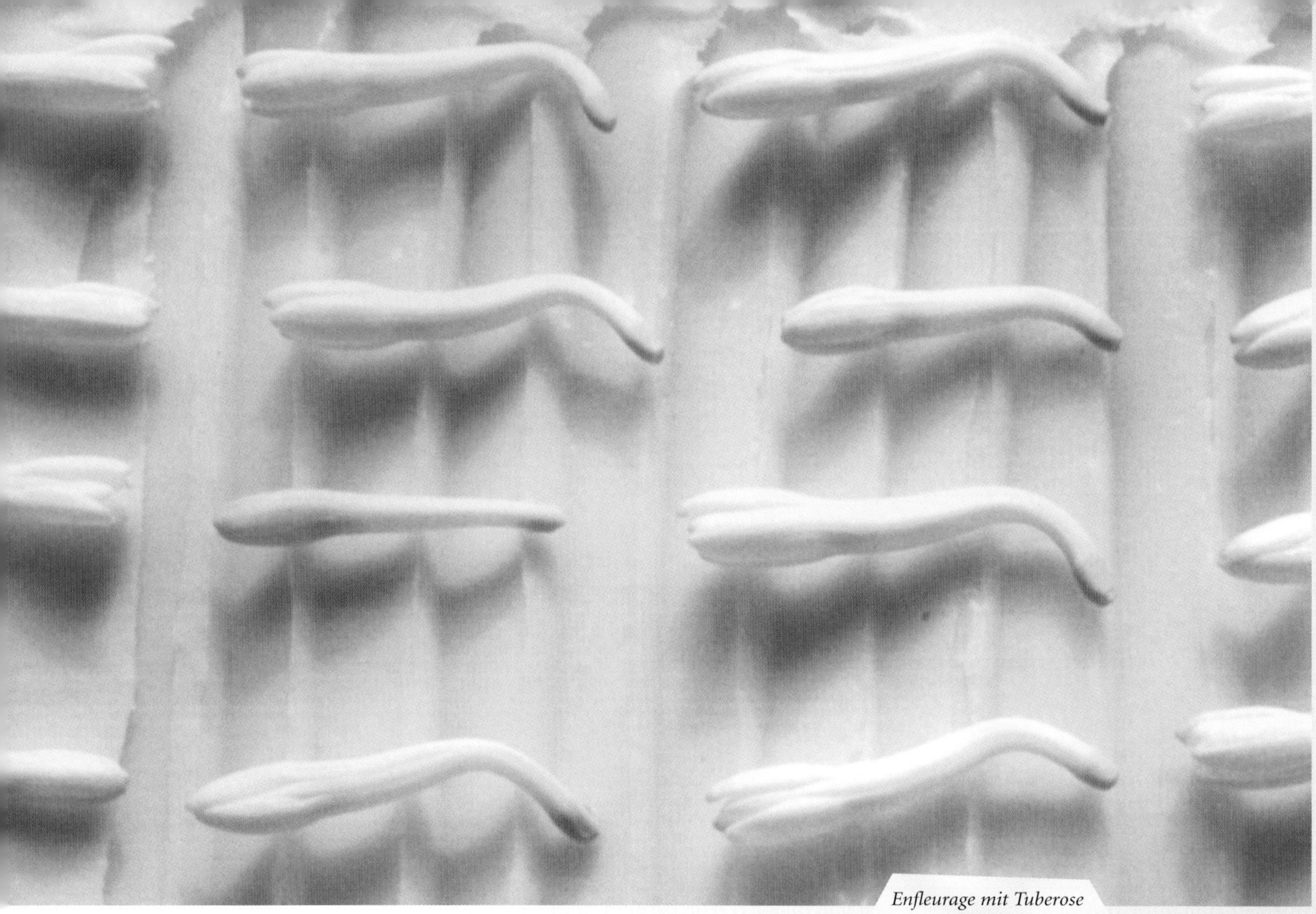

Enfleurage mit Tuberose

GEWINNUNG DURCH ENFLEURAGE

Schon in frühester Zeit hat man duftende Pflanzenteile in Öl oder Fett eingelegt. Dieses zieht die Duftstoffe an sich. Man erhält dadurch eine duftende Fettsalbe oder ein Öl. Die Trennung von beiden, von Duft und Fett, beherrschte man damals nicht.

Aus dieser einfachen Methode wurde später die Enfleurage entwickelt, die man seit dem 19. Jahrhundert kennt. Sie wurde besonders für jene Pflanzen gebraucht, die sich mit der Methode der Wasserdampfdestillation nicht verarbeiten ließen, zum Beispiel Jasmin und Tuberose. Die empfindlichen, frisch gesammelten Blüten wurden in Schweine- und Rinderfett gedrückt, das man auf Glasplatten gestrichen hatte. Nach zwei Tagen wurden die Blüten durch neue ersetzt. Dieser Prozess zog sich über Wochen hin, so lange, bis sich das Fett mit dem Duftstoff der Blüten ganz vollgesogen hatte. Durch Alkoholextraktion wurde die Essenz aus dem Duft-Fett-Gemisch herausgelöst. Diese zeitaufwendige Methode lieferte sehr gute Öle. Sie wird heutzutage aber nur noch zu Demonstrationszwecken praktiziert.

GEWINNUNG DURCH CHEMISCHE LÖSUNGSMITTEL

In unserer Zeit verwendet man chemische Lösungsmittel, die die ätherischen Öle aus den Pflanzen lösen. Es handelt sich dabei um Lösungsmittel wie Hexan, Petroläther oder den Chlorkohlenwasserstoff Tetrachlormethan. Die Lösungsmittel werden anschließend unter Vakuum abdestilliert. Man bekommt zuerst das salbenartige Concrète, von dem man mit Alkohol die Pflanzenwachse trennt und zu guter Letzt das Absolue erhält.

Die verwendeten Lösungsmittel sind hoch giftig und können selbst in minimalen Mengen Allergien verursachen und das Immunsystem schwächen. Die zugelassenen Restmengen in der Essenz sind vom Standpunkt der Aromatherapie zu hoch. Ein gewissenhafter Großhändler sollte deshalb bemüht sein, Absolues mit Konzentrationen unter 5 ppm zu beschaffen. Absolues sollten selbst dann nicht innerlich eingenommen werden. Einige Absolues können mit Alkohol als Lösungsmittel hergestellt werden, zum Beispiel das Honig-Absolue oder Vanille-Absolue. Sie werden dann Bio-Absolues genannt. Diese Methode wird von der Aromatherapie bevorzugt.

DIE RESINOID-HERSTELLUNG

Bei der Verarbeitung duftender Harze werden die Duftstoffe von den fast geruchlosen, schwer flüchtigen Anteilen aus dem Harz gelöst. Das Harz wird mit dem Chlorkohlenwasserstoff Toluol als Lösungsmittel oder mit Alkohol angesetzt, erhitzt und gerührt. Das ätherische Öl löst sich, die Lösungsmittel werden wieder abgedampft; leider – wie eben beschrieben – oft nicht vollständig. Deshalb wird Alkohol als Lösungsmittel bevorzugt. Auf diese Weise werden beispielsweise ätherische Öle aus den Harzen von Weihrauchbäumen, Lärchen und Myrrhebäumen hergestellt.

EXTRAKTION DURCH KOHLENDIOXYD (CO_2)

Dies ist eine Methode, die man erst in den letzten Jahren entwickelte und seitdem verwendet. Kohlendioxyd oder Butan, die sich unter Druck verflüssigen, lösen die ätherischen Öle aus der Pflanze. Die so entstandenen Essenzen weichen in ihren Bestandteilen teilweise von jenen ab, die durch Wasserdampfdestillation entstanden sind: mehr Kopfnoten, weniger Terpene.

Reinheit

Wenn Sie Essenzen für Ihre Gesundheit und Ihr Wohlbefinden auswählen und kaufen, sollten Sie darauf achten, dass diese unbedingt den höchsten Ansprüchen von Qualität und Reinheit entsprechen. Nur dadurch können die ätherischen Öle ihre wunderbare heilende und belebende Kraft entfalten. Es folgen einige Kriterien, die die Reinheit und den Heilwert der Essenzen ausmachen.

BOTANISCHE HERKUNFT DER ESSENZ

Stimmt die Beschriftung und zusätzliche Information über die Essenz mit dem tatsächlichen Inhalt überein? Ist zum Beispiel das Melissenöl tatsächlich aus der Melisse gewonnen, oder handelt es sich um ein Öl aus Citronellagras oder Lemongrass? Stammt das Sandelholzöl aus Mysore in Indien? Ist das Birkenöl aus der kanadischen Birkenart Betula lenta hergestellt, oder handelt es sich um eines aus Betula alba, deren Essenz krebserregend sein kann? Stammt das Zedernöl von der Atlaszeder oder von der Virginiazeder, die eigentlich ein Wacholder ist? Hersteller und Großhändler für Essenzen, die speziell für die Aromatherapie verwendet werden, sollten auf diesem Gebiet selbst bewandert sein und genügend Wissen haben.

GEOGRAFISCHER URSPRUNG DER PFLANZE

Ätherische Öle haben wie Weine ihre optimalen Anbaugebiete. Die Zusammensetzung der Essenzen ist abhängig von Klima und Bodenverhältnissen. Der Händler sollte bemüht sein, ätherische Öle aus Gebieten mit besten Bedingungen zu beziehen. Bester Lavendel kommt zum Beispiel aus den höheren Gebirgslagen in Frankreich, wertvollstes Orangen- und Zitronenöl aus Sizilien.

Lavendelfeld

ANBAU UND ZUCHT

Optimale Qualität haben Essenzen aus Pflanzen, die wild wachsen oder aus biologischem Anbau stammen. Diese Öle sind speziell für Heilzwecke anderen vorzuziehen. Billigöle stammen meist aus großen Anbauflächen, die Pestizide und Kunstdünger benötigen. Viele Essenzen stammen von Anbauflächen in Entwicklungsländern, in denen noch Stoffe wie DDT verwendet werden dürfen, die so letztlich auf Umwegen wieder zurück zu uns, in die Erzeugerländer, fliessen (DDT in der Muttermilch, giftbelasteter Schwarztee ...). In diesem Massenanbau werden oft geklonte Pflanzen verwendet. Die Pflanzenpersönlichkeit tritt in den Hintergrund, die Essenzen riechen flach.

VERMISCHTE ÄTHERISCHE ÖLE

Viele teure Essenzen werden mit billigeren vermischt, zum Beispiel Zitronenöl mit Lemongrassöl, Zypressenöl mit Rosmarinöl, Zirbelkiefernöl mit Latschenkiefernöl, Kamillenöl mit Zedernöl und Schafgarbenöl. Dies kann die Heilwirkung vermindern und verändern. Diese Beimischungen sollten auf der Flasche deklariert sein.

AUS VERSCHIEDENEN PFLANZLICHEN BESTANDTEILEN ZUSAMMENGEBAUTE ÖLE

Teure Öle werden oft aus Bestandteilen billigerer Essenzen zusammengesetzt. So baut man zum Beispiel ein Rosenöl durch Zuhilfenahme von Geraniol und Citronellol, das aus der Geranie stammt, zusammen. Citral im Zitronenöl beschafft man sich aus Litsea cubeba, einer anderen Pflanze. Diese Öle werden dann als »natürliches ätherisches Öl« verkauft; die zusammengefügten Bestandteile stammen ja auch aus Pflanzen. Auch hier ist mit einem verminderten oder veränderten Heilwert zu rechnen.

SYNTHETISCHE ZUSÄTZE UND REINE SYNTHETISCHE ÖLE

Ätherische Öle, die in der Apotheke verkauft werden, müssen ganz bestimmte Eigenschaften aufweisen, die die Inhaltsstoffe, Dichte und Drehzahl betreffen. Inhaltliche Zusammensetzung und physikalische Eigenschaften der Essenzen schwanken aber aufgrund ihrer Abhängigkeit von klimatischen Verhältnissen und entsprechen so nicht immer den Vorschriften. Deshalb werden die ätherischen Öle – je nach Notwendigkeit – mit einer Anzahl anderer Stoffe »apothekengerecht« verändert. Man fügt einzelne Inhaltsstoffe zu: zum Beispiel Citral aus anderen Pflanzen dem Zitronenöl oder synthetischen Kampfer dem Kampferöl.
Stoffe wie »Rotanol« verändern die Rotation, andere wiederum die Dichte. Auch solche Zusätze vermindern den Heilwert und sind vom Standpunkt der Aromatherapie als krankheitserzeugend abzulehnen.
Folgende Öle gibt es nur synthetisch, als rein natürliche Öle können sie nicht hergestellt werden: Veilchenblüte, Mandelblüte, Pfirsich, Apfel, Maiglöckchen, Flieder, Freesie, Geißblatt, Kokos, Farn.

PREISE, VERPACKUNG UND ETIKETT

Wenn Ihnen eine Anzahl verschiedener Essenzen mit allzu ähnlichem Preis angeboten wird, dann können Sie davon ausgehen, dass diese Öle nicht rein sind. Essenzen stammen aus Pflanzen, die unterschiedlich einfach oder entsprechend arbeitsaufwendig kultiviert werden. Einige liefern viel ätherisches Öl, andere sehr wenig. Daraus ergibt sich der Preis jeder Essenz, der auch – je nach Erntejahr – etwas schwanken kann. Eine Rosenessenz zum Beispiel kann nie den Preis einer Geranienessenz haben. Sie ist viel teurer. Ätherische Öle sollten in Lichtschutzglas abgefüllt sein, da sie sehr lichtempfindlich sind. Braunglas und Blauglas eignet sich hierfür besonders. Der Verschluss sollte kindersicher sein. Auf dem Etikett sollten Sie folgende Angaben finden: Ursprungsland, botanischer Name, deutscher Name, Angabe des Pflanzenteils, Gewinnungsverfahren, Abfüllmenge, Angabe eines eventuell verwendeten Lösungs- oder Streckmittels.
Der/die Verbraucher/in sollte sich immer wieder über Herkunft und Qualität der Essenz beim Verkäufer oder der liefernden Firma erkundigen. Je mehr gute Qualität verlangt wird, umso mehr wird diese Qualität auch angeboten werden. Allerdings wird dann auch mehr und mehr sichtbar werden, dass bei vielen Ölen gute Qualitäten nicht in beliebigen Mengen vorhanden sind. Nehmen Sie es als gutes Zeichen, wenn ab und zu ein Öl nicht geliefert werden kann, weil die Jahresernte ausverkauft ist.

Düfte aus der Retorte

Reine ätherische Öle hatten schon immer einen hohen Preis. Sie wurden hauptsächlich als wertvolle Heilmittel eingesetzt. Die Ägypter gebrauchten sie als Heilmittel und zugleich als Kosmetik. Bis ins 19. Jahrhundert waren alle Parfums aus ätherischen Ölen komponiert. Parfümerie und Aromatherapie gingen jedoch verschiedene Wege, als in den dreißiger Jahren des vorletzten Jahrhunderts die synthetischen Duftstoffe entwickelt wurden, die die echten ätherischen Öle in Duftkompositionen immer mehr verdrängten. Heute bestehen nur wenige Parfums aus reinen Naturdüften.

Die ätherischen Öle schwanken in ihrer Qualität; sie haben wie Weine gute und schlechte Jahre. Die Parfümerie braucht für Massenware gleich bleibende und vor allem billige Duftstoffe. Aus diesem Grunde wurde die Entwicklung der synthetischen Duftstoffe vorangetrieben. Der Bedarf an ätherischen Ölen für die an Popularität gewinnende Aromatherapie wurde anfangs von unkundigen oder skrupellosen Händlern aus den gleichen Quellen gedeckt, aus denen die Parfümerie ihre Duftstoffe bezieht. Die hohen Anforderungen, die an Herstellung und Verarbeitung der Essenzen für Therapiezwecke gestellt wurden, hatten sich nicht so schnell herumgesprochen wie die Möglichkeiten eines lukrativen Geschäftes mit schlechter Qualität. Inzwischen ist Therapeuten und Freunden der natürlichen Düfte klar, dass sie ausdrücklich Qualität verlangen müssen, um diese auch zu erhalten.

Die Herstellung synthetischer Duftöle ist inzwischen so weit entwickelt, dass ein Laie künstliche von echten Düften kaum mehr unterscheiden kann. Ein vermeintlich reines Öl kann auch aus der Retorte kommen. Der hohe Preis der echten ätherischen Öle ist oft der Grund für das übliche Mischen, Panschen, Verschneiden in der »Öl-Branche«. Ein Liter Jasminöl aus der Retorte kostet zum Beispiel ungefähr 50 €, während man für die gleiche Menge echten Jasminöls einige tausend Euro hinlegen muss. Es ist allgemein bekannt, dass in den Erzeugerländern wie z.B. in Südfrankreich das vom Bauern und vom Destillateur kommende einwandfreie Öl vom Großhändler zu einem niedrigeren Preis weitergegeben wird, als dieser es gekauft hat. Dies ist nur durch Hinzufügen synthetischer Produkte (in der Fachsprache »sauce« genannt) möglich. Synthetische oder mit synthetischen Produkten vermischte Öle werden von der Aromatherapie abgelehnt; sie haben keinen Heilwert. Im Gegenteil, sie können gesundheitsschädlich sein, Allergien verursachen und das Immunsystem schwächen. Synthetische Öle sind nie ganz rein, sie enthalten immer Nebenprodukte, die man nicht kennt und deren Wirkung unklar ist. Sie haben keine Lebenskraft, und man weiß, dass gerade die konzentrierte, vitale Energie der reinen Essenzen positive, heilende Wirkung auf Körper und Seele hat. Ätherische Öle sind sehr komplexe Substanzen mit vielen Inhaltsstoffen. Von den in minimalen Mengen vorhandenen Substanzen weiß man inzwischen, dass gerade sie eine äußerst starke Wirkung haben. Diese unbekannten Duftbausteine in den ätherischen Ölen wurden früher als Unreinheiten abgestempelt, gelten jedoch heute als Wirkstoffe mit größter Kraft. Die ätherischen Öle wirken durch das Zusammenspiel all ihrer Inhaltsstoffe. So ist es wichtig, dass sie in ihrer Ganzheit benutzt werden und nicht in Form einer unvollständigen Imitation. Die Ausstrahlung der großen Lebenskraft der echten Essenzen und die »Müdigkeit« von synthetischen Ölen können Menschen, die mit Pendel oder Wünschelrute umzugehen wissen, messen. Das gleiche Ergebnis zeigen die Kirlianfotografie und andere Methoden wie Steigbilder- und Eisblumenmethode und andere Kristallisationsverfahren, die die Vitalkraft der reinen Essenzen sichtbar machen. Die synthetischen Öle sind nicht die »Seele der Pflanzen«, wie die Alchemisten die Essenzen nannten, sondern tote Produkte, die vom Standpunkt der Naturheilkunde zum Heilen, Aufbauen und Stärken nicht verwendet werden sollten.

Eine Reise ins Gehirn

Warum können Düfte uns so bewegen, unser Herz berühren? Welche geheimen Pforten öffnen sie wie mit Zauberworten, um zu unserer Seele vorzudringen? Viele Forscher haben bereits versucht, das Phänomen des Riechens zu erklären. Früher wurden die Untersuchungen abgebrochen und Ergebnisse unvollständig »ad acta« gelegt. Der Geruchssinn blieb Nebensache. Doch daran hat sich einiges geändert. Wissenschaftler auf der ganzen Welt beschäftigen sich mit dem inzwischen hochaktuellen Geruchssinn. Durch modernste technische Methoden ist es gelungen, den bisher mysteriösen Vorgang des Riechens zu erhellen. Viele Fragen bleiben trotzdem noch offen.

Auf der Suche nach den Mechanismen unseres Riechsinns begeben wir uns auf eine spannende Reise ins Zentrum unseres Gehirns. Unsere Nase ist nur ein Teil der »olfaktorischen Wahrnehmung«, wie Riechsinn wissenschaftlich genannt wird. Dorthin gelangen die Duftmoleküle durch Einatmen. In der Kuppel der Nasenhöhle, etwa auf der Höhe der Augen, sitzt beidseitig je ein Stück Riechschleimhaut. Sie ist ein wahres Wunderwerk! Die beiden Riechschleimhautfelder tragen insgesamt etwa zehn Millionen Riechsinnes-Nervenzellen. Sie sind mit einem dünnen Schleimfilm überzogen. Diese Nervenzellen werden etwa alle 28 Tage erneuert. Jede einzelne trägt ein Büschel von sechs bis acht Flimmerhärchen, welche auf ihrer Oberfläche Rezeptoren tragen. Diese sind chemisch so aufgebaut, dass bestimmte Duftmoleküle exakt in sie hineinpassen, gleich einem Puzzle.

Die Riechschleimhaut ist die einzige Stelle im Körper, an der das Zentralnervensystem offen liegt und direkt mit der Außenwelt Kontakt hat. Die Zellen der Riechschleimhaut sind wie Gehirnzellen gebaut. Die bis zu 80 Millionen Härchen können eine nicht vorstellbare Fülle an Informationen aufnehmen. Ihre Leistung übertrifft beim Menschen alle bisherigen analytischen Methoden. Wir nehmen damit mit jedem einzelnen Atemzug feinste Informationen aus unserer Umwelt auf. Wenn wir atmen, riechen wir. Halten Sie die Luft an und ein geöffnetes Fläschchen mit einer Essenz unter die Nase. Selbst über große Entfernung hinweg kann man noch Spuranteile von Duftstoffen wahrnehmen. Vanillin zum Beispiel riecht man noch in einer Konzentration von 0,000 000 002 Gramm pro Kubikzentimeter Luft.

Beim Sehen und Hören benötigen wir Energiereize wie Licht und Schall. Beim Riechen genügt die bloße Anwesenheit eines Duftmoleküls, das danach wieder abgeatmet wird. Hier gibt es noch Rätsel, deren Lösung die Wissenschaft bis heute nicht gefunden hat. Die Duftmoleküle bewirken auf den Flimmerhärchen chemische Reaktionen, die als elektrische Reize von den Nervenzellen weitergeleitet werden. Die feinen Fortsätze der Nervenzellen bündeln sich noch im Bereich der Nase und stoßen durch die Siebbeinplatte (sie ist durchlö-

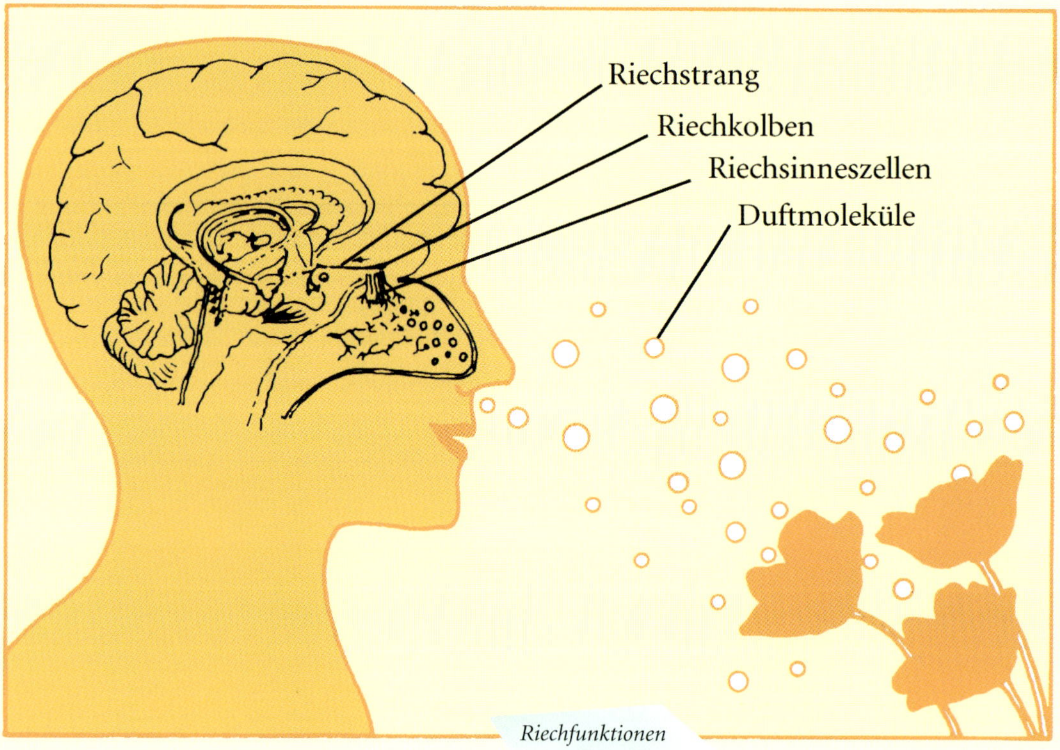

Riechfunktionen

chert wie ein Sieb) hinter der Nasenwurzel ins Schädelinnere. Sie treffen dort auf den Riechkolben, der die Reize in die entsprechenden Gehirnteile weiterleitet. Beißende und stechende Gerüche wie Ammoniak, Essigsäure oder Kohlendioxyd werden von anderen Nerven, die auf Berührungsreize durch die Moleküle reagieren, weitergeleitet. Die Duftreize gelangen direkt ins limbische System, ohne von Zentren der Großhirnrinde zensiert zu werden. Sie erreichen die innersten Schaltzentralen unseres Gehirns, dort wo »die Düfte unser Herz berühren«. Bevor wir also einen Duft bewusst wahrnehmen, hat er schon unser Unterbewusstsein erreicht und dort gewirkt.

Das limbische System, das die in elektrische Impulse umgewandelten Düfte empfängt, gehört zum Stammhirn, dem ältesten Teil unseres Gehirnes. Aus diesem entwickelte sich später das Großhirn, der Sitz des bewussten Denkens. So ist der Riechsinn der anfänglichste aller Sinne. Im Riechhirn (alter Name für das limbische System) hat das Großhirn seine Wurzel wie ein Baum im Erdreich. Von dort bekommt es Energie und Inspiration durch das Riechen. Hören und Sehen sind relativ jüngere Sinne; deren Reize werden deshalb zuerst von der Großhirnrinde analysiert, bevor sie Reaktionen auslösen.

Die Duftreize können im limbischen System die Ausschüttung von neurochemischen Stoffen bewirken. Hierzu gehören Encephaline, Endorphine, Serotonin und Noradrenalin mit folgender Wirkung: Encephaline sind schmerzstillend, können heitere bis euphorische Zustände auslösen und ein Gefühl des Wohlbehagens erzeugen; Endorphine wirken ebenfalls schmerzstillend, sexuell stimulierend und erzeugen Gefühle des Wohlbehagens. Serotonin beruhigt und entspannt; Noradrenalin regt an und macht wach. Im limbischen System liegen die Steuermechanismen für »Hochbrisantes« aus dem Seelenleben, geheime Lagepläne des Innersten. Dort ist der Sitz der Sexualität, der Sympathie und der Abneigung, der Motivation und Stimmungen, der Erinnerungen, Kreativität und der Regulierung des vegetativen Nervensystems.

SEXUALITÄT, SYMPATHIE UND ABNEIGUNG

Düfte steuern in feinster Weise das erotische Leben. Pheromone, Duftstoffe mit hormonähnlicher Wirkung, beeinflussen im Tier- und Menschenreich die Partnerwahl. Im Sexualverhalten der Tiere spielen Düfte eine besonders wichtige Rolle. Sie sorgen für die Arterhaltung. Ein Hund riecht seine läufige »Angebetete« auf mindestens drei Kilometer Entfernung. Von den Schmetterlingsmännchen wissen wir, dass sie dieses Kunststück bis über eine Distanz von zehn Kilometern fertigbringen. Auch Brunftverhalten, Paarung und Welpenschutz werden von Düften beeinflusst. Wenn Sie meinen, »duftbezüglich« unbetroffen zu sein, dann irren Sie sich! Sie werden nie mit einer Partnerin oder einem Partner intim, wenn Sie dessen oder deren Körpergeruch nicht mögen. In unserem Sprachgebrauch ist diese Tatsache fest verankert: wir können jemanden nicht riechen oder jemand stinkt uns. 1809 entdeckte der Däne Ludwig L. Jacobson bei Säugetieren, das nach ihm benannte Jacobsche Organ, heute auch vomeronasales Organ, VNO, genannt. Bis vor einigen Jahren nahm man an, dass VNO beim Menschen, wenn überhaupt, nur im embryonalen Zustand existiert und sich dann zurückbildet. Es konnte doch nicht sein, dass Menschen wie Tiere durch Pheromone, Liebesduftstoffe, zur sexuellen Aktivität verführt werden! Doch nun ist sicher, dass auch erwachsene Menschen ein VNO besitzen, das sich beidseitig an der Nasenscheidewand befindet und das über einen »heißen Draht« dem vomeronasalen Nerv mit dem Gehirn verbunden ist. So können auch Menschen von Düften »erotisiert« werden.

Da die Natur an der Erhaltung unserer Art interessiert ist, hat sie uns besonders empfänglich gemacht für erotische Duftbotschaften. So hat man zum Beispiel im Achselschweiß von Männern Substanzen gefunden, die dem männlichen Sexualhormon Testosteron sehr ähnlich sind. Weiterhin entdeckte man, dass auch der Menstruationszyklus der Frau über

menschliche Körpergerüche gesteuert wird. Wir werden sehen, dass viele ätherische Öle Pheromone enthalten und dadurch unsere Sinnlichkeit ansprechen. Liebe geht durch die Nase!
Auch Zuneigung und Abneigung werden über Düfte beeinflusst. Ohne Duftempfinden gibt es keine Sympathie. Düfte sind Botschaften von Mensch zu Mensch, wir nehmen sie durch die Atmung in uns auf, verarbeiten sie und reagieren dementsprechend. In speziellen Schweißdrüsen produziert unser Körper unser ganz persönliches »Parfum«. Dies entspricht haargenau unserem Gemüts- oder Krankheitszustand, auch unserer sexuellen Einstellung. Jede Krankheit hat ihren besonderen Geruch. Eine Mutter kann an den Veränderungen des Körpergeruches ihres Kindes schon eine Krankheit feststellen, bevor sie noch zum Ausbruch gekommen ist. Wir riechen anders, wenn wir zufrieden sind und in unserer Mitte ruhen, als wenn wir von Angst, Stress oder Aggression geplagt sind. Wir mögen unseren Körpergeruch, wenn wir uns selbst mögen und mit uns zufrieden sind. So senden wir mit unserem Körperschweiß feinste Informationen über uns an unsere Mitmenschen.

MOTIVATION UND STIMMUNGEN

Düfte können Gefühle von Wohlbehagen oder von Unlust erzeugen. Unbewusste Einstellungen sind im limbischen System gespeichert. Sie können durch ausgewählte Düfte gelockert oder verändert werden. Viele Krankheiten entstehen auf dem Nährboden einer Einstellung, einer Motivation. Krankheiten werden im Gehirn gemacht. Wenn wir uns zum Beispiel schwer auf eine neue Situation einstellen können, am Alten festhalten und uns verkrampfen oder es uns schwerfällt, spontan Freude zu empfinden, können uns Düfte Impulse geben. Sie helfen uns dann, positiv zu reagieren, oder fördern eine Umstimmung. Sie nehmen uns keine Aufgabe ab, doch sie können uns zeigen, wie es sich anfühlt, wenn wir zum Beispiel entspannt oder heiter wären. Wir können dann selbst entscheiden, welchen Gefühlen und Gedanken wir nachgeben wollen.
Reine Essenzen erzeugen keine negativen Gefühle wie Aggression oder Furcht. Sie wirken ausgleichend. Robert Tisserand, ein bekannter englischer Aromatherapeut, berichtet, dass synthetische Düfte für paramilitärische Zwecke erforscht werden. Die künstlich entwickelten Gerüche, die in der Natur nicht vorkommen, erzeugen Angstgefühle oder den Wunsch zu fliehen. Tisserand erzählt, dass er selbst solch eine Duftkonstruktion in starker Verdünnung riechen konnte. Ein sehr unangenehmes Gefühl erfasste ihn. Er beobachtete außerdem, dass andere, die diesen Geruch ebenfalls getestet hatten, das Gebäude fluchtartig verlassen mussten.

ERINNERUNGEN, GEDÄCHTNIS

Düfte und Erinnerungen werden im limbischen System gemeinsam gespeichert. Vom ersten Tag unserer Existenz an nehmen wir Düfte wahr, verbinden sie mit den zugehörigen Stimmungen und speichern sie. So hat jeder von uns eine ganz persönliche Verbindung zu einem Duft (es gibt auch Düfte, die volksspezifisch als angenehm oder unangenehm empfunden werden). Wenn wir zum Beispiel an einem schönen Tag in unserer Kindheit, an dem wir liebevoll verwöhnt wurden und sich nur angenehme Dinge ereigneten, einen bestimmten Duft wahrnahmen, so werden wir diesen Duft in einer Verbindung mit positiven Eindrücken speichern. Wann immer wir ihn später riechen werden, werden wir ein Gefühl des Wohlbehagens haben.
Duft, Stimmung, Langzeit- und Kurzzeitgedächtnis sind im limbischen System miteinander gekoppelt. So können Düfte Erinnerungen wachrufen. Mit dem Duft speichern wir Gelerntes. Gefährliche Düfte, etwa Brandgeruch oder Fäulnisgeruch, warnen uns unser Leben lang. Positive Düfte wie der Duft der Mutter oder von gutem Essen stimmen uns noch nach Jahrzehnten gewogen. Schliessen Sie einmal die Augen und versuchen Sie, sich an wichtige Düfte Ihrer Kindheit zu erinnern! Wie roch Ihre Lieblingsspeise? Wie roch die Mutter? Welcher Duft begleitete eine angenehme, eine unangenehme Situation?
So können Düfte ganz bewusst eingesetzt werden, um Kindheitserinnerungen zu intensivieren und sie etwa für eine psychotherapeutische Behandlung nochmals erlebbar werden zu lassen.
Wir sind der Wirkung der Düfte nicht unabdingbar ausgesetzt, wir können damit spielen. Wir können unseren »Duft-Erinnerungscomputer« auch neu programmieren. Einige Düfte wie Rosmarin, Basilikum, Minze, Zitrone können unser Gedächtnis stärken. Sie werden zur Unterstützung für intellektuelle Arbeit und bei Gedächtnisschwäche eingesetzt.

KREATIVITÄT

Ein Bekannter von mir, der in seinem Geschäft ätherische Öle und Räucherwerk verkauft, erzählte mir von einem Kunden, der bei ihm oft größere Mengen einer bestimmten Räuchermischung erstand. Eines Tages fragte er ihn, wofür er denn so viel Räucherwerk brauche. Der Kunde stellte sich als Bildhauer vor und erklärte, dass er gerade an einer großen Skulptur für einen Wettbewerb arbeite. Er hatte die inspirierende Wirkung der Düfte entdeckt und wollte seine Kreativität damit fördern (wie wir später erfuhren, hat der Künstler mit seiner Skulptur wirklich einen Preis gewonnen; das Werk steht inzwischen im Museum). Im limbischen System sitzt ein großer Teil unserer Kreativität. Unser Unbewusstes ist eine unerschöpfliche Quelle für kreatives Schaffen. Düfte können anregend wirken, Assoziationen hervorrufen und inspirieren.

VEGETATIVES NERVENSYSTEM

Die Steuerung unseres vegetativen Nervensystems entzieht sich normalerweise unserem bewussten Einfluss. Atmung, Verdauung oder Herzschlag werden selbständig reguliert. So können Düfte auf diese Funktionen und auf Organe Einfluss nehmen. Sie können unsere Atmung verlangsamen, vertiefen, den Herzschlag regulieren. Das Verdauungssystem spricht besonders auf Düfte an. Deshalb werden in der Küche aromatische Gewürze verwendet, die durch ihren Duft Appetit machen, die Magensaftproduktion anregen oder entkrampfen. Unter dem Begriff »vegetative Dystonie« sind viele krankhafte Symptome vereinigt, die durch eine Störung im vegetativen Nervensystem verursacht werden. Hier kann die Aromatherapie eine große Hilfe zur Heilung sein.

In einer Kräuter- und Duftpflanzengärtnerei

GEHEN SIE IHRER NASE NACH!

Unser Geruchssinn ist wie ein unentdecktes Land, wir können dorthin eine Abenteuerreise unternehmen. Unser Fahrzeug sind die Essenzen, die uns eine neue Gegend nach der anderen entdecken lassen.

Wir nützen nur den allerkleinsten Teil unserer Möglichkeiten, Düfte bewusst wahrzunehmen. Unser Geruchssinn wartet nur darauf, trainiert zu werden. Er lernt schnell. Ich habe beobachtet, dass die Teilnehmer meiner Seminare schon nach einem Trainingswochenende viele Düfte voneinander unterscheiden können und – ohne den Namen der Essenz zu wissen – erschnuppern, wofür eine Essenz gut sein könnte. Unser Geruchssinn lernt schnell, doch nach etwa 15 bis 20 Minuten der Anstrengung schaltet er ab und braucht eine Pause (Lüften, Spazierengehen).

Wir sind umgeben von Düften. Gehen Sie mit den reinen Düften der Natur, den Essenzen, auf Entdeckungsreise! Lassen Sie sich entführen in ferne Länder tropischer Hölzer, in Rosengärten und Jasminlauben! Versuchen Sie herauszufinden, mit welcher Essenz Sie am besten arbeiten oder auch entspannen und einschlafen können. Gehen Sie Ihrer Nase nach!

Es besteht zunehmende Notwendigkeit, uns zu schulen, Düfte bewusster wahrzunehmen. Fast alle Wissenschaftler, die heutzutage unseren Geruchssinn erforschen, werden von der Industrie bezahlt. Die meisten Forschungsergebnisse werden dazu verwendet, uns für den Kauf synthetisch beduftete Waren zu manipulieren. Arbeitsräume werden inzwischen schon beduftet, damit wir schneller und konzentrierter arbeiten. Kaufhäuser verbreiten über die Klimaanlage Düfte, die uns kauflustig stimmen sollen. So ist es wichtig, dass wir unseren Geruchssinn trainieren, um nicht in allzu viele Duftfallen zu geraten. Denn: unsere Nase kauft mit.

»Sell with smell« ist eine besonders in Amerika entwickelte Methode, Düfte zur Kaufsförderung einzusetzen. Sie hat sich auch in Europa durchgesetzt. Auf diesen Trick sind übrigens schon im Jahre 970 n. Chr. kaiserliche Geschäftsleute aus China gekommen; sie haben während einer kaiserlichen Finanzkrise Seiden- und Papiergeld erfunden, das sie, um es attraktiv zu machen, bedufteten.

Anwendung der ätherischen Öle

Eine Medizin, in der man baden kann, oder eine Mahlzeit, die heilende Wirkung hat, sinnliche Massageöle oder bittere Tropfen für den Magen: Diese umfassende Spanne der Anwendungsmöglichkeiten bieten die ätherischen Öle. Auf vielerlei Weise können sie unsere Gesundheit verbessern und unsere Lebensfreude verstärken.
In der folgenden Liste werden Sie sicher Ihre bevorzugte Anwendungsart zum Heilen, Pflegen und Verwöhnen mit ätherischen Ölen finden.

Duftlampe

DIE DUFTLAMPE

Duftlampen verzaubern jeden Wohnraum und schaffen eine angenehme Raumatmosphäre. Sie wirken durch die Kombination aus Form, Licht, Farbe und Duft. Eine Duftlampe ist ein Gefäß aus Keramik, Speckstein, Metall, Glas oder Porzellan mit einer Schale für Wasser, das durch eine Kerze oder Glühbirne erhitzt wird. Träufeln Sie einige Tropfen ätherischen Öles ins Wasser. Der aufsteigende Wasserdampf wird die Duftmoleküle in die Raumluft tragen. Die Anzahl der Tropfen ätherischen Öles in der Duftlampe richtet sich nach Raumgröße und Duftintensität der Essenz, normalerweise verwendet man 5 bis 10 Tropfen.
Der Duft in einem Raum beeinflusst die Stimmung der Bewohner auf subtilste Weise. Verwandeln Sie Ihren Wohnraum – nach einem anstrengenden Arbeitstag – in einen Blütengarten. Oder laden Sie Ihre Gäste zu einem Fest in exotischen Holz- und Blumendüften. In einem Raum, der frisch riecht, lässt es sich konzentrierter arbeiten.
Beginnen Sie zuerst mit Einzeldüften oder fertigen Mischungen und beobachten Sie deren Wirkungen. Danach ist es leicht, aus den folgend aufgeführten ätherischen Ölen individuelle Mischungen zu kreieren.

ÄTHERISCHE ÖLE FÜR DIE DUFTLAMPE

a) Im Wohnbereich:

Öle mit harmonisierender Wirkung. Sie schaffen eine angenehme und freundliche Atmosphäre. Sie können einzeln oder in Mischung verwendet werden.

Bergamotte	Mandarine	Petit Grain
Cassie	Myrte	Rose
Eisenkraut	Neroli	Vanille
Geranie	Orange	Zeder
Lavendel	Pampelmuse	Zirbelkiefer

Mischungen:

Sonne auf Holz und Blumen • erheiternd

Geranie	3 Tropfen	Rose	1 Tropfen
Zeder	5 Tropfen	Sandelholz	2 Tropfen

Morgentau • erheiternd

Bergamotte	6 Tropfen	Neroli	2 Tropfen
Geranie	2 Tropfen	Eisenkraut	1 Tropfen

Relax • bei seelischer und körperlicher Verspannung

Muskatellersalbei	2 Tropfen	Vetiver	1 Tropfen
Zitrone	4 Tropfen		

Sunshine • erheiternd, antidepressiv

Rose	3 Tropfen	Neroli	2 Tropfen

Antistress
Rose 2 Tropfen Lavendel 4 Tropfen

Kuss der Muse • warm, optimistisch stimmend
Iris 2 Tropfen Tonka 1 Tropfen
Rose 2 Tropfen

Land in Sicht • kreativitätsfördernd, tröstend
Neroli 2 Tropfen Pampelmuse 8 Tropfen

b) Im Arbeitsbereich:

Ätherische Öle mit anregender, erfrischender, konzentrationssteigernder Wirkung beugen Müdigkeit vor.

Bergamotte	Myrte	Ysop
Eisenkraut	Pampelmuse	Zirbelkiefer
Limette	Wacholder	Zitrone
Lemongrass	Weisstanne	Zitroneneukalyptus
Minze		

Mischungen:

K2 • erfrischend, anregend
Bergamotte 5 Tropfen Eisenkraut 2 Tropfen
Zirbelkiefer 3 Tropfen Pampelmuse 1 Tropfen

Professor Bienlein • konzentrationsfördernd
Ysop 5 Tropfen Minze 1 Tropfen
Limette 1 Tropfen

Im Wartezimmer • ausgleichend, erfrischend, desinfizierend
Bergamotte 10 Tropfen Zeder 3 Tropfen
Zitrone 3 Tropfen Pampelmuse 3 Tropfen
Myrte 2 Tropfen Manuka 3 Tropfen

Teamwork • konzentrationsfördernd, Zusammenarbeit fördernd
Lemongrass 4 Tropfen Limette 5 Tropfen
Myrte 4 Tropfen

c) Im Schlafzimmer:

Ätherische Öle mit beruhigender, schlaffördernder Wirkung. Für einen sanften Ausklang des Tages.

Geranie	Mimose	Rose
Honig	Myrte	Römische Kamille
Lavendel	Orange	Vanille
Melisse	Petit Grain	Zeder

Mischungen:

Rosa Wolken • beruhigend
Rose 2 Tropfen Lavendel 7 Tropfen
Neroli 2 Tropfen

Süße Träume • wonnig
Orange 7 Tropfen Honig 2 Tropfen
Zeder 4 Tropfen Kardamom 1 Tropfen

Ätherische Öle mit sinnlicher Wirkung:

Frangipani	Moschuskörner	Safran	Vetiver
Jasmin	Narzisse	Sandelholz	Ylang-Ylang
Kardamom	Neroli	Tonka	Zimt
Labdanum	Patchouli	Tuberose	
Mimose	Rose	Vanille	

Mischung:

Im Garten der schönen Li • betörend
Ylang-Ylang 2 Tropfen Sandelholz 7 Tropfen
Tuberose 2 Tropfen

d) Im Kinderzimmer:

Kinder freuen sich besonders über schöne Düfte. Wie wäre es mit einer Mandarinen-Geburtstagsparty oder einer Gutenachtgeschichte mit passendem Duft? Düfte wirken beflügelnd auf die Phantasie.

Lieblingsdüfte der Kleinen:

Mandarine	Orange	Zimt
Honig	Vanille	Clementine

Mischung:

Biene Maja

Mandarine	8 Tropfen	Honig	2 Tropfen

Zur Unterstützung der Heilung:

Bei Magen-Darmbeschwerden und Krämpfen

Fenchel	Koriander	Galbanum
Römische Kamille		

Bei Husten und Erkältung

Ysop	Cajeput	Eukalyptus	Niaouli
Tea Tree	Myrte	Manuka	Salbei

Hustenmischung für Kinder:

Ysop	4 Tropfen	Myrte	4 Tropfen
Zitrone	2 Tropfen		

e) Im ganzen Wohnbereich:

Zum Reinigen der Luft, nach starkem Rauchen, zum Desinfizieren nach Krankheiten. Die meisten ätherischen Öle haben starke keimtötende Wirkung und eignen sich deshalb zur Zimmerdesinfektion, auch zur Vorbeugung gegen Ansteckung (zum Beispiel in Grippezeiten) durch Stärkung der körpereigenen Abwehr.

Reinigen der Luft, zum Beispiel nach Rauchen:

Salbei	Tea Tree	Zirbelkiefer
Zitrone	Bergamotte	Lavendel
Lemongrass	Manuka	Douglasie

Desinfizieren der Luft:

Thymian	Tea Tree	Zimt
Eukalyptus	Nelke	Rosmarin
Zitrone		

Zum Vertreiben von Fliegen und Moskitos:

Eukalyptus	Nelke	Minze
Geranie	Zypresse	Lemongrass
Zeder	Citronellagras	

Einzeln oder in Mischung, mindestens 20 Tropfen in die Duftlampe geben.

f) Für Meditation und Sammlung:

Viele ätherische Öle öffnen uns für kosmische Schwingungen. Die »Heiligen Düfte« unterstützen uns bei der Meditation:

Weihrauch	Myrte	Elemi	Benzoe
Rose	Ysop	Zeder	Narde
Wacholder	Myrrhe	Mastix	Labdanum

WEITERE MÖGLICHKEITEN, EINEN RAUM ZU BEDUFTEN

a) Diffusionsgerät (Aerosol)

Es eignet sich speziell für medizinische Behandlungen. Es wird elektrisch betrieben und vernebelt die ätherischen Öle aufs Feinste in der Raumluft.

Besonders geeignet ist es zur Behandlung von Erkältungskrankheiten, Bronchitis, Asthma, aber auch zur Desinfektion von Räumen.

Pro Behandlung verwendet man 2 bis 6 Tropfen ätherischen Öles. Im Krankheitsfall wird das Gerät einige Male pro Tag für etwa 8 bis 10 Minuten angestellt. Es gibt Geräte, die sich selbständig in bestimmten Intervallen an und ausschalten. Ätherische Öle, die sich besonders gut für die Behandlung mit dem Diffusionsgerät eignen: Eukalyptus, Thymian, Ysop, Lavendel, Zitrone, Meerkiefer, Zirbelkiefer, Orange. Bei einem Aromafan werden die Essenzen mit einem Ventilator in die Raumluft gebracht.

b) Duftschale

Stellen Sie eine Schale mit Wasser und einigen Tropfen ätherischen Öles auf die Heizung oder an einen warmen Platz. Sie können diese auch auf ein Stövchen stellen. Das Wasser sollte nicht zu stark erhitzt werden, die ätherischen Öle werden sonst zerstört und verlieren ihre Wirkung.

c) Keramikring

Ein Ring aus poröser, unglasierter Keramik wird mit einigen Tropfen ätherischen Öles betropft und in die Fassung einer elektrischen Lampe geschraubt. Die Wärme der Glühbirne erhitzt den Ring und lässt das Öl im Raum verdampfen.
Einige Firmen bieten diesen Ring zusammen mit fertigen Mischungen an; ideal für die Reise, wenn Sie, zum Beispiel nach einer langen Fahrt, müde in einem Hotelzimmer ankommen, das unangenehm muffig riecht.

INHALATIONEN

Inhalationen werden zur Behandlung von Erkältungskrankheiten, Nebenhöhlenentzündung oder Husten als reinigende Gesichtsdampfbäder verwendet. Vorsicht bei Asthma, sie könnten einen Anfall provozieren.
Geben Sie in eine große Schüssel mit heißem Wasser einige Tropfen ätherischen Öles, ca. 3 bis 5 Tropfen je nach Stärke des Öles. Von Thymian sollten Sie nie mehr als 1 bis 2 Tropfen zugeben. Legen Sie ein großes Handtuch über Kopf und Schüssel, so dass der Dampf nicht entweichen kann. Schließen Sie die Augen und atmen Sie ungefähr 5 Minuten die aufsteigenden, duftenden Dämpfe ein.
Bei akuten Erkrankungen sollten Sie die Inhalation 2- bis 3-mal täglich durchführen. Sie können auch ein Inhalationsgerät aus der Apotheke verwenden.

Öle für Inhalationen

Angelika	Latschenkiefer	Tea Tree
Eukalyptus	Lemongrass	Thymian
Salbei	Meerkiefer	Ysop
Myrte	Wacholder	Zeder
Niaouli	Zirbelkiefer	Römische Kamille
Manuka	Zitrone	

Mischungen:

Erkältung
Eukalyptus 2 Tropfen
Zitrone 2 Tropfen
Latschenkiefer 2 Tropfen

Grippe
Manuka 3 Tropfen
Thymian 1 Tropfen
Salbei 4 Tropfen

Grippe
Angelika 1 Tropfen
Wacholder 2 Tropfen
Salbei 4 Tropfen

Sinusitis
Angelika 1 Tropfen
Salbei 4 Tropfen
Thymian 2 Tropfen
Rosmarin 3 Tropfen
Zypresse 1 Tropfen
Majoran 4 Tropfen
(reicht für 2 bis 3 Behandlungen)

Husten
Thymian 1 Tropfen
Salbei 2 Tropfen
Ysop 3 Tropfen
Zirbelkiefer 2 Tropfen
(für zwei Behandlungen)

Gesichtsdampfbäder

Sie werden genauso zubereitet wie die oben beschriebenen Inhalationen. Sie reinigen die Gesichtshaut besonders gründlich und eignen sich für fast alle Hauttypen. Wenn Sie zu geplatzten Äderchen neigen, sollten Sie auf diese Anwendung verzichten.

Inhalation

Nach dem Dampfbad reinigen Sie Ihr Gesicht mit kaltem Wasser oder betupfen es mit Rosenwasser.
Ätherische Öle für das Gesichtsdampfbad:

Römische Kamille	Salbei	Myrte
Deutsche Kamille (blaue)	Lavendel	Zeder
Neroli	Schafgarbe	Mastix

Trockene Inhalation

Geben Sie auf ein Taschentuch 6 bis 10 Tropfen ätherisches Öl. Halten Sie es vor die Nase und atmen Sie tief ein. Sie können die gleichen ätherischen Öle wie vorher erwähnt verwenden. Gut geeignet für Asthmatiker, da heiße Dämpfe, wie sie bei der heißen Inhalation entstehen, Anfälle auslösen können. Diese Methode eignet sich auch besonders gut zur Erfrischung auf Reisen, bei Müdigkeit oder Übelkeit.

Einzeln oder in Mischung (einige Tropfen auf ein Taschentuch geben und einatmen):

Bergamotte	Lemongrass	Myrte
Eisenkraut	Limette	Petit Grain
Lavendel	Minze	Zitrone
Ingwer		

Mischung:

Cabrio • zur Erfrischung unterwegs

Bergamotte	5 Tropfen	Lavendel	3 Tropfen
Petit Grain	3 Tropfen	Limette	2 Tropfen
Zitrone	1 Tropfen		

IN DER SAUNA

Viele Saunaaufguss-Mischungen enthalten minderwertige oder synthetische Öle, Emulgatoren und Farbstoffe. Reine ätherische Öle können die entgiftende Wirkung der Sauna unterstützen. Geben Sie ca. 5 Tropfen eines ätherischen Öles oder einer Mischung auf eine Kelle Wasser und gießen Sie diese über die heißen Saunasteine. Bitte nie das Öl unverdünnt auf die Steine geben! Die ätherischen Öle sind leicht entflammbar.

Ätherische Öle für die Sauna; für die Atemwege, zur Entgiftung und Abwehrsteigerung:

Eisenkraut	Meerkiefer	Wacholder	Douglasie
Eukalyptus	Myrte	Ysop	Weißtanne
Latschenkiefer	Tea Tree	Zeder	Zitrone
Lemongrass	Salbei		

Finnische Saunamischung

Eukalyptus	4 Tropfen	Zitrone	6 Tropfen
Zeder	8 Tropfen	Wacholder	2 Tropfen
Eisenkraut	2 Tropfen		

Alpine Saunamischung

Weißtanne	6 Tropfen	Zirbelkiefer	5 Tropfen
Douglasie	5 Tropfen	Grapefruit	5 Tropfen

Diese Mischungen reicht für etwa 4 Anwendungen.

KOMPRESSEN

Für die Gesichtshaut

Heiße Kompressen haben eine entspannende und entkrampfende Wirkung. Sie öffnen außerdem die Hautporen, so dass die ätherischen Öle schneller und tiefer eindringen können. Geben Sie in eine Schüssel mit 2 Litern heißem Wasser 4 Tropfen ätherisches Öl, als Einzelöle oder Mischung. Verrühren Sie zuvor das Öl mit einem Esslöffel flüssigem Honig. So vermeiden Sie, dass unverdünntes ätherisches Öl auf der Wasseroberfläche schwimmt und über das Handtuch auf die Haut kommt. Nun tauchen Sie schnell ein kleines Handtuch ein, wringen es aus und legen es auf den zu behandelnden Körperteil. Die Kompresse sollte, wenn sie auf Körpertemperatur abgekühlt ist, abgenommen werden. Ideal auch zur Vorbehandlung vor einer Gesichtsmassage. Wunderbar entspannend bei Stress und Angespanntheit. Heiße Kompressen nicht bei geplatzten Äderchen anwenden! Sehr geeignet als Nackenkompresse vor einer Rückenmassage.

Gesichtskompressen • zum Entspannen und Verwöhnen

Öle zur Auswahl:

Neroli	Mastix	Rose
Zimtblätter	Geranie	

Als Einzelöle oder in Mischung.

a) Heiße Kompressen zum Heilen

helfen bei krampfartigen Schmerzen im Magen- und Unterleibsbereich. Auch bei Gallenkoliken haben sie sich bewährt oder zum Auflegen bei Abszessen und Ohrenschmerzen. Sie können Leber- und Gallenfunktion anregen oder entgiften.

Sie werden zubereitet mit ätherischen Ölen aus:

Basilikum	Gallenkolik, Beruhigung
Schafgarbe	Menstruationsbeschwerden
Rosmarin	Menstruationsbeschwerden, Gallenkolik, rheumatische Schmerzen, Leberschmerzen, Leberentgiftung
Fenchel	Blähungen, Magen-, Darmkrämpfe
Römische Kamille	Menstruationsschmerzen, Magen-, Darmkrämpfe, Abszesse
Majoran	Menstruationsschmerzen, rheumatische Schmerzen, Wadenkrämpfe
Galbanum	Abszesse, Geschwüre, Magen-, Darmkrämpfe
Mastix	Abszesse
Immortelle	Gallenkrämpfe, Leberentgiftung

b) Kalte Kompressen

Hierfür wird das ätherische Öl in Honig verrührt und in kaltem Wasser aufgelöst und die Kompresse kalt aufgelegt. Hilfreich bei Entzündungen, als Wadenwickel bei Fieber, Kopfschmerzen, Sonnenbrand, Schwellungen:

Minze	Kopfschmerzen, Föhnbeschwerden
Lavendel	Sonnenbrand, Kopfschmerzen
Melisse	Kopfschmerzen, Hitzewallungen
Zitrone	Fieber, Juckreiz, Hitzewallungen, Schwellungen
Eisenkraut	Fieber, Schwellungen
Eukalyptus	Fußbad oder Wadenwickel, Fieber
Rose	Entzündungen am Auge und ermüdete Augen; hierfür können auch Kompressen mit einem Wattebausch gemacht werden: hinlegen und 10 Minuten aufliegen lassen.
Zitrone	Wadenwickel bei Fieber

Kalte Kompressen abnehmen, wenn sie etwa Körpertemperatur haben.

HEILERDE

Heilerde ist wunderbar geeignet als Grundlage für ätherische Öle in Umschlägen, Packungen, Kompressen, Gesichtsmasken. Sie wirkt entzündungshemmend und hat eine hohe Absorptionsfähigkeit, kann also Gift- und Schadstoffe aufnehmen. Sie fördert an den betroffenen Stellen verstärkte Durchblutung. Das Gewebe wird aktiviert, die Giftstoffe werden in den unteren Hautschichten durch das Gefäßsystem abtransportiert. Heilerde ist ideal zur Behandlung von Hauterkrankungen wie nässenden, juckenden Entzündungen, Ekzemen, Furunkeln, Allergien, schlecht heilenden Wunden, offenen Beinen, Sonnenbrand, Verbrennungen, rheumatischen Schmerzen und Hexenschuss.

Aus Heilerde kann man Gesichtspackungen für Hautunreinheiten, Pickel oder Akne zubereiten. Sie können 2- bis 3-mal wöchentlich angewendet werden.

Zubereitung: Verrühren Sie einige Esslöffel Heilerde mit Wasser oder einem passenden Kräutertee zu einem dünnflüssigen Brei. Jetzt können Sie etwa 5 Tropfen ätherischen Öles zufügen, je nach Zweck der Packung. Tragen Sie für eine Gesichtspackung den dünnen Brei auf die Gesichtshaut auf und lassen Sie ihn etwa 10 bis 20 Minuten einwirken. Gut abwaschen und mit einem Gesichtsöl oder einer Creme nachbehandeln. Für einen Umschlag verstreichen Sie den Brei auf einem Mulltuch oder Gazestreifen. (Ätherische Öle für die kosmetische Heilerdebehandlung siehe »Essenzen für die Schönheit«, Seite 150)

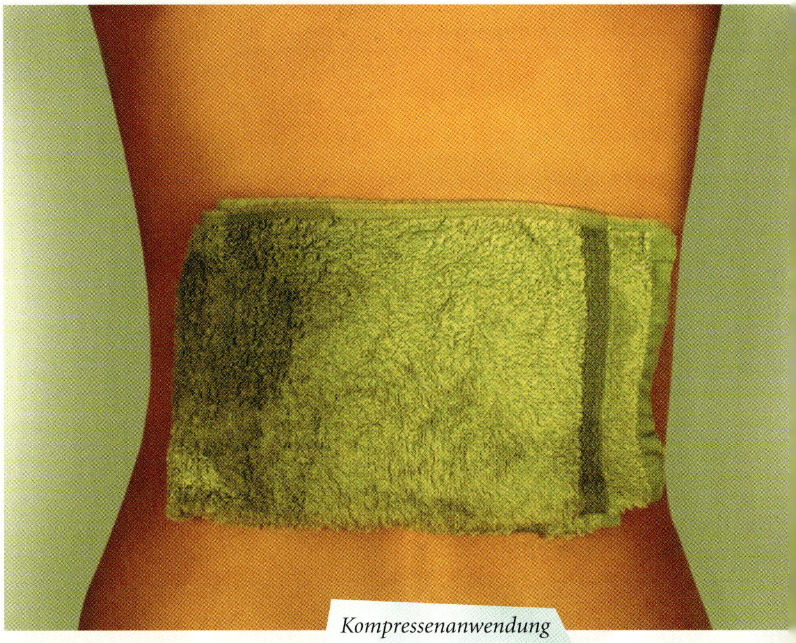

Kompressenanwendung

Mischungen:

Gesichtsmaske bei Akne

3 Esslöffel grüne Heilerde mit Wasser verrühren;

Zypresse 1 Tropfen   Bergamotte 1 Tropfen

Deutsche Kamille 2 Tropfen

mit dem dünnflüssigen Brei verrühren und auf die Haut auftragen.

Heilerdeauflage

Bei Prellungen, Quetschungen: 2 bis 3 Esslöffel Heilerde mit Wasser verrühren;

Minze 2 Tropfen   Zitrone 4 Tropfen

unterrühren und als Umschlag verwenden.

Heilerdeumschlag

bei Verstauchungen, Verrenkungen

2 bis 3 Esslöffel Heilerde

20 Tropfen Arnikatinktur

5 Tropfen Wacholder

5 Tropfen Wiesenkönigin

auf eine breite Mullbinde streichen, auflegen und mit Binden fixieren; 2- bis 3-mal täglich erneuern. Bei Allergie auf Arnika lassen Sie bitte die Arnikatinktur weg.

BÄDER

»Baden hält Leib und Seele zusammen.« In unserer schnelllebigen Zeit haben wir nur noch Zeit für eine kurze Dusche. Baden in edlen Düften der Natur ist zum Geheimtipp geworden. Es ist eine der schönsten Anwendungsarten der Aromatherapie. Sie können sich Ihr ganz individuelles Lieblingsbad zusammenstellen, frei von Farbstoffen, synthetischen Emulgatoren, künstlichen Düften, und sich und andere verwöhnen, pflegen, heilen. Badefreuden für Leib und Seele, denn auch in der Badewanne haben die Essenzen ihre wohltuende Wirkung auf unsere Psyche.

Ätherische Öle vermischen sich nicht mit Wasser, deshalb enthalten die meisten im Handel angebotenen Badeöle synthetische Emulgatoren, das heißt Stoffe, die Öl und Wasser miteinander verbinden. Sie können sich Ihr Bad mit natürlichen Emulgatoren zubereiten, so dass sich die duftenden Essenzen mit dem Wasser mischen. Gleichzeitig sind diese Emulgatoren sehr hautfreundlich.

a) Honigbad

Honig ist hautpflegend und entzündungshemmend. Er löst die ätherischen Öle im Wasser. Verrühren Sie 10 bis 15 Tropfen ätherisches Öl mit 3 bis 4 Esslöffel flüssigem Honig, zum Beispiel Akazienhonig. In die Badewanne geben und Wasser einlaufen lassen; oder erst später dem Wasser zufügen.

b) Sahnebad

Baden Sie wie Kleopatra in Duft und Sahne. Der natürliche Emulgator Sahne ist ein Rückfetter und hindert das Austrocknen der Haut. Verrühren Sie 10 bis 15 Tropfen ätherisches Öl in 3 bis 4 Esslöffeln flüssiger Sahne. Statt Sahne können Sie auch Sojamilch oder Molke verwenden. Diese emulgieren jedoch etwas weniger gut.

c) Schaumbad

Verschütteln Sie ätherisches Öl in flüssiger Seife. Es sollte eine nichtduftende Seifengrundlage sein, mit einem hautfreundlichen pH-Wert, wie sie in Naturkostläden oder Reformhäusern erhältlich ist. 4 bis 5 Esslöffel Seifengrundlage in einer Flasche mit ca. 10 bis 15 Tropfen ätherischem Öl verschütteln. Sie können eine klare Seifenflüssigkeit mit einem starken Tee aus Hibiskus oder Malve rosa oder blau färben, mit ätherischem Öl parfümieren und dann in eine schöne Glasflasche füllen. Ein schönes, individuelles Geschenk! Mit einer flüssigen Seifengrundlage können Sie sich auch ein duftendes Duschgel herstellen.

d) Salzbäder

Salzbäder können Gift- und Schadstoffe aus dem Körper ziehen. Sie wirken reinigend auf das ganze System. Meersalz enthält Mineralien, die das Immunsystem stärken.

Füllen Sie 1 bis 2 Hand voll Meersalz (aus dem Naturkostladen, Apotheke, Drogeriemarkt) in ein Schraubglas und beträufeln sie das Salz mit 5 bis 10 Tropfen ätherischen Öles. Verschließen Sie das Glas gut und schütteln Sie. Für ein anregendes, entgiftendes Salzbad eignen sich ätherische Öle aus: Zitrone, Wacholder, Wiesenkönigin, Lavendel, Eukalyptus, Limette.

Medizinisches Badesalz aus dem Toten Meer enthält viel Magnesium und Brom. Es wirkt deshalb außerdem stressreduzierend und entspannend. Nehmen Sie dieses Bad am Abend mit Lavendelöl.

e) Kleiebäder

Kleie macht das Badewasser angenehm weich, reinigt mild die Haut und macht sie samtigweich. Kleie ist ebenfalls geeignet zur Pflege von wunder und entzündeter Haut. Mischen Sie 200 g Kleie mit 15 Tropfen ätherischem Öl. Breiten Sie dafür die Kleie auf einem Tablett aus. Beträufeln Sie diese mit dem ätherischen Öl. Nun wird alles gut durchgeknetet. Füllen Sie diese Mischung in ein kleines Leinensäckchen und lassen dies in die Badewanne hängen. Die Badekleie erhalten Sie im Reformhaus.

Hier einige Vorschläge für Bademischungen; die Öle können einzeln oder in Mischungen verwendet werden.

Entspannendes Bad am Abend mit ätherischen Ölen aus
Bergamotte, Geranie, Honig, Römische Kamille, Lavendel, Rose, Melisse, Majoran, Mimose, Sandelholz, Rosenholz, Orange, Tonka, Vanille, Mandarine
Jeweils mit Honig, Sahne oder Seifengrundlage vermischen.

Mischungen:

Sweet Dreams
Honig 10 Tropfen
Rose 2 Tropfen
Tonka 1 Tropfen

Sultans Nächte
Sandelholz 10 Tropfen
Orange 5 Tropfen

Einfach loslassen
Vetiver 2 Tropfen
Eisenkraut 3 Tropfen
Muskatellersalbei 2 Tropfen
Zitrone 1 Tropfen

Abendbad 1
Lavendel 15 Tropfen
Neroli 3 Tropfen

Abendbad 2
Bergamotte 5 Tropfen
Neroli 5 Tropfen
Sandelholz 10 Tropfen

Erfrischende und stärkende Bäder:

Rosmarin, Wiesenkönigin, Wacholder, Zitrone, Bergamotte, Myrte, Eisenkraut, Zirbelkiefer, Lavendel, Limette, Meerkiefer, Weißtanne, Douglasie.

Kreislaufanregend, entgiftend und durchblutungsfördernd:

Rosmarin, Wacholder, Wiesenkönigin, Zitrone, Angelika, Kampfer, Limette, Weißtanne

Tiger von Eschnapur • aufbauend, durchblutungsfördernd

Wacholder 15 Tropfen	Angelika 1 Tropfen
Zitrone 4 Tropfen	Limette 3 Tropfen

für ein Bad mit Honig verrühren.

Ätherische Öle für ein hautpflegendes Bad
Geranie, Römische Kamille, Deutsche (blaue) Kamille, Rose, Schafgarbe, Mimose, Zeder, Neroli, Orange, Myrte, Sandelholz, Weihrauch, Jasmin, Karottensamen, Benzoe, Mastix.

Aphrodite • für schöne Haut

Deutsche Kamille (blaue) 4 Tropfen	Karotte 4 Tropfen
Sandelholz 10 Tropfen	Neroli 1 Tropfen

mit je 2 Esslöffeln Sahne und Honig verrühren.

Ätherische Öle für sinnliche Bäder
Neroli, Sandelholz, Tonka, Mimose, Jasmin, Muskatellersalbei, Moschuskörner, Ylang-Ylang, Patchouli, Vanille

Bad für Zwei

Tonka 2 Tropfen	Jasmin 4 Tropfen
Honig 2 Tropfen	Sandelholz 6 Tropfen

mit je 2 Esslöffeln Honig und Seifengrundlage gut verrühren.

Bäder für Kinder
mit ätherischen Ölen aus Kamille, Mandarine, Honig, Schafgarbe

Kinderbad Silvi

Römische Kamille 3 Tropfen	Mandarine 4 Tropfen
Honig 2 Tropfen	

mit 3 Esslöffeln Honig verrühren.

Ätherische Öle für ein Cellulitisbad
Wacholder, Fenchel, Orange, Zypresse, Rosmarin, Lavendel, Zitrone, Mastix

Cellulitisbad

Wacholder 15 Tropfen	Orange 5 Tropfen
Zypresse 5 Tropfen	Zitrone 5 Tropfen

in zwei Esslöffeln Honig verrühren; zweimal wöchentlich; dazu Cellulitis-Massageöl. Dazu diese Öle in 100 ml Distelöl verschütteln.

Sitzbäder
werden in einer Sitzbadewanne oder kleineren Wanne zubereitet. Sie sollen ganz speziell auf den Unterleib einwirken. Da sie gezielt diesen Körperbereich beeinflussen, sind sie sehr wirkungsvoll zur Behandlung von Menstruationsstörungen, Blasenentzündung, Nierenentzündung, Hämorrhoiden, Unfruchtbarkeit. Lösen Sie 5 bis 6 Tropfen ätherisches Öl mit Honig im Badewasser. Sitzbäder werden mit heißem Wasser zubereitet, sie setzen somit einen starken Hitzereiz und regen die Durchblutung an. Das Wasser für ein Sitzbad bei Hämorrhoiden sollte allerdings nicht zu heiß sein, eher körperwarm. Heiße Sitzbäder bei Verstopfung entkrampfen und regen die Verdauung an.

Ätherische Öle für Sitzbäder

Angelika	Durchblutungsstörungen, Verstopfung
Myrte	Hämorrhoiden
Majoran	krampfartige Regel, zu schwache oder ausbleibende Regel, Blasenentzündung
Rosmarin	krampfartige Regel, zu schwache oder ausbleibende Regel
Römische Kamille	krampfartige Regel, allgemeine Verspannung im kleinen Becken
Schafgarbe	unregelmäßige oder krampfartige Regel, stressbedingte Verstopfung
Cistrose	Blasenentzündung, krampfartige Regel
Basilikum	chronische Blasenentzündung
Birke	chronische Blasenentzündung
Sandelholz	Blasenentzündung
Salbei	Blasenentzündung
Wacholder	Verstopfung
Zypresse	Hämorrhoiden
Mastix	Hämorrhoiden

Sitzbädern bei Blasenentzündung kann man noch den Absud von Schachtelhalm zugeben. Für Hämorrhoidenbäder wirkt sehr unterstützend Eichenrinden- und Kastanienabsud (vgl. auch meine Bücher »Medizin der Erde« und »Blätter von Bäumen«).

Fußbäder

Fußbäder werden in einer großen Schüssel zubereitet. Kalte Fußbäder regen den Kreislauf an und sind herrlich erfrischend im Sommer bei schweren Füßen. Sie sollten jedoch nicht bei bereits kalten Füßen angewendet werden. Heiße Fußbäder wirken sehr entkrampfend über Reflexbahnen auf viele Bereiche des Körpers. Sie helfen bei krampfartiger, zu schwacher oder ausbleibender Regel, bei Durchblutungsstörungen; Kneippsche Wechselbäder und Schiele-Fußbäder können durch den Zusatz von ätherischen Ölen sehr verstärkt werden.

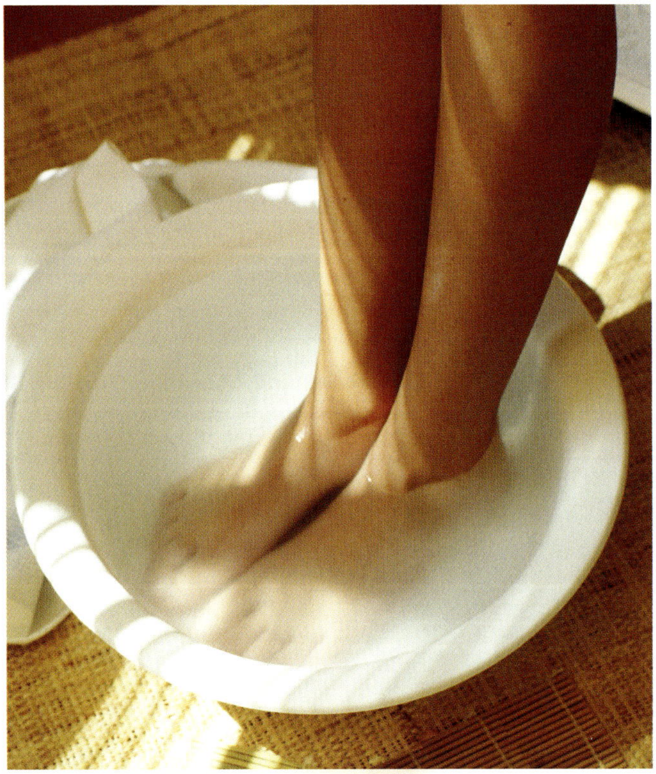

Für ein Fußbad verwendet man 6 bis 10 Tropfen ätherisches Öl, das zuvor mit Honig oder Totes-Meer-Salz vermischt wird.

Angelika	Erkältung, Durchblutungsstörungen, niedriger Blutdruck, Arthritis, Rheuma
Rosmarin	kalte Füße, Menstruationsbeschwerden, müde Füße; sehr verstärkt mit Abkochung von Beifuß
Salbei	Fußschweiß
Muskatellersalbei	Fußschweiß
Zypresse	schwere Füße, Fußschweiß
Bergamotte	Fußschweiß
Lemongrass	Erfrischung im Sommer, schwere Füße
Thymian	Fußpilz, zusammen mit Schwefelfußbad
Wiesenkönigin	Arthritis, Rheuma, Erkältung
Lavendel	Schlaflosigkeit
Zirbelkiefer	Erkältung, Kreislaufschwäche
Wacholder	Fußschweiß
Immortelle	kalte Füße

KÖRPER-, MASSAGE- UND GESICHTSÖLE

Mit einigen ätherischen Ölen und einem Basisöl können Sie ganz einfach individuelle Körper-, Massage- oder Gesichtsöle mischen. Wunderbar auch für eine Massagepraxis, um für jeden Patienten ein ganz individuelles Massageöl herzustellen. Geben Sie 2 Esslöffel Basisöl in eine Schale. Ein paar Tropfen ätherisches Öl dazu, und schon ist ein Spezial-Massageöl gemischt.

Die ätherischen Öle verbinden sich sehr gut mit den Basisölen, den so genannten fetten Ölen. Das sind Öle, die zum Beispiel auf einem Stück Papier einen bleibenden Fettfleck hinterlassen. Sie bilden eine ideale Grundlage für die Anwendung der ätherischen Öle auf der Haut. Diese können nämlich, bis auf wenige Ausnahmen, nicht unverdünnt auf die Haut aufgebracht werden. Die fetten Öle sollten unraffiniert und kaltgepresst sein, nur so enthalten sie ihre wertvollen Heil- und Pflegestoffe für die Haut.

Vor allem Pflanzenöle mit ungesättigten Fettsäuren sind Träger wichtiger Heilstoffe und Vitamine, die die Funktionen der Haut, Atmung, Lichtaufnahme und Wärmeregulierung unterstützen. Sie machen die Haut weich, geschmeidig und straff. Mineralöle sind tote Öle, die aus Petroleum hergestellt sind. Sie dringen kaum in die Haut ein, verstopfen die Hautporen, hemmen die Wirkung der Hautvitamine und können die Wirkung der ätherischen Öle vermindern. Leider werden sie meist für Babyöle benützt. Der Körper kann Mineralöle nicht verarbeiten und lagert sie ab.

Hier finden Sie eine Auswahl verschiedener Basisöle. Sie können diese auch untereinander mischen.

Süßes Mandelöl

ist das klassische Basisöl für Massagen. Schon die Römer benutzten es für die Schönheitspflege und für die Behandlung von Verletzungen. Es pflegt und nährt die Haut, dringt sehr gut ein und eignet sich für jeden Hauttyp von der Baby- bis zur Altershaut. Besonders gut für empfindliche, spröde und trockene Haut. Haltbarkeit: etwa 10 Monate.

Haselnussöl

ist besonders gut für trockene und strapazierte Haut. Unraffiniertes Haselnussöl hat einen feinen Nussduft, der mit dem einiger ätherischer Öle besonders gut harmoniert: Sandelholz, Rosenholz, Tonka, Ylang-Ylang, Vanille, Honig. Haltbarkeit: 8 Monate.

Jojobaöl

wird aus der Nuss eines bis zu drei Meter hohen Busches, der in der Wüste der USA und in Mexiko wächst, gepresst. Der Jojobabusch kann in reinen Wüstengebieten wachsen, da er Temperaturen bis zu 60° verträgt. Er hat bis zu vier Meter tiefe Pfahlwurzeln. Jojobaöl ist ein altes Heilmittel der Indianer, die es für entzündete Augen, Halsentzündung, Hauterkrankungen und zur Haarpflege verwendeten. Es ist ein sehr ungewöhnliches Öl. Normalerweise verbinden die Pflanzen

Glycerol und fette Säuren, um Öl zu produzieren. Die Jojobapflanze jedoch verbindet Alkoholfette und fette Säuren für ihr Öl. Es gleicht somit einem flüssigen Wachs und kann nicht oxydieren, das heißt, es wird nicht schlecht.

1933 entdeckten Forscher der Universität von Arizona, dass das Jojobaöl anders beschaffen ist als die bekannten Pflanzenöle, jedoch eine starke Ähnlichkeit mit dem Walrat hat, das in der Stirnhöhle des Wales vorkommt. Walrat ist ein natürlicher Emulgator, zum Beispiel für die Herstellung von Cremes. Jojobaöl kann ebenso als emulgierender Zusatz für selbst gemachte Cremes verwendet werden. Walrat ist in Deutschland zum Glück nicht mehr im Handel erhältlich. Dadurch soll eine weitere Dezimierung der Wale verhindert werden.

Jojobaöl enthält entzündungshemmende Stoffe und ist somit ein Heilmittel bei entzündeter Haut. Auch bei Ekzemen und Psoriasis hat cs sich als Basisöl für eine Mischung mit ätherischen Ölen sehr bewährt.

Jojobaöl eignet sich als natürliches Hautöl für jeden Hauttyp. Es pflegt und nährt auf einzigartige Weise. Es macht die Haut seidenweich. Das Öl enthält die wichtigsten Vitamine und Mineralien für die Haut. Das Öl hat nur einen schwachen Eigengeruch. Es kann gut als Basisöl für Parfummischungen, Gesichtsöle und Hautöle verwendet werden. Es sollte unbedingt kaltgepresst sein, da es sonst wertlos ist.

Weizenkeimöl

wird aus den Keimen des Weizens gepresst. 13 kg Weizenkeime ergeben 1 l Öl. Es ist orangerot und hat einen strengen Eigengeruch. Es enthält Lecithin, Provitamin A und D und sehr viel Vitamin E, welches ein natürliches Konservierungsmittel darstellt. Wenn Sie anderen Basisölen 20% Weizenkeimöl zugeben, sind diese haltbarer. Auch die Mischung von ätherischen Ölen bleibt länger stabil. Außerdem reichern Sie damit das Basisöl mit dem hautpflegenden Vitamin E an. Weizenkeimöl wirkt stark regenerierend und aufbauend auf die Haut. Es unterstützt Muskel- und Drüsenfunktion. Es ist besonders geeignet für trockene und Altershaut. Machen Sie an besonders trockenen Hautstellen, zum Beispiel am Ellbogen, eine warme Packung mit unverdünntem Weizenkeimöl.

Kokosöl

ist bei Zimmertemperatur eine feste, weiße Masse. Sie verflüssigt sich, wenn man die Flasche auf die Heizung stellt oder in eine Schüssel mit heißem Wasser legt. Das Öl gibt der Haut Feuchtigkeit und ist besonders gut für trockene Haut. Besonders in Indien wird das Kokosöl zur Körperpflege, zur Massage (täglich bei Babys) und als Haaröl verwendet. Da dieses Öl leicht kühlt, eignet es sich als Massage- und Körperöl für die warme Jahreszeit.

Johanniskrautöl

Für die Zubereitung dieses Öles werden frische Blüten und Blätter des Johanniskrautes in einem guten Basisöl (Olivenöl, Jojobaöl, Mandelöl) eingelegt und etwa drei Wochen an die Sonne gestellt. Diese Zubereitung nennt man Mazerat.

In einem optimalen Öl sollten pro Liter ca. 300 g Blüten und Blätter verarbeitet sein. Ein Öl mit solch hoher Konzentration wird im Handel selten angeboten. Ein ganz besonders heilkräftiges Öl kann man sich herstellen, indem man nur Blüten verwendet. Das rubinrote Johanniskrautöl ist – äußerlich angewendet – ein wunderbares Mittel bei Wunden, Verbrennungen, Sonnenbrand, Hautgeschwüren, Nervenschmerzen, Hexenschuss und Ischias. Je nachdem, für welche Heilanwendung Sie es verwenden wollen, können Sie jeweils passende ätherische Öle zufügen. Für heilende Hautöle können Sie es 1 : 1 mit Jojobaöl mischen. Nach einer Behandlung mit Johanniskrautöl sollten Sie die betreffenden Hautstellen für ca. 4 Stunden nicht direktem UV-Licht aussetzen. Es könnten Flecken entstehen.

Olivenöl

Dieses Öl wirkt desinfizierend und wundheilend und kann als Basisöl für Ölmischungen verwendet werden, die zum Heilen und Pflegen entzündeter Haut und für Einreibungen bei rheumatischen Beschwerden dienen. Der starke Eigengeruch von kaltgepresstem Olivenöl ist für viele Menschen jedoch nicht angenehm.

Distelöl

Dieses Öl eignet sich für die Körpermassage für alle Hauttypen. Da es ein leichtes, nicht wärmendes Öl ist, eignet es sich für Massagen im Sommer und für Heilanwendungen bei erhitzten, entzündeten Körperteilen.

Sesamöl

Bereits in der griechischen Antike schätzte man das Sesamöl, da es kostbare Blütendüfte, die man ihm beimengt, besonders lange auf der Haut hält. So eignet sich dieses Öl als Grundlage für Parfumöle. Die Ayurveda-Medizin schätzt Sesamöl als erwärmendes, entgiftendes und entspannendes Mittel und wendet es zur Behandlung von Arthritis, Verkrampfung, Verspannungen, Durchblutungsstörungen und Menstruationsschmerzen an.
Weitere Basisöle siehe mein Buch »Aroma-Massage«.

MASSAGEÖLE

a) Sportöle

Ätherische Öle mit anregender, durchblutungsfördernder Wirkung bei Verspannungen, Muskelverhärtungen, für die klassische Massage:
Rosmarin, Wiesenkönigin, Zitrone, Lavendel, Wacholder, Eisenkraut, Zimt, Birke, Zirbelkiefer, Lemongrass, Douglasie, Weißtanne, Fichtennadel.

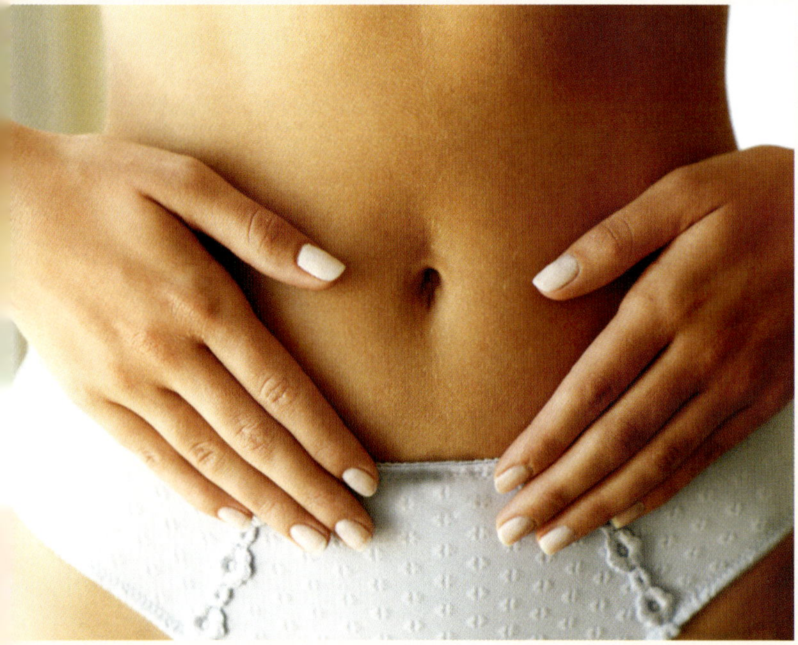

Sparta-Massageöl • bei Muskelverspannungen
Wacholder 4 Tropfen — Wiesenkönigin 5 Tropfen
Zitrone 4 Tropfen — Rosmarin 2 Tropfen
Majoran 2 Tropfen
mit 50 ml Mandelöl verschütteln.

b) Öle für entspannende Massagen

Ätherische Öle mit entspannender, beruhigender, ausgleichender Wirkung, für sanfte Massagen:
Bergamotte, Römische Kamille, Petit Grain, Rose, Mimose, Lavendel, Melisse, Geranie, Neroli, Zeder, Sandelholz, Orange, Mandarine, Honig, Tonka, Vanille, Opoponax

Amalfi • zur entspannenden Massage
Sandelholz 10 Tropfen — Koriander 2 Tropfen
Römische Kamille 5 Tropfen — Rose 2 Tropfen
auf 50 ml Jojobaöl

c) Sinnliche Körper- und Massageöle

Zum Wohlfühlen und zur Hautpflege, zur Partnermassage. Ätherische Öle mit sinnlicher Wirkung lassen uns unseren Körper lieben und pflegen: Jasmin, Rose, Vetiver, Tonka, Ylang-Ylang, Zimt, Orange, Sandelholz, Moschuskörner, Iris, Vanille, Tuberose, Frangipani, Magnolienblüte, Kardamom

Velvet Dreams
Iris 2 Tropfen — Tonka 2 Tropfen
Honig 6 Tropfen — Jasmin 1 Tropfen
Rose 1 Tropfen
auf 50 ml Jojobaöl.

Lady Chatterly
Jasmin 1 Tropfen — Cassie 2 Tropfen
Moschuskörner 1 Tropfen — Sandelholz 2 Tropfen
auf 50 ml Jojobaöl.

d) Massage- und Körperöl während der Schwangerschaft

Zur Vorbeugung von Schwangerschaftsstreifen.
Linaloeholz 15 Tropfen — Rose 3 Tropfen
in 100 ml Haselnussöl.

Zum Entspannen und Sichfreuen.
Mandarine 10 Tropfen — Neroli 2 Tropfen
in 50 ml Mandelöl.

Geben Sie in die Schwangerschaftsöle immer etwas Weizenkeimöl.

Massageöl bei Cellulitis
Orange 15 Tropfen — Zypresse 8 Tropfen
Mastix 10 Tropfen
auf 50 ml Jojobaöl und 50 ml Weizenkeimöl. Zweimal wöchentlich einmassieren; dazu Cellulitisbad.

e) Gesichtsöle

können für jeden Hauttyp und jedes Hautproblem individuell gemischt werden.

f) Heilöle

Wenn eine Ölmischung speziell zum Heilen dienen soll, so können Sie als Basisöl folgende fette Öle verwenden:

Jojobaöl	für Hauterkrankungen, Entzündungen, Allergien, Brust- und Rückeneinreibungen im Falle von Erkrankungen der Atemwege; Mandelöl für Heilmassagen bei Verspannungen und Durchblutungsstörungen;
Johanniskrautöl	für Verbrennungen, Wunden, Entzündungen, rheumatische Schmerzen, Hexenschuss, Nervenschmerzen, Bauchkoliken;
Calendulaöl	für Wunden, Hauterkrankungen, Muskelschmerzen, Kinderpflege;
Sesamöl	Verspannungen, Muskelschmerzen, Menstruationsbeschwerden, Arthritis
Olivenöl	für Hauterkrankungen, Rheuma, Muskelschmerzen, Leber-Galle-Beschwerden, Nervenschmerzen, Koliken im Verdauungstrakt.
Nachtkerzenöl	ist das gepresste Öl aus Samen der Nachtkerze (Oenothera biennis), mit hohem Anteil an Gamma Linolensäure, die dem Aufbau körpereigener Stoffwechselregulatoren dient. Es ist in Kapseln im Reformhaus erhältlich. Fügen Sie das Öl einiger Kapseln zu einer Mischung von ätherischen Ölen und fettem Öl: auf 10 ml fettes Öl 1 ml Nachtkerzenöl. Sehr unterstützende Heilwirkung in Mischungen für Psoriasis, Akne, Dermatitis, Prämenstruellem Syndrom, schmerzhafter Regel und beruhigend für unruhige, nervöse Kinder (in Massageöl mit Lavendel).
Borretschsamenöl	ist ein gepresstes Öl aus den Samen der himmelblauen Blüte des Borretsch. Es enthält doppelt so viel Gamma-Linolensäure wie das Nachtkerzenöl und wird in Mischung mit diesem im Handel angeboten. Zur Behandlung von prämenstruellem Syndrom, schmerzhafter Regel und Hauterkrankungen. Es ist ein Nerventonikum und wird in Antistress-Mischungen zu Massagen verwendet.
Walnussschalenöl	zur Behandlung von Hauterkrankungen.

Massageöl bei Rheuma

Wacholder 7 Tropfen — Rosmarin 4 Tropfen
Wiesenkönigin 6 Tropfen — Zitrone 5 Tropfen
in 50 ml Johanniskrautöl verschütteln.

Einreibung bei Krampfadern

Zypresse 10 Tropfen — Zitrone 10 Tropfen
Mastix 10 Tropfen
in 100 ml Calendulaöl verschütteln.

Einreibung bei schmerzhafter Menstruation

im Unterleibs- und Kreuzbeinbereich einmassieren
Schafgarbe 10 Tropfen — Römische Kamille 5 Tropfen
Melisse 100% 2 Tropfen — Muskatellersalbei 5 Tropfen
Nachtkerzen- und Borretschsamenöl ½ Teelöffel
Sesamöl 50 ml
alles miteinander verschütteln.

INNERLICHE EINNAHME

Ätherische Öle sollten Sie – innerlich eingenommen – nur unter Anleitung einer erfahrenen Therapeutin oder eines Therapeuten anwenden.

Sie können – unsachgemäß eingenommen – Schleimhautreizungen und Organstörungen verursachen. In den meisten Fällen genügt die äußerliche Anwendung. Ausnahme sind hier einige Hausmittel mit ätherischen Ölen, die Sie selbst ohne Gefahr anwenden können: 1 bis 2 Tropfen Minzöl pur bei Kopfschmerzen, Föhnbeschwerden, Übelkeit; 1 bis 2 Tropfen Lavendelöl 3-mal täglich bei Grippe, Erkältung und zur Abwehrsteigerung und Magenanregung.
Für die therapeutische Verordnung und Anwendung werden die ätherischen Öle fast immer in einem Medium verdünnt:

a) Honig

1–2 Tropfen ätherisches Öl werden in 1–2 Teelöffel flüssigem Honig verrührt. Diesen einnehmen oder in einer Tasse warmem Tee oder warmem Wasser verrühren und schluckweise langsam trinken.

b) Auf Zucker oder Brot

1–2 Tropfen ätherisches Öl auf ein Stück Zucker oder Brot geben und langsam im Munde zergehen lassen oder zerkauen.

c) Alkohol

Das ätherische Öl wird in 75 bis 80%igem Weingeist verschüttelt (45 ml Weingeist/15 Tropfen Öl). 3-mal 5 bis 3-mal 15 Tropfen täglich.

d) Kräutertinktur

Als Grundlage für die ätherischen Öle kann eine fertig zubereitete Kräutertinktur (Apotheke) verwendet werden. Sie sollte eine ähnliche Heilwirkung wie das ätherische Öl haben

oder diese ergänzen und unterstützen. (Wenn Sie die Kräutertinktur selbst herstellen wollen, finden Sie dafür Anleitungen in meinem Buch »Medizin der Erde«.)
Folgende Tinkturen eignen sich für Magen-Darm-Erkrankungen: Eibisch, Labkraut, Wegwarte, Löwenzahn, Blutwurz; für Erkältung und Grippe: Wasserdost, Echinacea, Holunder, Lindenblüte;
zur Nervenberuhigung: Schlüsselblume, Johanniskraut, Waldmeister, Hafer, Hopfen, Baldrian, Holunderblüte;
für Husten: Sonnentau, Königskerze, Huflattich.
In der Kräutertinktur wird das entsprechende Öl oder eine Mischung verschüttelt. 10 bis 15 Tropfen auf 50 ml Tinktur.

Beruhigungstropfen
bei Anspannung und Nervenüberreizung

Hafertinktur
homöopathische Urtinktur: Avena sativa 25 ml
Schlüsselblumentinktur, Tinctura Primulae 25 ml
Lavendel extra 8 Tropfen
Melisse 2 Tropfen
gut miteinander verschütteln.
Dosis 2- bis 5-mal täglich 5–10 Tropfen.

Grippetropfen zur Abwehrstärkung
Echinaceatinktur 25 ml Wasserdosttinktur 25 ml
Angelikawurzelöl 9 Tropfen
gut verschütteln.
Dosis: 3-mal täglich 10 bis 15 Tropfen.

e) Propolistinktur

Hierfür wird Propolis (Kittharz der Bienen) in Alkohol gelöst. Sie können die Tinktur in Naturkostläden, Reformhäusern oder direkt beim Imker erstehen. Propolis stärkt die körpereigenen Abwehrkräfte, wirkt keimtötend, ohne dabei die physiologische Bakterienflora zu zerstören. Mit ätherischen Ölen ist es eine souveräne Medizin bei Infektionskrankheiten und Abwehrschwäche. In 45 ml Propolistinktur werden 7 bis 10 Tropfen ätherisches Öl verschüttelt. Dosis: 3- bis 5-mal täglich 3 bis 10 Tropfen (die angegebene Menge bei akuter Erkrankung oder als Stoßtherapie zu Beginn).

f) Sirup

Pflanzenextrakte in einer zähflüssigen Zuckerlösung sind Sirupe (nach DAB 7: 64% Zucker und 36% Wasser). Diese können Sie in der Apotheke kaufen. Pflanzensirup, auch mit Honig hergestellt, kann man selbst ansetzen. Hierfür werden in einem Einmachglas die Pflanzen schichtweise mit Zucker oder Honig eingelegt. Das Glas mit Pergamentpapier verschließen, mit einem Holzbrettchen abdecken und 2 Monate lang ca. 50 cm tief in der Erde abgedeckt gären lassen (vgl. auch in meinem Buch: »Medizin der Erde«, Stichwort Erdkammernsirup). Sirupe werden teelöffel- bis esslöffelweise eingenommen.

Folgende Sirupe eignen sich als Grundlage für ätherische Öle:

Bei Husten, Erkältung
Spitzwegerichsirup (Sirupus Plantaginis): schleimhautschützend, schleimlösend; Süßholzsirup (Sirupus Liquiritiae): schleimlösend, schleimhautschützend; Klatschmohnsirup (Sirupus Rhoeados): Husten und Heiserkeit bei Kindern.

Bei Magen-Darm-Beschwerden
Knoblauchsirup (Sirupus Allii sativi): Darmantiseptikum; Kamillensirup (Sirupus Chamomillae): entzündungshemmend, entkrampfend; Mannasirup (Sirupus Mannae): bei Verstopfung bei Kindern; Rhabarbersirup (Sirupus Rhei): abführend und magenstärkend.

Zur allgemeinen Stärkung für Kinder nach Krankheiten
Wacholdersirup (Sirupus Juniperi inspissatus)
Verschütteln Sie in dem Sirup Ihrer Wahl das ätherische Öl oder die Mischung: 3–5 Tropfen auf 50 ml Sirup für Kinder, 5–10 Tropfen auf 50 ml Sirup für Erwachsene.
Teelöffelweise (Kinder) oder esslöffelweise (Erwachsene) einnehmen.

Hustensirup
Spitzwegerichsirup 25 ml Klatschmohnsirup 25 ml
Ysop 2 Tropfen Myrte 2 Tropfen
verschütteln und teelöffelweise 3- bis 5-mal täglich einnehmen.

Verstopfung (Kinder)
Rhabarbersirup 25 ml Mannasirup 25 ml
Römische Kamille 3 Tropfen
verschütteln, 3- bis 4-mal täglich 1–2 Teelöffel.

h) Hydrolate

Sie werden durch Wasserdampfdestillation aus der Pflanze hergestellt und entstehen bei der Destillation von ätherischen Ölen. Sie sind schwach duftend. Diese »destillierten Wässer«, wie sie auch genannt werden, wurden speziell vom 14. bis 16. Jahrhundert viel zur innerlichen Einnahme verwendet. Heute verordnen sie speziell die französischen Aromatherapeuten. In einem Liter Hydrolat sind 0,10 bis 0,50 g ätherischen Öles enthalten. Ihre innerliche Einnahme ist deshalb ungefährlich. Henri Leclerc (1870–1955), ein bekannter französischer Naturheilarzt, der den Begriff Phytotherapie prägte, empfahl Hydrolate besonders wegen ihrer haut- und schleimhautschonenden Wirkung. Hydrolate enthalten neben ätherischen Ölen auch die wasserlöslichen Bestandteile der Pflanze. Sie sind sehr vielseitig verwendbar als Kompresse, zum Einnehmen, als Gesichtswasser, zum Augenbad, zur Wundreinigung, zur Verarbeitung in Lotionen, Gels, Cremes, Salben, zum Kochen, als Grundlage für Parfum-Sprays, Aftershaves usw. Empfohlene Dosis für Hydrolate: 2–3 Teelöffel 2-mal täglich.

Folgende Hydrolate werden hauptsächlich verordnet:

Kamillenhydrolat	bei Magen-Darm-Beschwerden
Majoranhydrolat	krampflösend im Magen-Darm-Bereich, Leber und Galle stärkend
Weißdornhydrolat	bei zu hohem Blutdruck
Lavendelhydrolat	antibiotisch wirkend auf das Verdauungssystem, Sonnenbrand
Rosenhydrolat	innerlich bei Kongestion der Leber, Übelkeit, Erbrechen, Gallenentzündung äußerlich bei Konjunktivitis, als Gesichtswasser, zur Kopfmassage, belebend für die Kopfhaut, Sonnenbrand, Verbrennungen
Minzehydrolat	Mundspray, Kopfschmerzen
Zirbelkieferhydrolat	bei Atemwegserkrankungen
Melisse	Herpes

Hydrolate für Schönheit und Pflege

Eisenkrauthydrolat	als Aftershave ohne Alkohol, erfrischend und zusammenziehend
Geranienhydrolat	als Gesichtswasser für jeden Hauttyp
Kamillenhydrolat	zur Reinigung und Pflege der Gesichtshaut
Lavendelhydrolat	zur Reinigung der Haut, zur Erfrischung
Melissenhydrolat	zur Erfrischung im Sommer, für Stirnkompressen bei Kopfschmerzen
Neroliwasser (Orangenblütenwasser)	als edles Gesichtswasser zur Reinigung und Pflege der Haut
Zitronenhydrolat	als Gesichtswasser, belebt und reinigt die Haut
Myrtenhydrolat	als Schönheitswasser zur Gesichtspflege, reinigt und klärt
Steinkleehydrolat	als Gesichtswasser bei geplatzten Äderchen
Holunderhydrolat	verleiht der Haut neue Spannkraft

i) Arabisches Gummi – Akaziengummi

Gummi arabicum ist der Saft, auch Gummi genannt, von Akazienbäumen. Rund 20 verschiedene Arten können zur Gummigewinnung gebraucht werden. Hauptsächlich verwendet man jedoch Acacia senegal. Diese schönen Bäume gehören zur Familie der Mimosengewächse und gedeihen hauptsächlich in Mittelafrika. Der Saft der Bäume fließt aus Rissen der Rinde von Stamm und Ästen. Durch die Einwirkung von Luft und Sonne verhärtet er sich zu weißlichen Knollen. Fein zermahlen in Form eines weißen Pulvers ist Gummi arabicum in der Apotheke erhältlich.
Das Arabische Gummi besteht hauptsächlich aus Arabinsäure, einem Polysaccharin; außerdem enthält es reichlich Fermente, Spuren von Zucker und Wasser. Es kann verhältnismäßig viel Wasser mit Öl verbinden und wird seit langem als Emulgator zur Herstellung von Emulsionen, als Basismittel für Tabletten, als Bindemittel für Pillen und vieles mehr verwendet. Es wirkt entzündungshemmend, schleimhautschützend und leicht stopfend. So wird es von der Naturheilkunde bei Schleimhautentzündungen im Magen-Darm-Bereich, bei Husten und Durchfall verwendet. Es eignet sich hervorragend als Emulgator für ätherische Öle und kann außerdem die Haut und Schleimhaut vor einer eventuellen Reizung durch die Öle schützen. Mit Wasser, fettem Öl und Essenzen ergibt es eine cremige Milch, die sich in Wasser auflöst und gleichzeitig die Haut pflegt.
Je nachdem, wie viel Wasser Sie hinzugeben, erhalten Sie eine wässrige Milch oder eine dickflüssige Hautlotion oder Creme. Diese eignet sich sehr gut zur Pflege von spröder, rissiger Haut.

So wirds gemacht:

Arabisches Gummi, fein pulverisiert
Fettes Öl (Mandel-, Jojoba-, Calendulaöl usw.)
zu gleichen Raumteilen

Im Mixer auf höchster Stufe so lange vermischen, bis keine Klümpchen mehr vorhanden sind. Nun fügen Sie ätherisches Öl zu und mixen kurz.

Jetzt können Sie das Wasser, eventuell auch Hydrolat, langsam zugeben und weiterhin auf höchster Stufe alles durchmischen. Fertig.
Ihre Bademilch sollten Sie in den nächsten Tagen verbrauchen oder im Kühlschrank aufbewahren. Hier hält sie sich maximal zwei Wochen. Als Anhaltspunkt für die Mengen können Sie folgendes Rezept verwenden.

Verwöhnbad am Abend

Arabisches Gummi	3 Esslöffel
Mandelöl	3 Esslöffel
Wasser	1/8 Liter
Lavendelöl	12 Tropfen
Vanilleextrakt	12 Tropfen
Mandarinenöl	7 Tropfen

Diese Menge reicht für zwei bis vier Bäder.

Angelika

Auf den alten Handelsstraßen zwischen Morgen- und Abendland wurden viele Gewürze und Heilkräuter wie Nelken, Pfeffer oder Muskat gen Westen befördert. Eines der wenigen Heilmittel jedoch, die das Morgenland von uns wünschte, war die Wurzel der Angelika. Früher war man im Osten genauso verrückt danach wie wir heute nach dem Ginseng. Man versprach sich viel von der Heilkraft der Angelika. Bei uns verlieh man dieser Pflanze den Namen Engelwurz, ja sogar Erzengelwurz, als Ausdruck großer Wertschätzung. Wahrlich ein dicker gesprochener Orden an der »Heldenbrust« der Engelwurz! Mutig und stark steht sie da, wenn man ihr in der freien Natur begegnet. Nichts kann sie umwerfen. Eine vor Kraft strotzende Pflanze, bis zu zwei Meter hoch, mit armdickem Hauptstamm und großen, weit ausladenden Blättern. Die kräftige Wurzel verankert sie tief in der Erde und verbindet sie mit ihrem Lieblingselement. Über allem thront eine grünlich-weiße Doldenblüte. Die Pflanze umgibt eine Aura von kräftigem, aromatischem Duft.

»Gib nicht auf! Halte durch, noch ist nichts verloren! Habe keine Angst und baue dich auf! Du bist stark und nichts kann dich umwerfen!« Dies ist die Botschaft der Angelika, die sie in ihrer Essenz übermittelt.

Das ätherische Öl ist eine Hilfe für alle, die Angst haben, zaghaft und kraftlos sind, selten Entscheidungen fällen können und keine Standhaftigkeit zeigen; deren Nervensystem zerrüttet ist und die dringend einen Aufbau für Leib und Seele brauchen. Die Essenz hilft bei jeder Art von Schwächezustand. Sie gleicht einem »Superdünger« für mickrige Pflänzchen. Die Essenz lässt die innere Stärke und Entscheidungskraft entdecken und fördert Standfestigkeit.

Zur geistig-seelischen Stärkung verwendet man das ätherische Öl der Angelika in der Duftlampe (eventuell mit Zitrone oder Lemongrass vermischt). Bei Schwächezuständen gibt man einen Tropfen Angelikaessenz unverdünnt in die Handfläche. Dann reibt man die Handinnenflächen schnell gegeneinander und hält sie vor Gesicht und Nase. Tief einatmen! Man spürt sehr bald die stärkende Wirkung. Hilfreich ist das Öl auch bei Übelkeit, Schwäche und Angst auf Reisen.

Angelika schenkt Kraft und Aufbau aus einer ganz irdischen Quelle. Die Pflanze ist stark vom Erdelement her bestimmt. Als Essenz bekommt sie mehr feuriges Temperament. Angelikaessenz bringt vitalen Aufbau und hat weniger mit kosmischen, spirituellen Energien zu tun. Sie ist »irdisch aufbauend«. Deshalb eignet sie sich gut für Menschen, die Boden unter den Füßen brauchen und realitätsbezogener werden sollten.

Durch einen dem Moschus ähnlichen Wirkstoff kann sie in starker Verdünnung auch als Basisnote in einer Duftmischung anregend auf die Sexualität wirken.

Im Mittelalter war die Angelika eine viel verwendete Heilpflanze (vgl. auch mein Buch »Medizin der Erde«). Die Ärzte gebrauchten sie damals, um sich vor Ansteckung zu schützen. Vor allem war sie in Pestzeiten – so berichtet Paracelsus – eine unschätzbare Hilfe für den Arzt, der die Pestkranken besuchte. Auch die Essenz trägt in sich die Kraft, vor Ansteckung zu schützen. Nehmen Sie in Grippezeiten täglich 1 bis 2 Tropfen in Echinaceatinktur verschüttelt davon, dann sind Sie vor Ansteckung gefeit. Oder geben Sie die Essenz mit Zitrone oder Eukalyptus vermischt in die Duftlampe, wenn viele Menschen in einem Raum zusammenkommen.

Bei Grippe, Darmgrippe, Viruserkrankungen nimmt man Angelikaöl in Propolistinktur ein, um die körpereigene Abwehr zu stärken und eingedrungene Krankheitskeime abzutöten. Die Essenz ist gut für jede Art von körperlicher Schwäche: nach Operationen, Geburt, bei Herzschwäche, Rachitis, langen, zehrenden und chronischen Krankheiten. Sie ist blutbildend. Angelika war im Mittelalter in allen lebensverlängernden Geheimmitteln enthalten. Bitterstoffe, wie sie die Angelika viele enthält, spielen auch eine Rolle in der naturheilkundlichen Krebsvorsorge.

Angelika ist eine altbekannte Magenbitterpflanze. Die Essenz ist eine gut wirksame, Medizin bei Magenschwäche, Verdauungsschwäche allgemein, Dyspepsie und Blähungen. Sie regt die Produktion von Verdauungssäften an und gilt als Hilfe bei nervöser Gastritis, ist also ein Heilmittel zur Behandlung von Magenerkrankungen. Sie wirkt heilend auf den Magen sowie zugleich beruhigend und ausgleichend auf das Nervensystem. Eine geniale Kombination, denn die meisten Magenerkrankungen sind nervlich bedingt. Bei Magen-Darm-Erkrankungen und als Magenbitter wird die Essenz vor den Mahlzeiten eingenommen: 2 bis 3 Tropfen auf ein Stück Brot oder in etwas Alkohol aufgelöst. Nicht in Honig einnehmen, da die Bitterstoffe der Angelika im Mund über reflektorische Bahnen ihre Wirkung im Magen auslösen.

Angelikaessenz ist ein sehr bewährtes Heilmittel bei Stirnhöhlenerkrankungen, Stockschnupfen und chronischem Katarrh. Hierfür gebraucht man die Essenz als Inhalation, in der Duftlampe und in Salben.

Die Essenz wirkt durchblutungsfördernd. Sie wird bei Durchblutungsstörungen und Lähmungen, besonders der unteren Extremitäten, als Massageöl und in Voll- und Teilbädern verwendet (nach Kneipplehrer Pumpe).

Außerdem hat sie sedierende Wirkung auf die Nebennieren. Bei Nasenpolypen empfiehlt die Naturheilkunde Inhalationen von Angelikaöl in Wasser (1 Tropfen in einem halben Glas Wasser, gut in einer Flasche verschüttelt).

Angelika

Botanischer Name	Angelica officinalis – Engelwurz Angelica archangelica – Erzengelwurz Angelica sylvestris – Waldengelwurz
Familie	Apiaceae, Familie der Doldenblütler
Ursprungsland	Nordeuropa, Essenz aus Ungarn, Deutschland, Belgien, Frankreich
Beschreibung	Bis zu zwei Meter große, kräftige Pflanze, zwei- bis dreijährig, zwei- bis dreifach befächerte Blätter, kuglige, gelbliche, grünlich-weiße Blüten; Blütezeit Juli–August; liebt feuchte Standorte
Essenz	Wasserdampfdestillation aus getrockneter oder frischer Wurzel, selten aus Samen; Essenz nach der Destillation fast farblos, später gelblich; erdiger, pfefferartiger, würzig-kräftiger Duft. Aus 100 kg Wurzeln erhält man 300 g Essenz.
Inhaltsstoffe	D-a Phellandren, a-Pinen, Osthenol, Osthol, Angelicin, Exaltolid, Methyläthylessigsäure
Mischt sich gut mit	Bergamotte, Muskatellersalbei, Zitrone, Lemongrass, Meerkiefer, Zirbelkiefer, Wacholderbeere, Tea Tree, Manuka
Charakter	Yang

Wirkung	Anwendungsbereiche
körperlich	
magenstärkend verdauungsanregend blähungswidrig antiseptisch abwehrsteigernd blutbildend blutreinigend sedierend auf Nebennieren mild hautreizend erwärmend mild schleimlösend	Magenschwäche, Gastritis, nervöse Blähungen, Dyspepsie, Verdauungsschwäche, Blähungen, Magengeschwür; Grippe, Infektionskrankheiten; körperlicher Schwächezustand, Rekonvaleszenz; Herzschwäche; Übelkeit auf Reisen; Luftschlucken; Durchblutungsstörungen, Lähmungen; zur Stärkung nach konsumierenden Krankheiten
geistig-seelisch	
aufbauend stabilisierend	Angst, Mutlosigkeit, Entscheidungsschwäche, Ideenflut, Schwäche, Nervosität, Frigidität, nervöser Reizmagen
Küche	Chartreuselikör (Rezept siehe mein Buch »Medizin der Erde«), Magenbitter

Vorsicht! Auf der Haut kann das Öl bei Sonnenbestrahlung Irritationen verursachen.

Bergamotte

Zupf dir ein Wölkchen aus dem Wolkenweiß,
Das durch den sonnigen Himmel schreitet,
Und schmücke den Hut, der dich begleitet,
Mit einem grünen Reis.

JOACHIM RINGELNATZ

An den Ufern der Meeresenge von Messina, ganz unten am italienischen Stiefel, liegt Reggio di Calabria. Eine ungewöhnliche Stadt, die sich vieler Besonderheiten rühmt: 1908 fast völlig vom Erdbeben zerstört und danach schnell wieder aufgebaut, ein Zentrum der Mafia und – jetzt wird es erfreulich – eine Stadt, in deren Umgebung die Bergamotte wächst. Man hat versucht, diesen Baum an anderen Orten zu kultivieren, in Südfrankreich oder an der Elfenbeinküste, doch nirgendwo mit großem Erfolg. Die wirklich optimale Qualität der Bergamotteessenz kommt aus Sizilien. Leider sind die sowieso begrenzten Anbauflächen in den letzten Jahren durch Flughafen- und Autobahnbau stark reduziert worden. Die Landschaft um die eher hässliche Stadt ist sehr beeindruckend. Schroffe, kahle Berge wechseln sich mit sanften, grünen Hügeln ab. Bei klarem Wetter kann man den schneebedeckten Ätna sehen. Auf den wenigen fruchtbaren Flecken findet man die Bergamottepflanzungen. Unterhalb der Bäume blüht es das ganze Jahr. Zur Erntezeit der Bergamotte,

Narzissen

von November bis Februar, sind die Wiesen mit kleinen Narzissen übersät. An den Häusern ragen zur gleichen Zeit haushoch blühende Weihnachtssterne empor und erinnern an Schnee und Weihnachtszeit in nördlichen Ländern. Das Licht der sanften Sonne zu dieser Jahreszeit unterstreicht die friedliche, fast paradiesische Stimmung in diesen Gärten. Die wenigen weißen Wölkchen am strahlend blauen Himmel vermitteln heitere Leichtigkeit.

Was die Bergamotte eigentlich ist und weshalb sie gerade hier Fuß gefasst hat, darüber hört man eine Reihe verschiedener, umschweifender und stark voneinander abweichende Versionen. Wenn man allzu Unwahrscheinliches wegnimmt, kommt man zu folgendem Ergebnis: Irgendwann hat irgendwer die Bergamotte auf die Kanarischen Inseln gebracht. Dort entdeckte sie Christoph Kolumbus und nahm sie mit nach Reggio di Calabria.

Die Bergamotte ist ein Baum aus der Zitrusfruchtfamilie. Sie gehört wie die Orange und Zitrone zu den Rautengewächsen und entstand durch Züchtung. Sie ist eine Kreuzung von Bitterorange und Zitrone.

Ich verbrachte einige Tage in den Bergamottegärten und hatte Zeit, die Bäume selbst zu studieren. Sie sind etwa 5 Meter hoch und wirken zarter als Zitronen- und Orangenbäume. Gleich diesen haben sie feste, saftiggrüne Blätter. Die sternenförmigen, weißen, süßduftenden Blüten sind jedoch kleiner als die der anderen Zitrusbäume. Wenn die runden bis birnenförmigen Früchte reif sind, leuchten sie goldgelb.

Für die Essenz werden meist schon die grünen Früchte verwendet. Sie sind absolut ungeniessbar, schmecken bitter und sehr sauer. In vielen kleinen Öldrüsen ihrer äußeren Schale bergen sie den Schatz der Bergamotte: das smaragdgrüne Bergamotteöl. Es wird durch Kaltpressung und Zentrifugieren gewonnen. Als wichtiger Bestandteil guter Kölnisch-Wasser-Mischungen ist es hochbegehrt in der Parfümerie.

Auch die Aromatherapie schätzt das Öl sehr. Es ist eines, das von interessierten Anfängern und erfahrenen Aromatherapeuten gleichermaßen viel verwendet wird. Der fruchtige, warmblumige, frische und lebendige Duft der Essenz wird von den meisten Menschen als angenehm empfunden. Paolo Rovesti, Professor an der Universität Mailand (und vermutlich der Erste, der Aromatherapie an einer Universität lehrte), berichtet von seinen Versuchen mit ätherischen Ölen in verschiedenen Nervenkliniken und der heilenden Wirkung bei Depression, Angst und Hysterie. Er beschrieb die psychologische Wirkung der Bergamotteessenz und stellte fest, dass sie eine angstlösende und nervenentspannende Wirkung hat (siehe mein Buch »Auf der Suche nach den verlorenen Düften«).

Auch Aromatherapeuten heute empfehlen eben Bergamotteöl bei Angst und Depression. Es wirkt (wie neueste Forschungen zeigen) regulierend über den Hypothalamus. Der angenehme, frische und warme Duft gleicht starke emotionale Schwankungen aus. Er beruhigt und entspannt einerseits, regt an und tonisiert andererseits, je nachdem, was Situation und Stimmung des Patienten erfordern. Bergamotte ist eine der »flexibelsten« Essenzen. Sie gleicht sich der Wirkung des beigemischten Öles an. Mit Rosmarin, Lemongrass oder Verbena ist sie erfrischend, aufheiternd und geistig anregend; mit Ylang-Ylang und Jasmin wirkt sie körperlich, mit Zirbelkiefer oder Wacholder medizinisch.

Bei all ihrer vielfältigen Wirkung ist sie in jedem Fall stimmungsverbessernd. Bei Abgeschlagenheit, in der Rekonvaleszenz (nach körperlichen und seelischen Leiden) und bei Ermüdung durch ständige Anspannung regt sie an und baut auf. Bei Stress, allgemeiner Nervosität und nervöser Angst beruhigt sie. Sie unterstützt das Selbstbewusstsein und Selbstvertrauen, muntert auf und erfrischt den Geist dank ihrer »sonnigen Heiterkeit«.

Durch ihre sanfte, blumige Note stimuliert sie Freude und Herzenswärme.

Bei allen bisher genannten Störungen kann man die Bergamotte in der Duftlampe, in Körper- und Massageölen und in

Bädern verwenden. Warum sollten wir uns nicht bei einem seelischen Tief erst mal ein entspannendes Bergamottebad genehmigen?
Bergamotte in der Duftlampe passt meistens. Es ist ein geeignetes Öl für Anfänger, die gerade ihre erste Duftlampe erstanden haben. Bergamotte mit Myrte und Zitrone (oder Lemongrass) reinigt und erfrischt stark verrauchte Räume. Professor Rovesti empfiehlt sie übrigens auch zur Raucherentwöhnung.
Bergamotteessenz wird durch die Zugabe von anderen Zitrusölen verstärkt, das heißt: die Öle wirken synergistisch. Eine Mischung von verschiedenen ätherischen Ölen (nicht nur von Zitrusölen) ist für unseren Geruchssinn attraktiver als ein »Einzelöl«. Meistens bevorzugen wir vielschichtige Riechkomplexe. Je interessanter unser Gehirn die Düfte findet, desto größer ist auch die Chance eines psychischen Effektes. Eine Essenz, die für einen Patienten (nach Auffassung des Therapeuten) besonders hilfreich sein könnte, deren Duft er aber ablehnt, kann therapeutisch nicht eingesetzt werden. In diesem Fall muss man die Essenz mit anderen Ölen, die ähnliche Wirkung haben, kaschieren oder auf ein anderes Öl mit gleicher Wirkung ausweichen.
Bei Angstgefühl, Depression oder emotionalen Schwankungen kann man das Bergamotteöl mit anderen Essenzen mischen. Je nach speziellem Fall passen Lavendel, Neroli, Petit Grain, Rose, Angelika, Zeder, Muskatellersalbei, Melisse oder Majoran. Bergamotteöl kann psychisch wirksame Essenzen, die manchen Menschen zu streng oder unangenehm im Geruch sind, im Duft verändern und ausgleichen; gedacht ist an Zypresse, Cistrose, Immortelle, Schafgarbe, Weihrauch und Kiefer.
Auf diese Weise lassen sich ganz persönliche Rezepte erstellen, maßgeschneidert für jeden Patienten. Diese Auswahlmöglichkeit gibt es nicht bei den üblichen Psychopharmaka. Das wird verständlich aus der Tatsache, dass in einer Mischung das einzelne ätherische Öl seine Molekülkette löst und sich mit anderen Ölen zu etwas Neuem verbindet. Robert Tisserand veranschaulichte die Vielfalt der Anwendungsmöglichkeiten in einer Darstellung: Wenn man ein Repertoire von 25 verschiedenen ätherischen Ölen hat und davon jeweils zwei bis vier miteinander vermischt, erhält man 15 000 verschiedene Mischungen!
In der italienischen Volksmedizin wird die Bergamotteessenz schon seit langer Zeit bei verschiedensten körperlichen Leiden eingesetzt. Dank ihrer starken antiseptischen Eigenschaft bietet sie sich für viele Anwendungsbereiche an. Sie ist wirksam gegen Staphylokokken, Gonokokken, den Meningokokkus, gegen Diphtheriebakterien und weitere Erreger. Sie wird deshalb bei Entzündungen im Mundraum (als Gurgelwasser), bei Infektionen der Haut und der Atemwege (als Inhalation) eingesetzt.
Bergamotte hat einen besonderen Bezug zur Blase und gilt als wirksames Heilmittel bei Entzündung dieses Organes. Hierfür wird das Öl innerlich eingenommen (in Verschüttelung mit Propolistinktur). Sitzbäder, reizlose Kost und Kräutertees (zum Beispiel von Bärentraubenblättern, Buccoblättern,

Bergamottenfrucht

Goldrute, Schachtelhalm, Birkenblättern) unterstützen die Behandlung.
Bei Appetitmangel kann Bergamotte vor dem Essen innerlich eingenommen werden (2 Tropfen auf ein Stück Zucker oder in Honig). Zur Behandlung von Magersucht mischt man sie mit Grapefruitsaft (zu gleichen Teilen) und verwendet sie in Massageölen, Bädern oder der Duftlampe. Bergamotte wirkt innerlich eingenommen entkrampfend auf den Magendarmtrakt und hilft bei Blähungen in einer Mischung mit Koriander, Fenchel, Anis. Bergamotte wurde früher zur Behandlung von Malaria eingesetzt. Sie ist fiebersenkend und kann deshalb bei hohem Fieber in Wadenwickeln und Kompressen (mit Zitrone) verwendet werden.
Ekzeme und Psoriasis werden durch Bergamotte günstig beeinflusst. Man nimmt die Essenz zusammen mit Cistrose und Immortelle, um diesen Ölen einen angenehmeren und leichteren Duft zu verleihen. Bei Herpes labialis, jenen lästigen Bläschen an der Lippe, die nervositäts- und stressbedingt auftauchen (gerade wenn man sie am wenigsten brauchen kann!), wird Bergamotte angewendet. Beide ätherischen Öle heilen die Viruserkrankung und helfen zugleich dem gestressten Patienten durch ihre beruhigende Wirkung.
Die Essenz aus der Bergamottefrucht hat die Eigenschaft, die Lichtempfindlichkeit der Haut zu erhöhen. Sie war deshalb Bestandteil vieler Sonnenschutzmittel, die schnellere Bräunung unterstützen sollten. Heute sind nur noch Produkte mit furocumarinfreiem Bergamotteöl auf dem Markt, denn das vollständige Öl – unverdünnt auf die Haut gebracht oder in Verdünnungen mit mehr als 1 bis 2 Prozent Essenz (1 bis 2 Tropfen auf 2 Teelöffel Pflanzenöl) – kann bei Sonnenbestrahlung und auch durch die Sonnenbank auf der Haut Flecken, Allergien oder Hautentzündungen verursachen.
Die reizverursachende Wirkung wird auf die in der Essenz enthaltenen 5% Furocumarine zurückgeführt, einem auch in anderen Essenzen oder Zitrusölen enthaltenen Stoff. Folgende Essenzen verursachen – zu wenig verdünnt – bei hautempfindlichen Menschen ebenso Flecken auf der Haut: Eisenkraut-, Tagetes-, Angelika-, Alantwurzel-, Cassia-, Zimtrindenöl und alle Zitrusöle.

Bergamotteessenz ist ein wichtiger Bestandteil von gutem Eau de Cologne, mit Neroli, Lavendel, Petit Grain gemischt. Da der Bedarf an echtem Bergamotteöl groß ist und die Nachfrage durch qualitativ hochwertiges Öl nicht gedeckt werden kann, streckt man Bergamotteöl meistens mit Terpinylacetat, hochsiedenden Estern oder Ho-Öl (eine Kampferölart). Es wird sogar ein spezieller, gut löslicher Farbstoff als »Bergamotte Grün« produziert, um Ölfälschungen die schöne smaragdgrüne Farbe des echten Öles zu »verpassen«.
Bergamotteessenz ist ein Geheimtipp für die feine Küche. Sie gibt Käsekuchen und Bisquitteig das »gewisse Etwas«. Verrühren Sie 1 bis 2 Tropfen Essenz mit Sahne oder Honig und fügen Sie dies dem Kuchenteig bei. Auch für Citronat wird Bergamotteschale verwendet.
Dem bekannten Earl-Grey-Tee gibt Bergamotteöl seine exquisite Duftnote. Aus einem einfachen Schwarztee können Sie mit der Essenz sehr einfach eine Köstlichkeit »zaubern«. Auf 50 g Schwarztee geben Sie 7 bis 10 Tropfen Bergamotteöl.
In der Kosmetik wird die Bergamotte sehr geschätzt. Sie verleiht Körpermilch, Kompressen und Cremes einen angenehmen Duft und hilft zudem bei Akne und fetter Haut. Die Essenz eignet sich auch zur Anwendung bei schuppiger und stark entzündeter Haut (in Verbindung mit Kamille), da sie antiseptisch wirkt. Sie ist sehr angenehm für entspannende Gesichtsmassagen (eventuell mit Ylang-Ylang). Bergamotte eignet sich als gesichtspflegende Essenz bei Mischhaut – Verdünnung beachten!

Bergamotte

Botanischer Name	Citrus aurantium ssp. bergamia Familie Rutaceae, Familie der Rautengewächse
Ursprungsland	Asien, heute Reggio di Calabria im Süden Italiens, weitere Anbauflächen an der Elfenbeinküste
Beschreibung	Bis 5 Meter hoher Baum, weiße sternenförmige, duftende Blüten, Zweige oft stachelig, blass-gelbe Früchte, rund bis birnenförmig, 7–10 cm lang, nicht essbar
Essenz	Kaltpressung der grünen Fruchtschalen; flüssig, grünlich; frischer, lebhafter, fruchtiger, warmer Duft Aus 100 kg Schalen erhält man 500 g Essenz
Inhaltsstoffe	Linalylacetat (bis 40%), Terpene (bis 40%), Bergapten, Linalol, Bergamottin (Furocumarin), Dihydrocuminalkohol, Nerol, D-Limonen, Bergaptol, Limettin.
Mischt sich gut mit	Zeder, Geranie, Zitrone, Limette, Neroli, Kamille, Koriander, Ylang-Ylang
Charakter	mildes Yang

Wirkung	Anwendungsbereiche
körperlich	
antiseptisch fiebersenkend appetitanregend entkrampfend verdauungsanregend	Mundschleimhautentzündung, Halsentzündung, Blasenentzündung; Scheidenjucken, Ausfluss, Scheidenpilz; Fieber, Appetitmangel, Magersucht; Blähungen, Darmkoliken, Darmparasiten, Fieber
geistig-seelisch	
aufmunternd regulierend antidepressiv	Angst, Depression, starke Gefühlsschwankungen, Stress, nervöse Anspannung
Haut	
adstringierend reinigend antiseptisch desodorierend	fette Haut, Akne, Psoriasis, Ekzeme
Küche	Aromatisierung von Schwarztee (Earl Grey), Käsekuchen, Bisquits.

Vorsicht: Nicht unverdünnt auf die Haut auftragen. Immer 1- bis 2%ig in Basisöl verwenden.
Bergamotteöl hält sich ca. 8 Monate. Wenn möglich kühl aufbewahren.

Cistrose

Die Cistrose ist ein charakteristischer Strauch der Macchia und Garrigue des Mittelmeerraumes. Ihre ursprüngliche Heimat ist vermutlich Kleinasien. Sie wird bis zu zweieinhalb Meter hoch und hat dunkelgrüne, klebrige Blätter. Die dunklen, etwas ernst wirkenden Sträucher schmücken sich mit großen, zartrosa, rosa oder weißlichen Blüten. In ihrer Mitte leuchtet ein wunderschöner zartgelber oder rosa Farbfleck. Ihre Ähnlichkeit mit der Wildrose führte zum Namen Cistrose. Die Blüten wirken zerbrechlich und immer etwas zerknittert und welken schon nach wenigen Stunden. Tags darauf aber öffnen sich wieder neue Knospen.

Der Duft der Cistrose ist warm, tief, würzig, ambraartig und balsamisch. Ihre Essenz vermittelt Wärme und dringt tief in die Seele. Sie gilt als Heilmittel für jene, die unter Gefühlskälte leiden und sich innerlich wie abgestorben fühlen. Etwas Zartes und sehr Schönes scheint in diesen Menschen »zerknittert« oder zerstört zu sein, meist im Zusammenhang mit unbewältigten Erlebnissen im Gefühlsbereich, die darauf warten, erlöst zu werden. Solange dies nicht geschehen ist, schützen sich die Betroffenen mit einem Wall aus Eis. Cistrosenessenz kann durch ihre tiefe Wärme die frostige Mauer zum Schmelzen bringen und manchmal an die eigene »zerknitterte Blume« im Innern führen. Cistrosenharz wurde schon früher als Räucherwerk für Sammlung und Meditation verwendet. So konnten innere Bilder mit spirituellem Erleben verbunden und auf eine transpersonale Ebene gehoben werden.

Die unverdünnte Essenz duftet unvergleichlich vielschichtig und herb. Sehr verdünnt jedoch verliert sie ihre Strenge und wirkt als Duft im Verborgenen. So entwickelt sie sich zum erotisierenden Duft, der blumigen Parfums und Duftmischungen eine warme, reizvolle Basis gibt. In Parfums, wie zum Beispiel »Quelques fleurs«, »Charles of the Ritz« und Herren-Duftnoten wie »Monsieur Carven« oder »Derrick« dient Cistrose als Basis mit erotischer Ausstrahlung.

Seit dem Altertum werden das Labdanumharz und die Essenz auch zum Heilen verwendet. Unsere Vorfahren gebrauchten beide zum Heilen eitriger Wunden und Geschwüre in Form von Salben und Auflagen. Ihre Wirkung wurde in unserer Zeit wiederholt und auch wissenschaftlich bestätigt. Bei Geschwüren und eitrigen, verschmutzten Wunden macht man 2- bis 3-mal täglich Umschläge mit Cistrosenessenz (in Propolistinktur aufgelöst oder in Heilsalben verarbeitet). Bei chronischen Hauterkrankungen, Ekzemen und auch bei Schuppenflechte hat sich die Essenz sehr bewährt. Sie wird hierfür in Jojobaöl oder Kieselgel 5%ig vermischt.

Die Cistrose ist ein altbewährtes Heilmittel bei Skrophulose. Zu diesem Krankheitsbild gehören neben Haut- und Schleimhauterkrankungen oft auch Lymphdrüsenschwellungen. Die Cistrosenessenz ist sehr wirkungsvoll bei Lymphdrüsenschwellung jeder Genese. Ein Massageöl mit Cistrose verstärkt die Wirkung einer Lymphdrainage, jener sanften Massage zur Entstauung des Lymphflusses (hierfür mit Orangenöl vermischen). Bei geschwollenen Halslymphdrüsen macht man eine heiße Cistrosenkompresse.

Die Essenz ist stark antiseptisch, adstringierend und tonisierend. Das macht sie zu einem wunderbaren Mittel bei Akne, fetter und entzündeter Haut und gestautem Gewebe. Schon im alten Ägypten verarbeitete man deshalb die Essenz in Schönheitscremes.

Bei Unterleibserkrankungen aufgrund von Kälte, bei Blasenentzündung und bei krampfartiger Menstruation helfen Sitzbäder, mit Cistrose und Majoranessenz zu gleichen Teilen gemischt.

Cistrose

Botanischer Name	Cistus ladaniferus
Familie	Cistaceae, Cistrosengewächse, nicht mit der Rose verwandt, insgesamt 20 Arten, Verbreitung rund ums Mittelmeer
Ursprungsland	Pflanzen: vermutlich ursprünglich aus Kleinasien Essenz: Südfrankreich, Spanien, Portugal, Jugoslawien, Italien
Beschreibung	Bis zu 2,5 Meter hohe Sträucher, ungeteilte, kreuzgegenständige Blätter, meist klebrig; fünfzählige Blüten, rosa, zartrosa, weißlich; Blütezeit März bis Juni
Essenz	Wasserdampfdestillation aus den Zweigen und Blättern oder Extraktion aus dem Harz mit Alkohol oder Benzol; Essenz: gelblich-braun, honigfarben; warmer, würziger, balsamischer Duft, ambraartig, im Hintergrund holzig und etwas scharf Aus 100 kg Pflanzen erhält man 200–600 g Öl. Aus dem Harz der Pflanze kann man bis zu 6 kg Öl gewinnen. Essenz meist aus Spanien Harz Labdanum, ein Pflanzengummi, zum Räuchern verwendet, siehe mein Buch »Botschaft an den Himmel«
Inhaltsstoffe	Sesquiterpene, Phenol, Ester, Harzstoffe, Acetophenon (Keton), Eugenol, Ledol, Essig- und Ameisensäure, Pinen, Limonen, Geraniol
Mischt sich gut mit	Neroli, Zitrone, Tuberose, Zeder, Jasmin, Sandelholz, Cassis
Charakter	Yang

Wirkungen	Anwendungsbereiche
körperlich	
antiseptisch regt Produktion von weißen Blutkörperchen an erwärmend entkrampfend anregend Lymphe entstauend Schleim lösend	eitrige, schlecht heilende Wunden, Hautkrebs, chronische Hauterkrankungen, Ekzeme, Psoriasis, Blasenentzündung, krampfartige Menstruation, menstruationsfördernd Lymphdrüsenschwellung, Skrophulose
geistig-seelisch	
erwärmend	innere Kälte
entkrampfend	Gefühlskälte
nach innen führend	Frigidität
erotisierend	
Haut	
adstringierend	fette Haut, reife Haut, Falten
antiseptisch	entzündete Haut
tonisierend	gestaute Haut
entstauend	Akne

Vorsicht! Nicht während der Schwangerschaft innerlich einnehmen. Kann in zu hoher Dosierung in der Duftlampe die Stimmung dämpfen.

Eisenkraut

*»Herr, kommt dieser süße Duft von der Wiese der Seele,
oder ist es eine Brise,
die von Jenseits der Welt herüberweht?«*

RUMI

Das duftende Eisenkraut, auch Zitronenverbene genannt, ist ein bis zu zwei Meter hoher Strauch, licht und leicht gewachsen. An den zarten, etwas gebrechlich wirkenden Zweigen stehen die länglichen, maigrünen Blätter. An den Zweigspitzen sitzen kleine weiße Blüten mit einem winzigen gelben Tupfer in der Mitte. Wenn man die Blätter berührt oder verreibt, verströmen sie einen wunderbaren, frischen Duft.
Die Essenz aus dem duftenden Eisenkraut wirkt wie ein frischer Morgen voller unverbrauchter Energie; wenn alles noch neu ist und man neugierig darauf ist, was alles Schönes kommen mag. Sie kühlt und erfrischt, gibt Energie und Dynamik. Sie hilft bei Müdigkeit, Apathie, Lustlosigkeit, Desinteresse. Sie ist eine Essenz für schwüle Sommertage, graue Werktage im Büro und lange Flugreisen. Sie wirkt anregend und erfrischend auf die Gehirnfunktion und fördert die Konzentration. Im Lesesaal jeder Bibliothek sollte eine Duftlampe mit Eisenkrautessenz stehen.
Die Essenz wirkt kühlend, ohne kalt zu sein. Ihre frische Spitze umgibt ein warmer Kranz. Sie ist eine wunderbare Essenz für Momente, in denen man durchhalten muss. Sie hilft in Situationen, in denen man Dinge vollbringt, die an die Grenzen stoßen oder darüber hinausgehen (dies macht sie auch zu einem idealen Sportöl).
Eisenkraut ist eine Essenz für Menschen, die zu sehr in der Vergangenheit leben und die Aufgaben und Schönheiten des Hier und Jetzt nicht erkennen. Sie hilft über Verflossenes und Verflossene hinwegzukommen. Sie öffnet für neue Situationen, vermittelt Freude und Begeisterung dafür.
Die Essenz ist dem Chrysolith zugeordnet, einem maigrünen, transparenten Edelstein, der ebenfalls Freude und Offenheit für kosmische Energien vermittelt.
Eisenkraut ist ein Tonikum für den Magen. Es hilft – innerlich eingenommen – bei Verdauungsschwäche, Magenkrämpfen und leichter Verstopfung.
Schon als die Pflanze bei uns eingeführt wurde, wusste man, dass sie ein Heilmittel bei Schwindel ist. In diesem Fall wird die Essenz zur trockenen Inhalation verwendet. Sie ist auch ein Heilmittel für das Herz und wirkt ähnlich stärkend wie Melissenöl. Sie wird verwendet bei Extrasystolen und Tachycardie. Auch in diesen Fällen wird sie innerlich eingenommen.
Eisenkraut ist ein Heilmittel für Frauen. Früher gaben die Hebammen den Frauen in der letzten Phase der Geburt einen starken Teeaufguss aus Verbenablättern, um die Uteruskontraktionen anzuregen. Die moderne Wissenschaft hat ihre Wirkung nachträglich bestätigt: Man isoliert aus der Pflanze das Verbenalin, eine Substanz, die die Gebärmutterkontraktionen anregt. Während der Schwangerschaft sollte dieses Öl deshalb nicht eingenommen werden. In der Duftlampe oder als kalte Kompresse ist die Eisenkrautessenz jedoch eine wunderbare Erfrischung und Anregung zum Durchhalten während des Geburtsvorganges.
Eisenkraut ist milchbildend und soll bei Unfruchtbarkeit helfen.
Für erfrischende Fußmassagen mischt man die Essenz mit Basisöl oder verarbeitet sie in einer Creme. Als Sportöl tonisiert sie Haut und Muskeln, erfrischt und stärkt. Hierfür wird sie mit einem Basisöl vermischt.
Hundertprozentig reine Essenz des duftenden Eisenkrautes ist rar. Viele angebotene Öle werden mit dem billigen Lemongrass gestreckt und als »indisches Eisenkraut« angeboten. Solche Maßnahmen mindern natürlich die Einzigartigkeit der Essenz und ihre Wirkung.

Eisenkraut (Zitronenstrauch, Verbena)

Botanischer Name	Lippia citriodora (Verbena triphylla, Aloysia triphylla)
Familie	Verbenaceae, Familie der Eisenkrautgewächse, 70 Gattungen mit 800 Arten, meist in den Tropen und Subtropen beheimatet
Ursprungsland	Pflanze aus Südamerika (Chile), heute in Südfrankreich, Algerien, Marokko, Tunesien, Italien angebaut; beste Qualität aus Südfrankreich und Nordafrika
Beschreibung	Bis zu 5 Meter hoher Strauch mit randigen, lanzettförmigen Blättern, Oberseite etwas rauh, hellgrün; weißliche, kleine Blüten an den Zweigspitzen
Essenz	Wasserdampfdestillation aus den Blättern; klar bis leicht gelblich; feiner, zitronenartiger Duft Aus 100 kg Pflanzen erhält man 300–700 g Essenz
Inhaltsstoffe	Citral (bis 39%), Methylheptenon, Carvon, Pyrrol, Geraniol, Neroidol, Cedrol, Essigsäure, Verbenalin, Furfurol
Mischt sich gut mit	Neroli, Jasmin, Orange, Wacholder, Ysop, Myrte, Tonka, Zeder, Tolu
Charakter	Yang mit Yin-Anteil

Wirkungen	Anwendungsbereiche
körperlich	
magenanregend herzstärkend und beruhigend milchbildend regt Uteruskontraktionen an	nervös bedingte Verdauungsstörungen, Verstopfung, Tachycardie, Extrasystolen, Schwindel, Geburtshilfe Der Tee aus den Blättern ergibt einen leicht beruhigenden Abendtrunk
geistig-seelisch	
anregend	Lustlosigkeit
erfrischend	Desinteresse
inspirierend	Müdigkeit
motivierend	Tagträume
ausgleichend	Angst, nervöse Spannung
Haut	
tonisierend	fette Haut, Akne
antiseptisch	schwaches Bindegewebe Sportöl

Vorsicht! Nicht während der Schwangerschaft einnehmen. Eisenkrautöl kann auf sensibler Haut (besonders bei Sonneneinstrahlung) Irritationen und allergische Reaktionen hervorrufen. Nicht unverdünnt auf die Haut auftragen! Kann, innerlich in höheren Dosen eingenommen, Reizungen der Magenschleimhaut verursachen.

Eukalyptus

Gehe zu den hochwachsenden Bäumen,
und vor einem von ihnen,
der schön hochgewachsen und mächtig ist,
sprich jene Worte:
Heil sei mit dir!
Oh du gütiger, lebendiger Baum,
der du geschaffen bist vom Schöpfer.

AUS: DIE VERLORENEN SCHRIFTROLLEN
DER ESSENER SCHRIFTEN DER ESSENER, BUCH 3

Im Eukalyptusbaum

Eukalyptus, Minze, Lavendel und Rose sind die meistbekannten Düfte aus der Schatzkiste der Aromatherapie. Jeder von uns könnte zumindest eine dieser Essenzen an ihrem Duft erraten.

Eukalyptusessenz riecht nicht gerade himmlisch! Man fühlt sich an Medikamente und Krankheiten erinnert, denn viele medizinische Präparate enthalten Eukalyptus. Die Heilwirkungen des Eukalyptus sind umfassend und vielfältig. Dem Eukalyptusöl wird häufig ein Teil seiner Terpene (wichtige Bestandteile der Essenz) entzogen. Diese Behandlung vermindert seine Wirkung als Heilmittel, obwohl es nach der Entterpenisierung weniger »fettig« und dadurch mehr nach Eukalyptus riecht. Die Aromatherapie empfiehlt deshalb naturbelassene »vollständige« Öle.

Die Essenz hat eine außergewöhnlich starke keimtötende Eigenschaft. Wenn man eine 2%ige Lösung von Eukalyptusöl im Raum versprüht, werden 70% der darin enthaltenen Staphylokokken abgetötet.

Eukalyptusöl hat einen starken Bezug zur Atmung. Es fördert die Sauerstoffversorgung aller Zellen des Körpergewebes dadurch, dass es die roten Blutkörperchen in ihrer Funktion aktiviert. Diese binden vermehrt Sauerstoff in der Lunge und geben ihn an die Körperzellen ab.

Eukalyptus unterstützt die Atmung. Er regeneriert das Lungengewebe, kann zähen Schleim lösen und dessen Abtransport und Auswurf fördern und wirkt zugleich beruhigend bei übermäßigem Hustenreiz. Die Essenz gilt als ideales Heilmittel bei Asthma, Bronchitis, Erkältung, Grippe, Sinusitis und Angina. Sie wird auch als unterstützendes Mittel bei Tuberkulose verwendet. Bei Erkrankungen des Atemtraktes wird das Öl in Form von Inhalationen, im Luftzerstäuber, in der Duftlampe, in Brustbonbons und Brustbalsamen verwendet. Es kann mit folgenden anderen Ölen, die die gleiche Wirkungsrichtung haben, gemischt werden: Niaouli, Kiefer, Zirbelkiefer, Ysop, Thymian, Myrte.

Zur Behandlung des Rachenraumes nimmt man das Öl zum Gurgeln und für Mundsprays (ätherisches Öl in etwas hochprozentigem Alkohol verschütteln und mit Wasser verdünnen). Bei beginnender Angina und Seitenstrangangina helfen 2 Tropfen Essenz pur, mit einer Pipette in den Rachenraum geträufelt (brennt, aber hilft!). Diese Maßnahme ist für Kinder nicht angebracht. Ein aromatisches Eukalyptusbonbon erscheint mir hier geeigneter. Auch auf die Harnwege wirkt die Essenz antiseptisch. Sie steigert die Harnausscheidung und hilft bei Blasen- und Nierenentzündung. Hierfür wird sie innerlich eingenommen.

Eukalyptusöl war ein traditionelles Mittel zur Behandlung von Malaria. Man empfiehlt es heutzutage als Fiebermittel bei infektiösen Erkrankungen. Oft helfen schon Wadenwickel mit kaltem Wasser und Eukalyptusessenz, um das Fieber zu senken. Eukalyptusöl kühlt den Körper; mit einer Überdosis Essenz im heißen Badewasser kann man Schüttelfrost bekommen. Es ist ein gutes Mittel zur Versorgung und Desinfizierung von Wunden, besonders von schlecht heilenden. Auch bei Herpes simplex (in Verbindung mit Melisse und Bergamotte), Geschwüren und Insektenstichen ist es angebracht. Es wird bei unreiner Haut, Akne und in Shampoos gegen Schuppen empfohlen. Passt auch gut in Deodorants.

Eukalyptusöl ist blutzuckersenkend (wie Geranie und Wacholder). Es dient als zusätzliche Therapie zu anderen Heilanwendungen. Interessanterweise hat nur das naturbelassene vollständige Öl diese blutzuckersenkende Wirkung. Einem Teilextrakt fehlt diese Wirkung.

Eukalyptus ist in vielen äußerlich anzuwendenden Präparaten für Rheuma enthalten. Hierfür und bei Neuralgien und Muskelschmerzen hat es sich als Massageöl oder in Franzbranntwein (gemischt mit Angelika, Wiesenkönigin, Wacholder oder Lavendel) bewährt. Insekten mögen den Eukalyptusduft nicht. Während ich in den Abendstunden in der Toskana an diesem Buch schreibe, schütze ich mich vor den Moskitos mit einer kräftigen Dosis Eukalyptusöl in der Duftlampe und Einreibungen.

Im geistig-seelischen Bereich wirkt Eukalyptusöl erfrischend und anregend. Es steigert die Konzentrationsfähigkeit und unterstützt das logische Denken. Es kühlt »Hitzköpfe« und erregte Gemüter.

Vom Eukalyptusbaum kennt man rund 600 Arten. In der Aromatherapie werden die Öle aus Eucalyptus globulus (starker, kampferartiger Duft) und Eucalyptus citriodora (grasig, frischer Duft, mehr für Kinder) verwendet.

50 Arten sind rund um das Mittelmeergebiet heimisch. Kein anderes Land ist mit dem Eukalyptusbaum enger verbunden als Australien. Dort sind drei Viertel aller Waldbäume Euka-

lypten; auch der bis zu 140 Meter hohe Eukalyptus regnans ist dort zu Hause, der mit Abstand höchste Laubbaum der Erde. Unter solch einem Baumriesen kommen wir uns wie Zwerge vor. »Typisch australisch« ist auch der Koalabär, der sich ausschließlich von Blättern des Eukalyptus ernährt. Eukalyptusbäume sind schnellwüchsig und entziehen feuchtem Boden viel Wasser. Aus diesem Grunde wurden besonders in Frankreich und Italien in sumpfigen Gebieten große Pflanzungen dieser Bäume angelegt.

Eukalyptus

Botanischer Name	Eucalyptus globulus Eucalyptus citriodora Eucalyptus radiata Eucalyptus smithii
Familie	Myrtaceae – Myrtengewächs; etwa 600 Arten, davon 50 rund ums Mittelmeer; höchste Laubbäume der Welt (150 Meter)
Ursprungsland	Australien, heute auch kultiviert in Ägypten, Algerien, Spanien, Portugal, Indien, Südafrika. Da die Bäume viel Wasser aus dem Boden ziehen, zur Entwässerung vor allem in Malariagebieten und zur Entsumpfung angepflanzt
Beschreibung	Eucalyptus globulus bis 100 Meter hoch; Blätter: blaugrün, einfach, spitz, zäh, gegenständig, Öldrüsen im Blatt erkennbar, wenn man dieses gegen das Licht hält; Blütenknospe mit Deckel, der abfällt, wenn die Geschlechtsorgane im Inneren bereit sind; besonders hartes Holz, Rinde hell
Essenz	Wasserdampfdestillation aus den Blättern und älteren Ästen (haben mehr Öl als junge); sehr flüssige, gelbliche bis klare Essenz aus Eucalyptus citriodora; Duft zitronen-kampferartig Aus 100 kg Pflanzen erhält man bis 2 kg Öl.
Inhaltsstoffe	Eucalyptus globulus: Eukalyptol (80 bis 85%), Butylaldehyd, Fenchen, Globulol, Isoamylalkohol, Camphen, Capronaldehyd, Pinen, Pinokarveol, Terpineol, Sequiterpene, Sesquiterpenalkohol, Valeraldehyd Eucalyptus citriodora: bis 95% Cironellal, deshalb mehr bakterizid wirkend Eucalyptus staigeriana: hoher Citralgehalt Eucalyptus piperita: hoher Piperitongehalt
Mischt sich gut mit	Zitrone, Verbena, Melisse, Lavendel, Kiefer, Myrte, Weißtanne, Douglasie
Charakter	Yang

Wirkungen	Anwendungsbereiche
körperlich	
antiviral antiseptisch krampflösend blutreinigend harntreibend schleimlösend fiebersenkend fördert Wundheilung blutzuckersenkend fungizid, insektizid	Asthma, Bronchitis, Angina, Erkältung, Infektionskrankheiten, Windpocken, Stirnhöhlenentzündung, Fieber, Blasen- und Nierenentzündung; Rheuma, Nervenentzündung, Muskelschmerzen; Wunden, Herpes, Fieber, Luft-Desinfektion, Pilzinfektionen
geistig-seelisch	
anregend, konzentrationsfördernd	Lustlosigkeit bei geistiger Arbeit Trägheit bei erregtem Gemüt
Haut	
antiseptisch regenerierend desodorierend	unreine Haut Akne
Haare	Schuppen

Wie Minze nicht während einer homöopathischen Behandlung verwenden.

Immortelle

»Genügt es nicht schon, geträumt zu haben, gestorben zu sein!«

HAIKU (M. Groissmeier)

Die Immortelle, auch Italienische Strohblume genannt, ist eine für die Mittelmeerflora typische Pflanze. Dort findet man sie auf »wüstem Gelände« wie Schuttplätzen, an Eisenbahndämmen oder steinigen Steilküsten. Sie scheint auf fast jedem unwirtlichen Boden zu wachsen, wenn sie nur Sonne hat.

Sonnengold wird sie auch aufgrund ihrer kugelförmigen, goldgelben Blüten genannt. Die ausdauernde Staude wird bis zu 50 cm hoch. Sie hat feine lanzettliche Blätter, die, je nach Art, ganz oder teilweise weiß behaart sind. Zerreibt man diese Blätter zwischen den Fingern, überrascht ihr intensiver Curryduft. Die Immortelle behält ihre Form und die gelbe Farbe der Blüten in Trockensträußen und Kränzen und wird deshalb »Unsterbliche« genannt. Ein großer Name für eine kleine Blume!

Wenn die Pflanze im Frühsommer blüht, wird sie abgeschnitten und mit Wasserdampf destilliert. Es gibt auch ein durch Lösungsmittel hergestelltes Concrète und Absolue, das für die Aromatherapie jedoch nicht verwendet werden sollte.

Die Essenz aus der Immortelle hat eine blass rötliche Farbe und einen ganz besonderen Duft. Er erinnert an einen Spaziergang in einem Mittelmeerland um die Mittagszeit, wenn die heiße Sonne Kräuter, Steine und Bäume erwärmt. Der Duft ist warm, holzig, würzig und kräuterartig. Er ist so vielschichtig, dass man immer wieder Neues entdeckt, etwa einen Hauch getrockneter Schafgarbe, warmbeschienener Eichenrinde oder getrockneter Früchte.

Immortelle hat eine starke psychische Wirkung, ähnlich der von Vetiver und Zypresse, riecht jedoch leichter und wärmer. Der erdhafte Duft tut Menschen gut, die zu wenig Kontakt zur Erde und zu ihren »eigenen Erdkräften« haben; Menschen, die zu viel in ihren Gedanken leben und deshalb kalte Füße bekommen. Immortellenessenz erdet, ohne schwer zu machen. Sie ist ein Begleiter für Zeiten, in denen man an Problemen arbeiten will oder soll. Als »Schwellenöl« hilft es, veränderte Situationen eher zu akzeptieren und mit Ernsthaftigkeit und Gewissenhaftigkeit durchzustehen. Immortelle hilft, nach innen zu schauen. Stark extrovertierte Menschen finden durch ihren Duft innere Wärme und Ruhe.

Die Immortelle liebt heiße, trockene Plätze. Sie scheint ihre dort empfangene Wärme in ihrer Essenz zu vermitteln. Sie hilft deshalb bei Gefühlskälte und Problemen, die durch zu wenig warme Zuneigung in der Kindheit entstanden sind. Sie dient im Massageöl dazu, oberflächliche Atmung ins Becken zu lenken, um dieses zu entspannen und zu erwärmen.

Die Essenz führt in Schlüsselsituationen, indem sie die Traumfähigkeit verstärkt. Man erinnert sich besser an Träume und hat vermehrt solche, die etwas Wichtiges mitteilen wollen. Dadurch trägt die tiefe Wärme der Essenz dazu bei, innere Verknotungen zu lösen.

Die Essenz ist stark wirksam. Man sollte sie erst verwenden, wenn man schon genügend Erfahrung mit anderen, »harmloseren« Essenzen gemacht hat. Sie eignet sich hervorragend für die psychologische Praxis, gehört jedoch in die Hände eines erfahrenen Aromatherapeuten.

Die Immortelle ist eine Heilpflanze, die schon in früheren Zeiten medizinisch verwendet und in alten Kräuterbüchern gelobt wurde.

Man hat sie als Mittel bei Skrophulose empfohlen (anlagemäßige Neigung, auf Umweltreize mit chronischer Erkrankung, besonders der Haut, der Lymphe und der Schleimhäute zu reagieren). Die Essenz der Immortelle wird in der Aromatherapie als blutreinigendes Mittel verwendet, besonders zur Basisbehandlung bei chronischen, allergischen, auch durch Lebensmittel bedingten Hauterkrankungen, Ekzemen, Ausschlägen, Psoriasis. In der Naturheilkunde werden chronische Hauterkrankungen immer zuerst mit einer blutreinigenden Kur behandelt, weitere Maßnahmen folgen dann. Kräuterärzte früherer Zeiten empfahlen die Immortelle sogar zur Behandlung von Hautkrebs.

Zur Behandlung von Hauterkrankungen hat sich die Immortelle in einer Mischung mit Cistrose und Lavendel bewährt (Rezepte siehe »Cistrose«).

Die Essenz regt Leber, Galle, Nieren, Milz und Pankreas an, Organe also, die für die Ausscheidung von Giften zuständig sind. Gleichzeitig wirkt sie antibakteriell und antiviral, außerdem entzündungshemmend und lymphflussanregend.

Zur Anregung und Stärkung der Leber wird die Essenz in kleinen Dosen innerlich eingenommen: 2-mal 1 Tropfen täglich. Dazu macht man warme Kompressen mit Immortelle und Rosmarin, im Verhältnis 1 : 1 gemischt (Rezept siehe »Kompressen«). Auch Galle und Pankreas werden durch innerliche Einnahme der Essenz und Kompressen unterstützt (besonders bei Gallenentzündung).

Immortelle ist eine allgemein endokrine Stimulanz, sie regt alle Verdauungsdrüsen an. Durch ihre entzündungshemmende Wirkung hilft sie bei Magen- und Darmentzündungen (in Verbindung mit Kamille).

Die Essenz wirkt schleimlösend bei Husten und Bronchitis. Bei Sinusitis macht man Einreibungen mit Immortellenessenz in einer Salbengrundlage (in Verbindung mit Angelika) und Inhalationen. In 30 g neutrale, im Wasserbad verflüssigte Salbengrundlage träufelt man 5 Tropfen Immortelle und 5 Tropfen Angelika.

Immortellenöl ist ein Drainagemittel für die Lymphe; es verstärkt deren Entgiftungsfunktion und beschleunigt den Lymphfluss über Leber und Niere. Die Wirkung einer Lymphdrainagenbehandlung, jener sanften Massage auf den Hauptbahnen und Knoten des Lymphsystems, wird mit verdünntem Öl sehr verstärkt.

Bei unregelmäßiger und krampfartiger Menstruation tun

Sitz- und Fußbäder mit Immortelle gut. Eine mit der Essenz zubereitete Salbe hilft als Massage bei chronisch kalten Füßen und Menstruationsbeschwerden.
In der Kosmetik wird Immortelle zur Behandlung von sehr unreiner Haut und starker Akne verwendet. Hierfür kann Immortelle auch mit anderen Ölen wie Kamille, Schafgarbe, Bergamotte gemischt werden.
In Sonnenölmischungen kann es die Haut vor Sonnenbrand schützen. In einer Basis von Johanniskrautöl lässt es bereits entstandenen Sonnenbrand schnell abheilen.

Aftersun
Bei Sonnenbrand, heilend, kühlend, desinfizierend
Immortelle 8 Tropfen Lavendel 30 Tropfen
verschütteln in 50 ml Johanniskrautöl und 50 ml Jojobaöl.

Immortelle

Botanischer Name	Helichrysum stoechas Helichrysum italicum Helichrysum angustifolium
Familie	Compositae/Asteraceae, Familie der Korbblütler
Ursprungsland	Mittelmeergebiet, östlich bis Dalmatien
Beschreibung	Bis zu 50 cm hohe ausdauernde Staude, immergrün, mit kugelförmigen, gelben Blüten, lanzettliche Blätter, riechen beim Zerreiben nach Curry
Essenz	Wasserdampfdestillation aus dem blühenden Kraut; Concrète und Absolue mit Lösungsmittel für Parfumindustrie; flüssige, zart rötlich-braune Essenz; kräuterartig, warmer, leicht rosenartiger Duft Aus 100 kg Pflanzen enthält man 70–80 g ätherisches Öl, Anbau in Italien, früheres Jugoslawien, Spanien, Frankreich
Inhaltsstoffe	Nerol, zum Teil verestert (30 bis 50%), D-a-Pinen, Geraniol, Linalol, Furfurol, Eugenol
Mischt sich gut mit	Grapefruit, Bergamotte, Zitrone, Verbena, Orange, Neroli, Zypresse
Charakter	Yang

Wirkungen	Anwendungsbereiche
körperlich	
blutreinigend entkrampfend Leber, Galle, Pancreas anregend antibakteriell antiviral lymphflussanregend entzündungshemmend schleimlösend harntreibend	allergische Hauterkrankungen, Ekzeme, Abszesse, Psoriasis; Magen-Darm-Entzündungen mit Krämpfen, Gallenentzündung, Leberschwäche; Diabetes; unregelmäßige, krampfartige Menstruation, Erkältung, Asthma, Keuchhusten, Bronchitis, Husten, Sinusitis, Lymphstau
geistig-seelisch	
erdend wärmend lenkt den Blick nach innen	Nervosität innere Kälte
Haut	
entzündungshemmend antiviral, antibakteriell adstringierend narbenbildungsfördernd	Akne, unreine, entzündete Haut schuppige Haut Sonnenschutzöl Aftersun

Vorsicht! Kann in zu hoher Dosierung in der Duftlampe die Stimmung dämpfen.

Jasmin

Jasminblüten sind am Strauch
gleich Himmelssternen aufgegangen:
Die roten Streifen glänzen daran
Wie frischgeküsste Mädchenwangen.

AL-MU'TADID

Königin der Nacht, Mondlicht im Hain, so wird Jasmin in Indien genannt, jene Pflanze, deren mondlichtfarbene Blüten besonders in der Nacht ihren bezaubernden Duft verschwenderisch verschenken. Wie ein süßer Strom dringt er in tiefe Schichten der Seele und öffnet verschlossene Türen zu Gefühlen.
Jasminessenz beeinflusst in hohem Maße die emotionale Ebene. Der Duft fließt durch Ängste und besänftigt sie. Kaum ein anderes Öl kann die Stimmung so tief greifend verändern. Es erhellt nicht, sondern euphorisiert. Es hilft, verlorenes Selbstvertrauen wiederzufinden und Pessimismus zu überwinden. Es bleibt keine andere Wahl, als optimistisch zu werden, andernfalls verpasst man die Schönheit um und in sich. Jasmin hilft bei emotionalen Schwierigkeiten, vor allem bei jenen, die Beziehung und Sexualität betreffen. Anstehende Probleme werden leichter bewältigt, denn häufig liegen ja scheinbar unüberwindliche Blockaden im Gefühlsbereich. Seelische Verkrampfungen, Kälte, Angst, Paranoia, all diese psychischen Leiden könne mit Hilfe der kräftigen Inspiration des Jasminduftes angegangen werden. Dabei wirkt Jasmin ganz anders als etwa Eisenkraut, Ysop oder Zypresse. Die Erklärung seiner Wirkungsweise wäre schon fast Poesie.

Jasminpflückerin

Die »Königin der Nacht« regt auf geheimnisvolle Art die Sinnlichkeit an, Sie öffnet Frauen und Männer wie mit einem silbernen Zauberstab für die sinnliche Liebe. Natürliche Sinnlichkeit wächst aus einem Gefühl der Fülle. Diese kann sich ohne Vertrauen in sich selbst und in andere nicht entfalten. Jasmin gibt die Chance, eine glückliche Liebe, Hingabe, Vertrauen und entspannte Körperlichkeit zu entwickeln. Sie hüllt einen dabei in einen Schleier des Geheimnisvollen, ja Magischen.
Die Inder wissen seit jeher darum. In ihrer Malerei finden sich viele zauberhaft schöne Darstellungen von Liebespaaren bei Mondschein, im Garten oder am See. Nie fehlt der Jasmin dabei, der das milde geheimnisvolle Licht des Mondes in seinen Blüten widerspiegelt.
Jasminessenz stärkt die Ausstrahlungskraft derjenigen Person, die sie »trägt«. Parfums mit Jasminanteil waren schon immer »erfolgreich«. Jasmin fördert, wie der ihm zugeordnete Edelstein, der Mondstein, die Intuition. Auf transformierter Ebene steht Jasmin für intuitive Weisheit. Die dunkle, mahagonifarbene Essenz riecht unverdünnt fast zu stark und hat viel Yangenergie. Je mehr sie verdünnt wird, umso stärker tritt ihre weibliche Komponente (die Yinkraft) in den Vordergrund. Je zarter also der Duft, desto wirkungsvoller die »Königin der Nacht«.
Jasminöl ist ein Heilöl für Frauen. Es wirkt als Uterustonikum, ist regel- und geburtsfördernd und milchbildend. Das stark verdünnte Öl (1 bis 3 Tropfen auf 100 ml Basisöl) ist wunderbar für Massagen während der Schwangerschaft und der Geburt. Es löst verkrampfte Glieder und Muskulatur, erwärmt und entspannt, und es erleichtert Kreuzschmerzen während der Schwangerschaft (hier zur Massage im schmerzenden Bereich).
Jasminessenz wird in edlen Kosmetika für trockene, gereizte Haut verarbeitet und dient als Heilmittel bei Dermatitis und Ekzemen. Sie eignet sich speziell für Hautkrankheiten, deren Ursachen im psychischen Bereich liegen. Die Haut, ein Spiegel der seelischen Verfassung, zeigt oft ungelöste innere Probleme. Gerade Jasminessenz ist ein Mittel, das auf ganzheitliche Art wirkt: Einerseits durch direkten Kontakt mit der Haut, andererseits über den Duft, der in die »emotionalen Zentren« des Gehirns dringt und von dort aus den Zuständen wie zum Beispiel Angst, Traurigkeit oder Pessimismus als den Verursachern von Krankheiten entgegensteuert. Euphorisierende Düfte wie Jasmin stimulieren in unserem Gehirn den Thalamus, der neurochemische Stoffe, Enzephaline genannt, ausschüttet. Diese machen unempfindlich gegen Schmerz und bewirken Gefühle des Wohlseins und der Euphorie.
Jasminöl verbindet sich auf einzigartige Weise mit der Haut, da es der Zusammensetzung des menschlichen Schweißes ähnlich ist. Es eignet sich wunderbar zum Mischen für persönliche Parfums, zum Beduften von Kosmetika, edlen Bädern und Körperpflegeölen.
Jasminessenz soll nur äußerlich angewendet werden, bedingt durch ihre spezielle Herstellungsart. Jasmin ist recht eigenwillig. Er lässt sich seines Duftes durch Wasserdampfdestillation nicht berauben. Deshalb hat man die Essenz durch Enfleurage, der Extraktion mit Schweinefett, gewonnen. Glasplatten wurden mit Schweinefett bestrichen und mit einem Gegenstand »gekämmt«. Auf den so entstandenen Tälern und Höhen wurden die Jasminblüten sorgfältig ausgebreitet. Sie gaben ihren Duft langsam an das Fett ab, das sich damit vollsaugte. Nach zwei Tagen wurden die Blüten erneuert. Dies wurde so lange wiederholt, bis das Fett keinen Duftstoff mehr aufnehmen konnte. Dann wurde das ätherische Öl mittels Alkohol aus dem Fett gelöst. Der Duft des so gewonnenen Öles ist einzigartig. Die Methode der Gewinnung wird heutzutage jedoch nur noch zur Demonstration angewandt. Ein so gewonnenes Öl wäre zu teuer.
Jasminöle, die heute in der Aromatherapie verwendet werden, gewinnt man durch Extraktion. Die Essenz wird aus den Jasminblüten durch Lösungsmittel gezogen. Hierzu gehören Hexan oder Petroläther, ja sogar chlorierter Kohlenwasserstoff und Tetrachlormethan. Diese Lösungsmittel werden anschließend wieder abdestilliert. Sie sind selbst in sehr geringen Mengen giftig, deshalb sollte ein Großhändler auf alle Fälle Rückstandsuntersuchungen machen lassen, um für ein sauberes Öl garantieren zu können. Es gibt sehr große Qualitätsunterschiede; die Palette reicht vom Öl mit vielen Rückständen bis hin zur fast reinen Essenz.
Nach dem Abdestillieren der Lösungsmittel erhält man eine wachsartige, dunkle Masse, das Jasmin-Concrète. Dies wird mit Alkohol weiter extrahiert, und man erhält daraus 50%

Jasmin-Absolue. Aromantherapeuten empfehlen dieses Absolue zur äußerlichen Anwendung.

Jasmin gehört zu den teuren Essenzen. Der Preis wird verständlich, wenn man sich vor Augen führt, wie viele Blüten eine verhältnismäßig kleine Menge Öl ergeben. Man braucht einen Berg von acht Millionen von Hand frisch gesammelter Blüten (1000 kg) für 1 kg ätherisches Öl. Ein geübter Pflücker in Marokko schafft 10 000 bis 15 000 Blüten pro Tag. Die Blüten sind sehr empfindlich. Sie müssen vor Tag und Tau gesammelt werden, bevor sie noch ihren Duftstoff der Sonne geschenkt haben. Zerdrückte Blüten werden schnell dunkel, ihre Qualität ist vermindert. Die Jasminpflanze braucht viel Pflege. Sie reagiert auf Bodenfrost und längere Trockenheit und weigert sich dann, zu blühen.

Jasmin ist eine zierliche Kletterpflanze, die bis zu 10 Meter hoch ranken kann. Sie wurde im 16. Jahrhundert von Persien aus nach Europa eingeführt. Grasse, eine Stadt in Südfrankreich, war Hauptlieferant für Jasminöl. Der große Bedarf kann jedoch nicht mehr von dort aus gedeckt werden. So gibt es heutzutage große Anpflanzungen von Jasmin in Marokko, Ägypten, Algerien, China und Indien. Das größte Anbaugebiet befindet sich derzeit in Marokko. Die sehr aufwendige Herstellung von Jasminessenz erklärt ihren hohen Preis. Je nach Qualität kostet 1 kg zwischen 2000 und 10 000 €. Ein synthetisches Öl ist schon für 50 € pro Kilo zu haben.

Jasminöl wird leider sehr oft gefälscht oder gestreckt. Man sollte es nur bei einer vertrauenswürdigen Firma oder Person einkaufen. Synthetisches Jasminöl riecht oft aufdringlich süß und regelrecht »billig«, kann aber auch eine gekonnte Fälschung sein.

Vor einigen Jahren brachte mir ein Freund ein Fläschchen Jasminessenz aus Tunesien mit. Er beschrieb mir den Verkäufer der Kostbarkeit, dem er auf einem Markt begegnet war, recht genau. Es handelte sich um einen alten, vertrauenerweckenden Bauern, der angeblich selbst anpflanzt und destilliert, der ihm – meinem Freund – versicherte, sein Jasminöl sei hundertprozentig reines Öl. Wie könnte er auch an synthetisches gekommen sein? ... Erst Jahre später gestand ich meinem Freund, dass sich laut Analyse durch den Gaschromatografen dieses »Jasminöl aus dem tunesischen Hinterland« als reine Synthetik entpuppt hatte.

Jasmin

Botanischer Name	Jasminum officinale Jasminum grandiflorum Jasminum sambac (Arabischer Jasmin)
Familie	Oleaceae; Familie der Ölbaumgewächse; es gibt ca. 200 Jasminarten auf der Welt
Ursprungsland	Ostindien, China, heute kultiviert in Südfrankreich, Spanien, Marokko, Algerien, Ägypten, Indien
Beschreibung	Zierliche Kletterpflanze, die bis 10 Meter hoch ranken kann; weiße oder gelbe Blüten; stark duftend, vor allem nachts
Essenz	Extraktion mit Lösungsmittel; dunkelbraun, mahagonifarben; sehr starker, honigartiger, blumiger Duft; 1000 kg Pflanzen für 1 kg Essenz (Absolue)
Inhaltsstoffe	Benzylalkohol, Benzylacetat (65%), D-Linalol, Jasmon, Anthranilsäuremethylester, Indol, p-Kresol, Geraniol, Phytol, Methyliasmonat, Farnesol
Mischt sich gut mit	Rose (!), Neroli, Sandelholz, Orange, Zedernholz, Cistrose, Kardamom
Charakter	Yang, in Verdünnung Yin

Wirkungen	Anwendungsbereiche
körperlich	
krampflösend tonisierend auf den Uterus milchbildend	Kreuzschmerzen, Geburtsvorbereitung, Glieder- und Muskelschmerzen, Muskelkrämpfe, Frigidität, Impotenz
geistig-seelisch	
antidepressiv aphrodisierend	Depressionen, Angst, Paranoia, wenig Selbstvertrauen, Apathie, Niedergeschlagenheit, emotionale Leiden, nervöse Erschöpfung
Haut	
antiseptisch harmonisierend hormonell wirkend	trockene, empfindliche, gereizte, gerötete Haut, Dermatitis, Ekzeme, Hauterkrankungen aufgrund emotionaler Probleme

Vorsicht! Nicht innerlich einnehmen.

Kamille

Die Kraft, das Weh im Leib zu stillen,
verlieh der Schöpfer den Kamillen.

Sie blühn und warten unverzagt auf
jemand, den das Bauchweh plagt.

Der Mensch jedoch in seiner Pein
glaubt nicht an das, was allgemein

zu haben ist. Er schreit nach Pillen.
Verschont mich, sagt er, mit Kamillen,
um Gotteswillen!

KARL-HEINRICH WAGGERL

Immer dann, wenn Menschen besonders verdriesslich, griesgrämig, missmutig und ungeduldig sind, ist Kamille angesagt. Wenn sich jemand leicht und oft ärgert, auch aus nichtigstem Grund, wenn jemand egozentrisch, überempfindlich und selten zufrieden ist, dann sollte er zu dieser Essenz als geeignetem Heilmittel greifen. Die psychologische Voraussetzung für die Notwendigkeit von Kamillenessenz deckt sich mit dem homöopathischen Mittelbild der Kamille. Zu beiden passen die Stichworte: Ärger und Verdriesslichkeit.
Manche Tierfabel erzählt vom Dachs, der, griesgrämig und vor sich hin brummelnd, einsam seinen Geschäften nachgeht. Der Dachs lässt schön grüßen, möchte aber auf keinen Fall gestört werden, heißt der Untertitel der englischen Kindererzählung »Der Wind in den Weiden«.
Für die Leiden eines »Griesgrams« ist die Essenz, in der Duftlampe oder in Bädern, ein Heilmittel. Häufig klagt er über nervöse Magen- und Darmbeschwerden mit krampfartigen Schmerzen. Seine Galle verkrampft sich leicht, er schläft schlecht ein und hat einen unruhigen Schlaf. Seine Muskeln, verspannt und verhärtet, brauchen auf alle Fälle eine Massage mit verdünntem Kamillenöl.

Man muss nicht missmutig sein wie der eben erwähnte Dachs. Auch in Zeiten, in denen diese Grundstimmung nur vorübergehend vorherrscht (zum Beispiel Ärger, von dem man momentan nicht lassen kann), packt man diese unangenehmen Gefühle nicht in die Verdauungsorgane, in den Nacken oder Kopf, sondern nimmt Kamille als linderndes Heilmittel. Sie kann in der Duftlampe oder in Bädern mit verschiedenen anderen Ölen gemischt werden, die gut passen; hierzu gehören Lavendel, Neroli, Rose, Benzoe, Geranie, Bergamotte.
Kamille ist ein klassisches Heilmittel für Kinder. Auch sie können ungeduldig, unleidlich oder gereizt sein. Zahnungsschmerzen, Bauchkoliken oder Blähungen können Gründe dafür sein. Die Kleinen wollen dann herumgetragen werden, wachen immer wieder nachts auf oder leiden unter Angstträumen. Hier hilft Kamillenessenz in der Duftlampe im Kinderzimmer (je nach Bedarf außerdem Massagen und Kompressen).
Ein weiterer Bereich, in dem Kamillenessenz wirkungsvoll eingesetzt werden kann, sind Störungen während der Schwangerschaft. Hier hilft sie bei Unruhe, Angst, Angespanntheit und eignet sich als Massageöl in Verbindung mit Rose. Auch Bäder können sehr wohltuend sein:

Entspannendes Bad während der Schwangerschaft
Römische Kamille 10 Tropfen Mandarine 2 Tropfen
Lavendel 3 Tropfen Geranie 2 Tropfen

Massageöl für Schwangere
Römische Kamille 5 Tropfen Rose 2 Tropfen
Neroli 2 Tropfen
in 50 ml Mandelöl verschütteln.

Die Kamillenessenz ist dem Bernstein zugeordnet. Dieser gelb- bis rötlichbraune Edelstein zeigt ähnliche Wirkung auf. Noch heute hängt man kleinen Kindern gegen Zahnungsschmerzen und Koliken eine Bernsteinkette um den Hals. Man weiß, dass Bernstein krampflösend wirkt. Als einer der ältesten Heilsteine wird er auch bei Halsleiden, Fieber, Ohrenschmerzen und Gallenleiden aufgelegt.
Von den vielen verschiedenen Kamillenarten werden hauptsächlich zwei im Handel angeboten: die Römische Kamille und die Deutsche oder Echte Kamille.
Die Römische Kamille, Chamaemelum nobile (Anthemis nobilis), auch Badekamille genannt, hat einen frischen, süßen, kräuterartigen Duft. Sie hat größere und buschigere Blätter als die Deutsche Kamille. Das ätherische Öl wird durch Wasserdampfdestillation aus den Blüten oder aus der ganzen Pflanze hergestellt. Sie enthält bis zu 1,7% ätherisches Öl.
Die Essenz aus der Römischen Kamille wird hauptsächlich zur Behandlung psychischer Probleme in der Duftlampe und für entspannende Bäder und Massagen verwendet. In fettem Öl als Basis ergibt sie ein mildes Massageöl für Verspannungen allgemein, Schmerzen im Magen- und Darmbereich, bei Menstruations- und Kopfschmerzen. Sie hilft bei unregelmäßiger Menstruation und prämenstruellem Syndrom in Form von Bädern und Einreibungen. Feuchtwarme oder heiße Kompressen mit Kamillenessenz lindern Unterleibsschmerzen, Gallenkoliken, Ohrenschmerzen, Halsentzündungen, Koliken und Blähungen bei Kindern.

Entkrampfendes Öl
Bei krampfartigen Beschwerden der Verdauungsorgane zur Massage und Einreibung; auch für heiße Kompressen.

Römische Kamille 10 Tropfen   Fenchel 10 Tropfen
in 50 ml Basisöl vermischen.
Für eine Kompresse 5 bis 10 Tropfen in Wasser.

Die Essenz aus der Deutschen Kamille, Matricaria chamomilla, hat einen durchdringenderen, intensiveren Duft. Sie wird nur aus den Blüten durch Wasserdampfdestillation hergestellt.
Seit kurzem ist bekannt, dass die Pflanzen der Deutschen Kamille häufig mit dem Entlaubungsmittel »Agent Orange« (das auch im Vietnamkrieg verwendet wurde) zum Zwecke der einfacheren Blütenernte behandelt werden. Das hochkarätige Gift kann somit in der Essenz und im isolierten Azulen zu finden sein. Großhändler sollten deshalb ihre Kamillenöle unbedingt auf Rückstände untersuchen lassen.
Das ätherische Öl der Deutschen Kamille, auch Blaue Kamille genannt, hat eine tiefblaue Farbe, bedingt durch den hohen Gehalt an Azulen. Azulen, der Hauptwirkstoff der Kamille, zeigt sich isoliert in Form von dunkelblauen Kristallen. Erst durch Destillation oder Teeaufguss entsteht das Azulen aus seiner Vorstufe, dem Proazulen. Das entzündungs- und fieberhemmende Azulen ist als isolierter Stoff in einer Vielzahl von pharmazeutischen Mitteln enthalten. Beide Kamillenöle, das Römische und das Deutsche (oder Echte) Kamillenöl, enthalten Azulen, jenes der Echten Kamille jedoch sehr viel mehr.
Dieses Öl wird deshalb vorwiegend zur Behandlung von Entzündungen, Wunden, Hauterscheinungen bevorzugt. Innerlich wird es eingenommen bei Magen- und Darmschleimhautentzündungen, Kolitis, Magen- und Zwölffingerdarmgeschwüren. Es heilt die entzündeten Schleimhäute und beruhigt gleichzeitig Schmerzen und Koliken. Die Kamille ist eines der besten und geeignetsten Mittel, um akute und chronische Entzündungszustände der Magenschleimhaut zu beeinflussen. In Form von Umschlägen, Kompressen, Salben, Spülungen und Heilölen hilft die Essenz bei schlecht heilenden Wunden, offenem Bein, Abszessen, Ekzemen, Mundschleimhautentzündungen und Nagelbettentzündung.
Bei der Behandlung von Gürtelrose hat sich die Kamillenessenz ebenfalls bewährt. Sie wird mit Melisse, Geranie, Lavendel und Bergamotte als Kompresse, Spray und als Heilöl angewendet.

Einreibung oder Kompresse bei Gürtelrose
Deutsche Kamille 10 Tropfen   Geranie 2 Tropfen
Bergamotte 4 Tropfen   Melisse, 100% 6 Tropfen
Lavendel 5 Tropfen
in Wasser für mehrere Kompressen, oder in 50 ml Mandelöl.

Die Kamille (beide Arten) ist in der Aromatherapie ein geschätztes Mittel zur Behandlung von Allergien. Sie wird in Verbindung mit Melisse verwendet, und zwar die Römische Kamille in der Duftlampe oder im Zerstäuber, dagegen die Echte Kamille äußerlich zur Behandlung von allergischen Hauterkrankungen.
Kamillenessenz wird in der Naturheilkosmetik viel verwendet. Sie eignet sich für trockene, gerötete, gereizte und entzündete Haut. In Shampoos und Haarspülungen hellt sie blondes Haar etwas auf.

Kamille

Botanischer Name	Matricaria recutita (Matricaria chamomilla), Deutsche Kamille (Echte Kamille) Ormenis mixta – Wilde Kamille, Anthemis nobilis – Römische Kamille
Familie	Compositae (Asteraceae), Familie der Korbblütler
Ursprungsland	Süd- und Osteuropa Deutsche Kamille seit einigen hundert Jahren in Mitteleuropa
Beschreibung	Deutsche Kamille 20–50 Zentimeter hoch, einjährig; stark verzweigter Stengel, Blätter zwei- bis dreifach gefiedert; goldgelbe Röhrenblüten mit weißer Zungenblüte; die Römische Kamille hat größere Blüten und buschigere Blätter; Höhe: 20–35 Zentimeter
Essenz	Wasserdampfdestillation aus Blüten und Blättern (Römische Kamille); Wasserdampfdestillation aus Blüten (Deutsche Kamille); Deutsche Kamille: blau, dickflüssig; Duft: scharf, kräuterartig, süß; Römische Kamille: gelblich, grünlich, klar; Duft: fruchtig, süß, frisch Aus 100 kg Pflanzen erhält man 200–400 g ätherisches Öl (Echte Kamille)
Inhaltsstoffe	verschiedene Ester, Alkohole, Pinocarvon, Pinocarveol, Anthemol, Polyphenol, Sesquiterpene, Paraffine, Furfurol, Umbelliferonmethyläther, Azulen (bildet sich erst bei der Destillation), Farnesen
Mischt sich gut mit	Rose, Lavendel, Zeder, Melisse, Neroli, Geranie, Benzoe, Bergamotte, Cistrose
Charakter	Yin

Wirkungen	Anwendungsbereiche
körperlich	
entzündungshemmend schmerzstillend krampfstillend blähungswidrig cholagog fiebersenkend verdauungsfördernd wundheilend bakterizid fördert Bildung weißer Blutkörperchen	Magen- und Darmschleimhautentzündung, nervöse Verdauungsstörungen, Mundschleimhautentzündung, Kolitis, Darmgeschwüre, Gallenkolik, Blähungen, Fieber, Sonnenbrand, Ekzeme, Abszesse, krampfartige Menstruation, Allergie, Nesselsucht, prämenstruelles Syndrom, Spannungskopfschmerz
geistig-seelisch	
beruhigend entkrampfend	Ärger, Überempfindlichkeit, Spannungszustände Einschlafstörungen, Missmut, Gefühlsschwankungen während der Schwangerschaft Kindermittel: unruhiger Schlaf, Angstträume, Zahnungsbeschwerden
Haut	
entzündungshemmend	trockene, gerötete, gereizte Haut, Sonnenbrand
Haar	Als Shampoo und Spülung für blonde Haare; in Kindershampoos

Lavendel

Das Lied des Lavendels

»Oh, wie bin ich glücklich, nicht zu den unzähligen
Blüten zu gehören, die die Gartenbeete schmücken.
Ich laufe nicht Gefahr, in gewöhnliche Hände zu fallen,
an einem Ort wertloser Unterhaltung zu sein.
Anders als es meine Pflanzen-Schwestern gewöhnt sind,
lässt mich die Natur fern von Bächen wachsen.
Ich verabscheue bearbeitete Plätze und zivilisiertes Land.
Ich bin wild.
Fern der Gesellschaft, ist meine Heimat in der Wildnis
und der Einsamkeit,
denn ich möchte mich nie und nimmer unters Volk mischen!
Frei, ich bin frei!«

AUS »DIE GESCHICHTE DER JUNGFRAU,
STELLVERTRETERIN DER VÖGEL«,
ERZÄHLUNG AUS »TAUSEND UND EINE NACHT«

Der Autor dieses Liedes kann nur der wilde Lavendel selbst gewesen sein, der in seiner ursprünglichen Heimat Persien und Südfrankreich die höchsten Bergeshöhen bewohnt. Er gedeiht auf steinigem und unfruchtbarem Boden, wo sich kaum eine andere Pflanze halten kann. Die sengende Hitze des Sommers und die kalten Winterstürme können ihm nichts anhaben. Jedes Jahr streckt er von neuem seine leuchtendblauen, duftenden Blüten dem Himmel entgegen. Vielleicht ist er die »Blaue Blume«, die weit weg von jeder Zivilisation gedeiht und wunderbare Kräfte in sich birgt ...

Wenn im Juli und August der Wind den herb-süßen Duft des Lavendels über die Berghänge der Haute Provence trägt, dann ziehen Sammler und Sammlerinnen mit beutelartigen Säcken und kleinen Handsicheln hinauf in die Höhen. Im Vergleich zu früher führen nur noch wenige Menschen diese anstrengende Arbeit aus. Dies wird verständlich, wenn man Folgendes erfährt: Der Lavendel wird zur Mittagszeit, bei großer Hitze geerntet, weil er zu dieser Zeit den höchsten Gehalt an ätherischem Öl hat. Jede der verstreut wachsenden Pflanzen des wilden Lavendels muss auch an steilen Hängen extra geschnitten werden. Die Sammler trennen in gebückter Haltung mit einem Sichelschnitt die duftenden, blauen Blütenrispen vom Strauch. (In den Blättern speichert zwar der Lavendel auch ätherisches Öl, jenes der Blüten hat jedoch einen feineren Duft.) Durch diese behutsame Art der Ernte werden die Pflanzen nicht beschädigt oder dezimiert. Sie wachsen im Jahr darauf wieder kräftig nach.

Falls der Lavendel auf den Berghängen nicht mehr geerntet wird, fällt das Land an den französischen Staat, der es zur Papierherstellung mit Kiefern bepflanzt. Auf diese Weise ist ein weiteres Stück typischer Bergflora der Haute Provence, ein Reichtum an Bergkräutern verloren.

In einer Höhe von 900 bis 1800 Metern gedeihen zwei Arten des wilden Lavendels: Lavandula officinalis, ein kleiner mit kaum einer Hand voll blühender Stengel, und Lavandula angustifolia, eine größere Pflanze mit 20 bis 30 Blütenrispen. Der kleine Lavendel gilt als der heilkräftigste aller Lavendelarten und wird von Aromatherapeuten bevorzugt. Ich nenne »Lavendel extra« oder »Lavande officinalis extra«. Von diesem kostbaren Öl produzieren die Lavendelsammler oft nur einige wenige Kilogramm. Die ganz großen Firmen für ätherische Öle nehmen diese kleinen Mengen natürlich nicht ab. Deshalb beziehe ich dieses Öl direkt beim Lavendelsammler oder bei ausgewählten kleineren Firmen.

Diesen Sommer war ich bei der Ernte dieser kostbaren Heilpflanze dabei und sehr beeindruckt von dem großen Arbeitsaufwand, der zur Herstellung ihrer Essenz nötig ist. Der Lavendel wird auf dem Rücken zu Tal getragen und dort destilliert.

Ich verstehe jetzt, warum der Preis für dieses Lavendelöl viel höher ist als der für das üblicherweise angebotene minderwertige Billig-Lavendelöl.

Eine alte Bäuerin, die als letzte Bewohnerin eines Hochtales, in dem vor etwa 20 Jahren noch 200 Menschen lebten, den Lavandula officinalis sammelt, verriet mir viele Rezepte und Heilanwendungen mit »ihrem« Lavendelöl. Ich notierte eine unendlich lange Liste von Krankheiten, die man damit heilen kann. Dann kaufte ich bei ihr einige Liter dieses kostbaren Öles und freute mich, ihre wertvolle Arbeit unterstützen zu können.

In tiefer gelegenen Regionen, wo Platz ist für große Felder, wird eine erst vor zirka 60 Jahren entstandene Lavendelart auf großen Feldern angebaut. Der Lavandin, wie man ihn nennt, ist eine Kreuzung zwischen dem oben erwähnten französischen wilden Lavendel und dem spanischen Lavendel, Lavandula latifolia, auch Speiklavendel genannt. Der Lavandin ist unfruchtbar. Meist wird die geklonte Art Lavandin grosso angebaut. Diese Pflanzen sind im Vergleich zu dem kleinen, wilden Lavendel in den Bergen riesig. Gleich dicken Igeln stehen sie in Reih und Glied und strecken ihre unzähligen Blütenrispen wie Stacheln von sich. Wunderschön ist es, in solch einem riesigen Lavendelfeld zu stehen: alles ist blau und »duftet blau«. Wie wogende, duftende Wellen teilen die Lavendelreihen die Äcker in gerade Linien. Bienen summen geschäftig herum und sammeln Lavendelhonig. In der Ferne, am Lavendel-Horizont, leuchtet oft der zur selben Zeit noch blühende zitronengelbe Ginster.

Diese Felder werden von wenigen Menschen mit großen Maschinen bearbeitet. Das Stecklingsetzen, Düngen, Unkrautvertilgen, Jäten und Schneiden der Blütenrispen, all das geschieht in vielen Fällen maschinell. So können hier große Mengen billigen Lavendelöles produziert werden, zumal diese Lavendelart – durch die dicken Blütenrispen – sehr viel mehr ätherisches Öl als die wilden Sorten enthält.

Frankreich liefert im Jahr tausend Tonnen Lavandin-Öl. Der größte Teil des Lavandin-Öles wird von den Bauern nach Grasse verkauft, der südfranzösischen Metropole für den Duftstoffhandel. Seltsamerweise verkauft Grasse oft das Lavendelöl in alle Welt zu einem niedrigeren Preis, als der Einkaufspreis war. Das Öl ist plötzlich billiger und sogar mehr geworden. Wie mir Fachleute berichteten, beinhaltet solch ein Lavendelöl teilweise nur noch 3% der reinen Lavendelessenz, der Rest sind Streckmittel. Die meisten Großhändler für ätherische Öle kaufen das billige Lavendelöl ein. Lavandin – oder nicht genau bezeichnetes Lavendelöl – kann man für Bäder, zum Putzen, Parfümieren von Wäsche oder Papier verwenden.

Wilde Pflanzen der Berge sind heilsamer als ihre kultivierten Schwestern im tiefer gelegenen Land, und so bevorzugt man in der Aromatherapie zum Heilen das Öl des wilden Lavendels und des Lavande fin aus Lavandula angustifolia, feldmäßig auf höher gelegenen Feldern angebaut.

Die Heilwirkung des wilden Lavendels ist so vielfältig, dass man darüber ein ganzes Buch schreiben könnte. Die Tatsache erklärt sich teilweise daraus, dass die Lavendelessenz chemisch eine sehr komplexe Substanz ist. Man hat bis jetzt 160 Inhaltsstoffe gefunden, und sicherlich sind es viele mehr.
Bereits Perser, Griechen und Römer verbrannten Lavendel, um Krankenzimmer zu reinigen. Der botanische Name leitet sich vom lateinischen »lavare«, waschen, ab. Der Duft des Lavendels ist rein und frisch. Er hat etwas Unschuldiges und Unberührtes und kann Unreinheiten des Körpers als auch der Seele abwaschen. Hildegard von Bingen empfiehlt den Lavendel zur »Förderung eines reinen Charakters«. Lavendelessenz duftet wie frische, würzige Bergluft. »Ich bin glücklich und frei«, so singt der wilde Lavendel in »Tausend und eine Nacht«. Sein Duft erzeugt ein Gefühl der Weite. Er hilft, verbissene Gedanken loszulassen, und kühlt den heißen Kopf. Gedanken werden freier und klarer, Entscheidungen können aus einem Gefühl der Balance gefällt werden. Die Essenz hilft, endlose, verkrampfende »Gedankenwürmer« abzuschneiden, um endlich einzuschlafen.
Lavendelessenz ist ein Merkuröl und steht zwischen Yin und Yang. Sie ist neutral und vermittelnd und kann so extreme Stimmungen ausgleichen. Sie dient Menschen, die unter allzu starken Gefühlen leiden und nach Ausgleich suchen. Deshalb wird Lavendelessenz in der psychologischen Aromatherapie zur Behandlung von Nervosität, Schlafstörungen, Stress, Depression, Melancholie, Angst, Reizbarkeit eingesetzt. Die Essenz kann unser Nervensystem anregen und regenerieren, aber auch entspannen und beruhigen. Lavendelöl wirkt so, wie es gerade gebraucht wird, es gleicht aus. So kann es bei Müdigkeit erfrischen und bei Nervosität entspannen: In einem überfüllten Zugabteil mit stickiger Luft bewirken ein paar Tropfen Lavendel ein »blaues Wunder«.

Blaues Wunder

Lavendel	20 Tropfen	Zitronen	10 Tropfen
Bergamotte	10 Tropfen	Limette	5 Tropfen
Pampelmuse	5 Tropfen		

10 ml von 75%igem Weingeist mit 30 ml destilliertem Wasser mischen, in eine 50-ml-Flasche füllen und die ätherischen Öle darin verschütteln und in eine Sprühflasche füllen.
Ein Lavendelbad am Abend oder Lavendel in der Duftlampe im Schlafzimmer versprechen guten Schlaf. Für eine »Schlafmischung« in der Duftlampe können Sie Lavendel mit einem oder mehreren der folgenden Öle mischen: Neroli, Rose, Melisse.
Auch Massagen mit Lavendelöl entspannen, so dass man Muskelverspannungen und sorgenvolle Gedanken los wird. Hierfür kann man es jeweils mit Mandarine, Neroli, Römischer Kamille, Rose, Koriander oder Majoran verschütteln.
Wenn Sie Lavendelessenz mit anderen ätherischen Ölen mischen wollen, können Sie kaum etwas falsch machen. Sie verträgt sich mit fast allen anderen Ölen (eine Merkurqualität). Besonders gut harmonisiert sie mit Essenzen aus Zitrusfrüchten, Nadelbäumen und Blumen. Da Lavendelöl unero-

Dr. R.-M. Gattefossé

tisch ist, braucht man etwas Fingerspitzengefühl, wenn es mit sehr sinnlichen Essenzen wie Ylang-Ylang, Vetiver oder Jasmin gemischt werden soll. Die Möglichkeit ist nur dann gegeben, wenn das Mischungsverhältnis stimmt.
Dr. R.-M. Gattefossé, einer der Väter der modernen Aromatherapie, beschrieb die antiseptische und schmerzstillende Wirkung der Lavendelessenz bei Verbrennungen sehr anschaulich: In seinem Labor erlitt er eine ernsthafte Verbrennung an der Hand. Er tauchte diese sofort in eine zufällig in der Nähe stehende Schale mit Flüssigkeit. Es war Lavendelöl. Der Schmerz liess daraufhin schnell nach, die Wunde verheilte in kurzer Zeit ohne Narben. Lavendelessenz ist eines der besten Erste-Hilfe-Mittel bei Verbrennungen. Es wird pur aufgetragen (eine Ausnahme in der Aromatherapie!). Die Anwendung sollte mehrere Male täglich wiederholt werden. Auch Sonnenbrand verheilt schnell durch Lavendelöl (in Johanniskrautöl verschüttelt).
Bei Insektenstichen, besonders von Bienen und Wespen, ist Lavendelessenz das Mittel der Wahl. In einem heißen Sommer gab es eine Wespenplage. Meinen kleinen Sohn Silvano »küssten« die Wespen gleichzeitig auf beide Fußsohlen. Nachdem ich ihm diese mit Lavendelessenz eingerieben hatte, was den Schmerz sofort stillte, fand ich ihn einige Zeit später schlafend im Sessel. Das Lavendelöl hatte nicht nur auf die Wespenstiche gewirkt, sondern auch seine schlaffördernde Wirkung entfaltet. In der Fachliteratur wird berichtet, dass Lavendelöl auch bei Bissen giftiger Spinnen und Schlangen hilft.

Die äußerliche Anwendung von Lavendelessenz ist vielfältig. Sie hilft bei Wunden, Ekzemen, Furunkeln, Dermatitis, Fieberausschlägen, Herpes, Beingeschwüren, rheumatischen Schmerzen, Nervenentzündungen, Muskelschmerzen, Ischias und nervösen Spannungen. Die Essenz kann in Form von Kompressen, Wundauflagen, Heilerdeauflagen, Bädern, Sprays und Einreibungen verwendet werden. In Johanniskrautöl kann sie Ohrenschmerzen zum Abklingen bringen. Mischen Sie 10 ml Johanniskrautöl mit 30 Tropfen Lavendelessenz. Tränken Sie damit einen Wattebausch, den Sie ins Ohr stecken, oder träufeln Sie 1- bis 2-mal täglich 1 bis 2 Tropfen der Mischung direkt ins Ohr. Das Öl sollte Körpertemperatur haben.
Lavendelöl hilft bei Kopfschmerzen, besonders wenn es sich um Stirnkopfschmerz handelt. Sie können es wie Minze zum Bestreichen der Stirn und zur Nackenmassage verwenden. Auch kühle Kompressen – über die Stirn gelegt – schaffen Erleichterung.
Lavendelöl wirkt antiseptisch im Urogenitalbereich. Es wird vor allem zur Behandlung von Blasenentzündung eingesetzt (innerliche Einnahme und Sitzbäder).
Bei Hefepilzbefall der Vaginalschleimhaut werden Vaginalspülungen empfohlen. Lavendelessenz zu gleichen Teilen mit Tea-Tree-Öl gemischt in Rosenwasser. Auf einen halben Liter Rosenwasser verschüttelt man 4 Tropfen der Essenzmischung. Die Scheidenflora wird durch zusätzliche Behandlung mit Milchsäurezäpfchen aufgebaut.
Fußpilz kann mit Lavendelöl behandelt werden. Folgendes Rezept hat sich bewährt:

Thymian	10 Tropfen	Lavendel	10 Tropfen
Tea Tree	5 Tropfen	Eukalyptus	10 Tropfen

Schützen Sie die umliegende Haut mit einer Fettcreme. Geben Sie 1 bis 2 Tropfen dieser Mischung auf ein Wattestäbchen und betupfen Sie die befallenen Stellen täglich morgens und abends. Nicht bei Kindern unter 10 Jahren anwenden.

Lavendelöl fördert die Bildung von weißen Blutkörperchen, wirkt abwehrsteigernd und zugleich antiseptisch auf die Luftwege. Dies erklärt seine Beliebtheit als Vorbeugungs- und Heilmittel bei Erkältungskrankheiten, Grippe und Bronchitis. In Frankreich gebraucht man hierfür das Lavendelöl besonders gerne, in geringen Dosen innerlich und zur Inhalation. Auch zur Behandlung von Asthma wird Lavendelöl verwendet, da es nicht reizt und zudem körperlich und seelisch entkrampft. Alle Verdauungssäfte werden durch Lavendel angeregt, besonders die von Magen und Galle. Bei Reisekrankheit hilft Lavendel in einer Mischung mit Minze.
Lavendelöl kann helfen, zu hohen Blutdruck zu senken. Es ist außerdem ein geschätztes Mittel, um das Herz zu stärken und zu schützen. Es hilft bei Herzklopfen, Herzzittern oder nervösen Herzbeschwerden in Form von Einreibungen mit verdünnter Lavendelessenz über der Herzgegend und innerlicher Einnahme. Lavendelöl ist ein Lieblingsöl der Kinder. Sie lieben seinen Duft (besonders kleinere Kinder), und es ist ihnen ein Heilmittel für viele Leiden: Nervosität, Schlaflosigkeit, Wachstumsschmerzen, Bauchschmerzen, Erkältungskrankheiten.
In der Naturkosmetik schätzt man die milde, ausgleichende und durchblutungsfördernde Wirkung des Lavendelöls auf die Haut. Es eignet sich für alle Hauttypen, besonders für trockene Haut. Zur Behandlung von Akne wird es sehr gerne eingesetzt. Die Essenz entstaut die Haut, da sie den Lymphfluss anregt. Wie Neroli fördert sie die Bildung von neuen Hautzellen und dient so als natürliches Hautverjüngungsmittel. Lavendelessenz in Haarshampoos und Haarwässern kann Haarausfall vermindern und wird besonders zur Behandlung von Schuppen empfohlen.
Schon die römische Hausfrau, so ist es überliefert, legte zwischen die frisch gewaschene Wäsche Lavendelsträußchen. Heute noch schätzt man diesen frischen »sauberen« Duft von Lavendel in Wäsche, Bettwäsche, in Schränken und Truhen.
Nur Motten mögen ihn nicht. Einige Tropfen der Essenz im letzten Gang der Waschmaschine verleihen Ihrer Wäsche einen zarten Lavendelduft. Zur Luftverbesserung in Wohnräumen ist die Lavendelessenz sehr geeignet, da sie in ihrem Duft neutral ist.
Lavendel war das Lieblingsparfum unserer Urgroßmütter und Großmütter. Alle Kölnisch-Wasser-Mischungen und erfrischenden Parfums enthielten einen großen Anteil Lavendelöl. Deshalb verbinden manche Menschen mit dem Lavendelgeruch etwas »Altmodisches« und »Moralisches«. Wir sollten den wunderbaren Duft des Lavendels wieder neu entdecken! Er passt sehr gut in unsere Zeit. Mischen Sie sich doch einmal eine neue Kölnisch-Wasser-Mischung genau nach Ihrem Geschmack! Sie werden dadurch sicherlich nicht unangenehm an Ihre Großmutter erinnert. (Ziehen Sie das Kapitel »Parfum« Seite 146 zu Rate!)

Lavendel

Botanischer Name	Lavandula officinalis (Lavandula vera) Lavandula angustifolia, siehe Seite 162
Familie	Lamiaceae, Familie der Lippenblütler
Ursprungsland	Persien, Kanarische Inseln, Südfrankreich Essenz aus: Frankreich, Jugoslawien, Italien, Spanien, Marokko, England
Beschreibung	30–50 Zentimeter hoher Halbstrauch, Stengel aufrecht, steif, Blätter blaugrün, linear, Blüten leuchtendblau in endständigen Blütenständen; Blütezeit August; Blätter und Blüten duftend; wächst bis in Höhen von 1800 Metern
Essenz	Wasserdampfdestillation aus den Blütenrispen und Stengeln; flüssig, klar bis gelblich-grünlich; frischer, kräuterartiger typischer Lavendelduft; Gehalt an ätherischem Öl in den Pflanzen schwankt sehr je nach Wetter
Ausbeute	Für 1 kg Essenz braucht man: Lavandula officinalis extra 150–160 kg Pflanzen (Wildpflanzensammlung) Lavande fine 120–130 kg Pflanzen Lavandin grosso 35–50 kg Pflanzen
Inhaltsstoffe	Linalylacetat (30–60%), Linalylbutyrat, Linalylvalerianat, Linalylcapronat, Furfurol, Amylalkohol, ß-Ocimen, Äthyl-n-amylketon, D-a-Pinen, Cineol, D-Borneol und -acetat, L-Linalol, Geraniol, Nerol, Caryophyllen, Cumarin, Lavandulol, verschiedene niedrige Fettaldehyde, Ocimen
Mischt sich gut mit	Bergamotte, Orange, Zitrone, Geranie, Muskatellersalbei, Kiefer, Zirbelkiefer, Neroli, Rose
Charakter	Merkuröl, fast neutral, Yang leicht überwiegend

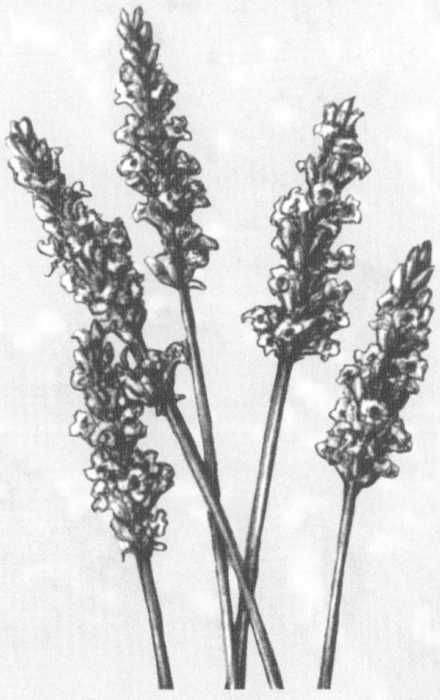

Wirkungen	Anwendungsbereiche
körperlich	
antiseptisch krampflösend schmerzlindernd blutdrucksenkend diuretisch cholagog choleretisch wundheilend fördert Vernarbung insektenabweisend regt Verdauungssäfte an menstruationsfördernd milzwirksam herzstärkend antimikrobiell	Verbrennungen, Insektenstiche, Ekzeme, Wunden Dermatitis, Furunkel, Abszesse, Fieberausschläge Herpes, Beingeschwüre, Rheuma, Nervenentzündung Ischias, Ohren- und Kopfschmerzen, Hefepilzbefall, Fußpilz Grippe, Erkältung, Bronchitis, Asthma, Reisekrankheit Gallebeschwerden, Bluthochdruck, nervöse Herzbeschwerden Wachstumsschmerzen der Kinder (Massage)
geistig-seelisch	
reinigend ausgleichend aufbauend anregend beruhigend erfrischend antidepressiv	Nervosität, Neurasthenie, Stress, Reizbarkeit, Schlafstörungen Enge, Ärger, extreme Stimmungen, Melancholie, Depression
Haut	
desodorierend zellerneuernd durchblutungsfördernd entschlackend entstauend narbenbildend	Alle Hauttypen, besonders trockene Haut, Akne, Couperose, gestaute Haut, Dermatitis, Furunkel, Insektenstiche, Psoriasis, Sonnenbrand
Haare	Bei Haarausfall und Schuppen

Vorsicht! Nicht mit jod- und eisenhaltigen Medikamenten einnehmen!

Eine Liste der verschiedenen Lavendelarten finden Sie am Ende des Buches.

Lemongrass

Lemongrass gehört zur Reihe der duftenden tropischen Gräser wie Citronellagras, Gingergrass, Palmarosagras und Vetiver. Die Essenz wird aus zwei Arten destilliert, und zwar aus »Cymbopogon flexuosus« und »Cymbopogon citratus«.
Wem diese botanischen Namen »Schall und Rauch« sein sollten, der halte seine Nase an ein geöffnetes Fläschchen Lemongrassessenz zur direkten Erforschung ihrer Qualität. Ihre Wirkungsweise gleicht einer kalten, erfrischenden Dusche. Das kühlende und anregende Öl überrascht durch seine intensive Strahlung und spricht besonders in Situationen von Müdigkeit und Konzentrationsschwäche an. Lemongrassöl wirkt vornehmlich auf die linke Gehirnhälfte und unterstützt deshalb die Denkfähigkeit. Es eignet sich für die Duftlampe am Schreibtisch, fürs Büro und Konferenzzimmer, kurz: an Orten, wo Klarheit, Frische und Konzentrationsfähigkeit gefragt sind. Ich selbst nenne es auch »Autofahreröl«, denn es gibt für mich nichts Erfrischenderes auf langen, ermüdenden Autofahrten als Lemongrass. Ich gebe hierfür einige Tropfen auf ein Taschentuch und halte es mir vor die Nase. Nach einigen tiefen Atemzügen kann das Taschentuch auf der Lüftung weiterduften.
Ubrigens – Lemongrass mit Ingwer und Orange im Duschgel ist ein Geheimtipp für alle Morgenmuffel. Lemongrass wirkt nicht nur im psychischen Bereich erfrischend und zusammenziehend wie eine kalte Dusche am Morgen, sondern hat auch tonisierende, straffende Wirkung auf schwaches Bindegewebe. Deshalb empfiehlt es sich als Massageöl und für Bäder bei Bindegewebsschwäche. Es stärkt Blutgefäße und Gefäßwände und dient zur Vorbeugung gegen Krampfadern. Es bewährt sich bei Sportverletzungen wie Zerrungen, Quetschungen und blauen Flecken. Hierfür wird es in Arnikatinktur mit Wasser verschüttelt und als kalte Kompresse oder Verband verwendet.
Seinem Hauptbestandteil Citral (70–85%) verdankt es unter anderem starke antiseptische Wirkung, die wiederholt wissenschaftlich nachgewiesen wurde. Deshalb wird Lemongrass gerne als Mittel zum Desinfizieren von Räumen (mittels Duftlampe oder Luftzerstäuber) oder zum Abwaschen von Gebrauchsgegenständen verwendet. Einige Tropfen davon ins Putzwasser bringen zugleich Duft und Hygiene in Bad und Toilette.
Lemongrass gilt in seinem Ursprungsland Indien seit langer Zeit als erprobtes und bewährtes Heilmittel. Dort nimmt man es bei fieberhaften Infektionserkrankungen, bei Erkrankungen des Verdauungssystems, sogar bei Cholera.
Auch in der Aromatherapie wird die Essenz zur Verdauungsanregung, bei Blähungen und Atonie des Magens verwendet. Hier nimmt man sie innerlich ein: 2-mal täglich 2 bis 3 Tropfen in Honig, und zwar am besten nach dem Essen, weil die Essenz auf nüchternen Magen eventuell etwas reizt.
Lemongrass in der Duftlampe wird für Kinder mit rachitischer Anlage empfohlen.
Auch in der Kosmetik hat die Essenz ihren geschätzten Platz. Sie reinigt und tonisiert als Bestandteil von Gesichtswässern, Gesichtsölen oder Cremes fette Haut mit großen Poren. Das Öl entwässert durch seine anregende Wirkung auf den Lymphfluss und hilft bei gestauter Haut und Wasseransammlung im Gewebe. Die Essenz – zusätzlich innerlich eingenommen – wirkt hier unterstützend, da sie die Harnproduktion anregt.
Lemongrass, eine sehr vitale Pflanze, kann schon 6 Monate nach der Pflanzung geerntet werden. Es wird drei- bis viermal im Jahr büschelweise geschnitten. Nach dem Schnitt lässt man es einige Tage lang zum Zwecke einer größeren Ölausbeute liegen; dann wird es in großen Kesseln durch Wasserdampfdestillation verarbeitet.
Die Nachfrage ist groß. Die Industrie verwendet die Essenz zur Parfümierung von preiswerten Seifen und Hautpflegeprodukten. Weltweit werden jährlich rund 2000 Tonnen Essenz destilliert.
Insekten mögen den frischen Lemongrassduft nicht. Die Essenz wird zum Vertreiben der störenden Quälgeister in

der Duftlampe und im Zerstäuber verwendet. Auch die Flöhe im Fell von Hunden flüchten. Mischen Sie in eine milde, nicht duftende Shampoogrundlage Lemongrassöl (20 Tropfen auf 100 ml Grundlage) und waschen Sie damit das Tier.

Lemongrass (Zitronengras, Citronelle)

Botanischer Name	Cymbopogon flexuosus Cymbopogon citratus Cymbopogon nardus
Familie	Graminaceae, Familie der Süßgräser
Ursprungsland	ursprünglich Indien, heute kultiviert in China, Brasilien, Guatemala, Madagaskar, Afrika, Haiti, Nepal
Beschreibung	30–50 cm hohes schlankes Gras
Essenz	gelblich; starker citrusartiger Duft mit »hoher Strahlung« Aus 100 kg Gras erhält man bis zu 3 kg Öl.
Inhaltsstoffe	Citral (85%), n-Dezylaldehyd, Dipenten, Farnesol, Geraniol, Linalol, Limonen, Methylheptenol, Methylheptenon, Nerol, Citronellal, Myrcen (12–25 Prozent)
Mischt sich gut mit	Zirbelkiefer, Eukalyptus, Wacholder, Geranie, Lavendel, Limette
Charakter	Yang

Wirkungen	Anwendungsbereiche
körperlich	
antiseptisch verdauungsfördernd diuretisch lymphanregend gefäßstärkend Fieber senkend	Verdauungsschwäche, Blähungen, infektiöse Darmerkrankungen Blasen-Nieren-Erkrankungen, Lymphstau, Ödeme, Krampfadern, Fieber
geistig-seelisch	
tonisierend erfrischend	Müdigkeit, »Morgenmuffel«, Konzentrationsschwäche, lange Autofahrten, nervöse Erschöpfung
Haut	
reinigend tonisierend	Gewebe straffend fette, großporige Haut, Akne, starke Schweißbildung schlaffe Haut
Küche	Aromatisieren von Schwarztees In asiatischer Küche verwendet

Lemongrass wirkt insektizid und hält in Duftlampe oder Duftkerze Moskitos fern. Als Spray oder Öl zum Abwehren von Zecken, Flöhen, Läusen.

Vorsicht! Bei empfindlicher Haut kann Lemongrass (zum Beispiel als Kompresse oder Gesichtsöl) Irritationen der Haut auslösen. Die behandelten Hautpartien nicht dem direkten Sonnenlicht aussetzen.

Melisse

Legt mir aufs Haupt Melissen,
meine Träume sind so wild.

MARTIN GREIF

Wir sind überflutet von einem Übermaß an Reizen aus unserer Umwelt. Bilderströme, Farbwellen, Satellitenprogramme, Werbekampagnen strömen auf uns ein. Es wird immer schwerer, sich abzugrenzen, seine Mitte zu schützen, nach dem eigenen Rhythmus zu leben. Nur Besinnung auf innere Werte bringt Ausgleich und innere Zufriedenheit. Das riesige Konsumangebot macht es erforderlich, die Schönheit wieder in ganz einfachen Dingen zu erkennen und sich daran zu freuen.

Die Folge dieser Überreizung sind nervliche Überlastung, Stress, Angstzustände, Schlaflosigkeit, Depression und tiefe Orientierungslosigkeit. Da erscheint Melissenöl wie ein Geschenk des Himmels. Als »Schutzöl« bewahrt es vor allzu störenden äußeren Einflüssen. Es gleicht einem Filter, der nur Zuträgliches durchlässt, ohne Energien zu blockieren, träge zu machen. Die Essenz hilft, Gelassenheit und innere Ausgeglichenheit zu finden, sie stärkt die Weisheit des Herzens. »Melisse macht das Herz froh und stärkt die Lebensgeister«, schreibt bereits Avicenna (980–1037), »sie vertreibt die dunklen Gedanken und gleicht übermäßige Schwarzgalle aus«. Nach der Elementenlehre fördert ein Übermaß an Schwarzgalle (psychisch durch extreme Gefühle entstanden) die Melancholie. Paracelsus lobt die Melisse als kostbares Lebenselixier.
Melisse wirkt im feinstofflichen Bereich auf das Energiezentrum des Herzens und balanciert von hier das feine Spiel der Gefühlsschwankungen aus. Sie gilt deshalb als wirkungsvolles Heilmittel bei Depressionen, Erregungszuständen, Schlafstörungen, Alpträumen, Schock, zu schnellem Herzschlag und zu schneller Atemfrequenz. Sie hilft, Spannungen und Blockaden zu beseitigen und den eigenen Rhythmus zu finden. Ihr frischer und zugleich warmer Duft erfreut das Herz. Seine Frische erinnert an Zitronenduft. Die Frische der Melisse ist jedoch eingebettet in einer Hülle aus Wärme mit intensiver Strahlkraft.
Die starke Wirkung auf den feinstofflichen Körper wurde schon vor langer Zeit erkannt und von vielen Heilern und Heilerinnen beschrieben.
Hildegard von Bingen schreibt: »Die Melisse hat die Kraft von 15 Kräutern, muntert auf und stärkt das Herz.« Schon im 10. Jahrhundert hat man in Arabien die Melisse als Medizin gegen Melancholie verwendet.
Im Reich der Mineralien wird das Melissenöl dem Chrysokoll zugeordnet, einem leuchtendgrünen, opaken Heilstein. Seine Hauptwirkung deckt sich mit der der Melisse, nämlich dem psychischen Ausgleich. Er mildert starke Emotionen wie Wut, Ärger, Zorn und Hass und lässt Gelassenheit, Güte, Toleranz und Mitgefühl entwickeln. Er fördert Sensibilität und intuitives Erfassen. Es heißt, er könne einen der Natur näher bringen. Gleich der Essenz ist er besonders dem Herzen zugeordnet. Im medizinischen Bereich hat er Heilwirkung bei Schilddrüsenstörungen, Menstruationsbeschwerden und infektiösen Erkrankungen.
Melisse wirkt, wie wiederholt wissenschaftlich belegt, stark antiviral. Sie wird deshalb zur Abwehrsteigerung bei allen infektiösen Erkrankungen und speziell zur Behandlung von Herpes (simplex, labialis, genitalis) erfolgreich eingesetzt. Ein Tropfen der unverdünnten oder leicht verdünnten Essenz, auf Herpesbläschen an der Lippe im Anfangsstadium aufgetragen, lässt jene sich meist gar nicht erst entwickeln.
Bei Gürtelrose und Herpes im Genitalbereich werden innerliche Einnahme (3-mal täglich 1 bis 2 Tropfen) und Kompressen und Sprays mit verdünnter Essenz empfohlen. Durch Viren im Nervensystem verursacht, treten die Herpeserkrankungen meist in Zeiten von nervlicher Belastung und körperlicher Abwehrschwäche auf. Stress und Anspannung schwächen, wie wir heute wissen, die Abwehrkräfte. So wirkt die Melisse abwehrsteigernd einerseits und psychisch ausgleichend andererseits. Melissenöl ist in Verbindung mit Echinaceatinktur und Propolistinktur dabei besonders wirkungsvoll. Echinaceatinktur, von einzelnen Firmen fertig zubereitet, bekommt man in der Apotheke. Propolistinktur gibt es beim Imker, im Reformhaus oder Naturkostladen. In diesen alkoholischen Tinkturen wird das Melissenöl zur innerlichen Einnahme verschüttelt.
Die ausgleichende Wirkung der Melissenessenz zeigt sich auch in ihrer körperlichen Heilwirkung. Sie hilft bei Schilddrüsenstörungen, Kreislauflabilität, nervösen Herzbeschwerden, Wetterfühligkeit, nervösen Kopfschmerzen und Kopfschmerzen, die mit Menstruationsstörungen zusammenhängen. Bei Herzbeschwerden reibt man 1 Tropfen Essenz, wenig verdünnt mit Jojobaöl, über der Herzgegend ein. Die Mischung mit 1 Tropfen Rosenöl hat sich hierfür sehr bewährt.
Melissenöl wirkt verdauungsregulierend, krampflösend und blähungswidrig; es regt Leber und Galle an. Seine regulie-

rende Eigenschaft im Bereich des weiblichen Hormonsystems macht es zu einem bewährten Heilmittel bei Hormonschwankungen während der Wechseljahre; es wirkt leicht schweißtreibend, deshalb nicht bei übermäßigem Schwitzen verwenden. Auch bei unregelmäßiger Menstruation wird die Melisse verwendet.
In der Aromatherapie wird Melisse zusammen mit Römischer Kamille zur Behandlung von Allergien eingesetzt. Bei Asthma, Heuschnupfen und jeder Art von Allergie wird die Melisse in der Duftlampe und zur inneren Anwendung empfohlen. Bei allergischen Hauterscheinungen und Ekzemen kann man sie (mit Wasser verdünnt) als Kompresse auflegen.
Melissenauszug ist wichtiger Bestandteil des Melissengeistes und des Karmelitergeistes (1611 von Nonnen des Karmeliterordens in Paris entwickelt). Diese bekannten Heilmittel werden hauptsächlich für die äußere Anwendung empfohlen. Sie haben größtenteils die gleiche Wirkung wie die Melissenessenz selbst. Im kommerziell hergestellten Melissengeist und Karmelitergeist ist jedoch wenig oder keine Melissenessenz enthalten. Man kann also davon ausgehen, dass die Wirkung der reinen Essenz stärker ist. Sie wird – verdünnt mit Alkohol, fettem Öl, Tinktur oder Wasser – bei Quetschungen, Prellungen, Blutergüssen, rheumatischen Schmerzen, Insektenstichen und Milchknoten in der Brust angewendet.
Die Melisse, deren ursprüngliche Heimat der Orient und das Mittelmeergebiet sind, wird heute in Europa (Italien, Frankreich, Balkan) und in Nordamerika angebaut. Im Mittelalter haben Benediktinermönche die Pflanze von Italien nach Deutschland gebracht.
Die ausdauernde Staude stellt wenig Ansprüche, sie liebt sonnigen Standort und dankt nährstoffreichem Boden mit intensivem Duft. Von Juni bis August schmückt sie sich mit kleinen weißen Blüten, an Hand derer man die Zugehörigkeit der Melisse zur Familie der Lippenblütler leicht erkennen kann. Bienen lieben den Duft der Melisse, und aufgrund dieser Liebe erhielt die Melisse ihren Namen. Das griechische »Melissa« heißt Honigbiene.
Obwohl die Melissenpflanze sehr häufig vorkommt, verwundert es andererseits, dass das ätherische Öl der Melisse dennoch rar und teuer ist. Dies lässt sich aus der Tatsache begreifen, dass man für ein Kilo Essenz bis zu sieben Tonnen (!) Pflanzen braucht. Die Destillation des Öles wird nur von wenigen Destillateuren beherrscht. Aus diesem Grund gibt es wenig echtes Melissenöl im Handel.
Was hat man dann in all den Fläschchen, auf denen »Melissenöl« steht? Hier handelt es sich meist im Lemongrassöl (billig und leicht zu beschaffen), das in Deutschland unter dem Namen Oleum melissae indicum verkauft werden darf. Meistens steht auf der Flasche nur »Melissenöl«. Es riecht ebenfalls frisch, hat jedoch nicht im Entferntesten die Wirkung der echten Melissenessenz (Oleum melissae). Öle mit einem gewissen Prozentsatz an echtem Melissenöl oder gar echtes Melissenöl sind in jedem Fall vorzuziehen. Seien Sie jedoch beim Kauf auf einen hohen Preis vorbereitet und erfreuen Sie sich eines der kostbarsten und wirksamsten ätherischen Öle der Aromatherapie.

Melisse

Botanischer Name	Melissa officinalis
Familie	Lamiaceae, Familie der Lippenblütler
Ursprungsland	Orient, dann Mittelmeerraum, heute kultiviert in Europa (Italien, Frankreich, Balkanländer) und Nordamerika
Beschreibung	Bis 1 m hohe Staude mit vierkantigem, verzweigtem Stengel, herz- bis eiförmige, gesägte Blätter, gegenständig bläulichweiße Blüten; einfache Vermehrung durch Stecklinge; Blütezeit Juni bis August; gute Bienenfutterpflanze; alle Teile, besonders die Blätter, duften stark
Essenz	flüssig, klar bis leicht gelblich; Duft: zitronig, grün. Wasserdampfdestillation aus dem ganzen Kraut vor der Blüte Aus ca. 7–10 Tonnen Pflanzen wird 1 kg Essenz gewonnen! Im Handel angebotene »Melissenöle« sind meist Citronellagrasöl oder Lemongrassöl
Inhaltsstoffe	Citral (30%), Citronellal (40%), Linalol, Geraniol, Pinen, Limonen, verschiedene Säuren
Mischt sich gut mit	Rose, Neroli, Geranie, Lavendel, Myrte
Charakter	Yang mit hohem Yinanteil

Wirkungen	Anwendungsbereiche
körperlich	
antiviral krampflösend blähungswidrig herzwirksam blutdrucksenkend Leber-Galle-wirksam hormonell ausgleichend	Allergien, Asthma; Herpes, Schilddrüsenerkrankung; Blähungen; Kreislauflabilität, Herzbeschwerden, Kopfschmerzen, Menstruationsstörungen Wechseljahre, Wetterfühligkeit, Leber- und Galleerkrankungen Ekzeme, Quetschungen, Prellungen, Blutergüsse, Insektenstiche, Milchknoten, unregelmäßiger Menstruationszyklus, Übelkeit, Schwindel, fruchtbarkeitsfördernd
geistig-seelisch	
ausgleichend schützend stärkend belebend	Schlafstörungen, Alpträume, nächtliches Erwachen Depression, Melancholie, nervöse Anspannung Stress, Ärger, Wut, Traurigkeit, Angst, Schock
Haut	fette Haut, unreine Haut, Bienenstiche
Haare	fettige Haare, Schuppen

Minze

Wenn aber einer die Kräfte und Arten
und Namen der Minze
Samt und sonders zu nennen vermöchte,
so müßte er gleich auch
Wissen, wieviele Fische im Roten Meere
wohl schwimmen,
Oder wie viele Funken Vulcanus,
der Schmelzgott von Lemnos,
Schickt in die Lüfte
empor aus den riesigen
Essen des Aetna.

WALAFRID STRABO
9. JAHRHUNDERT

Der griechische Gott Pluto, Herrscher der Unterwelt, verliebte sich leidenschaftlich in eine schöne Nymphe namens Mentha. Persephone, seine eifersüchtige Gattin, zerstampfte die Schöne in Grund und Boden. Um zu retten, was zu retten war, verwandelte Pluto die arme Mentha in eine wohlriechende und heilsame Pflanze, an deren Duft er sich fortan laben konnte.

Mit Sicherheit hat dies seine Leidenschaft etwas »gekühlt«, denn der Minzduft gilt als vernunftfördernd und absolut unerotisch. Die Essenz aus der Minze stärkt das Gehirn, fördert klares Denken und erfrischt den Geist. Wie Zitrone, Lemongrass, Basilikum und Rosmarin stimuliert sie im Gehirn vorwiegend die Zentren des Mandelkerns und den Hippocampus. Sie bewährt sich bei Konzentrationsschwäche, geistiger Müdigkeit und Gedächtnisschwäche. Sie ist ideal in der Duftlampe für Büros, Konferenzzimmer, überall dort, wo klare und frische Atmosphäre erwünscht ist.

Minzöl gehört zu den bekanntesten Essenzen in der Aromatherapie. In einer Haus- oder Reiseapotheke sollte es nicht fehlen. Es ist ein schnell wirksames Mittel in akuten Fällen und hilft bei Schwindel, Herzklopfen, Kopfschmerzen, Zittern, Schock und Schwäche. Einige Tropfen davon auf ein Taschentuch als trockene Inhalation können oft schnell Abhilfe schaffen. Minzöl eignet sich ideal zur Behandlung von Kopfschmerzen, Föhnbeschwerden und Verspannungen im Nackenbereich. Massieren Sie ein bis zwei Tropfen Essenz unverdünnt in die verspannten Muskelpartien und bestreichen Sie damit auch die Stirn.

Minzöl wirkt erwärmend, krampflösend und anregend auf die Verdauung. Es hilft bei Blähungen, Übelkeit und Erbrechen, bei Reise- und Seekrankheit und ist ein ungefährliches Mittel bei Morgenübelkeit während der Schwangerschaft. Minzessenz regt die Gallenabsonderung und den Gallenfluss an und wird deshalb als Arznei bei Gallenkrämpfen und Gallensteinen empfohlen. Sie wird in akuten Fällen und nicht über längere Zeit angewendet.

Durch seine antiseptische und schleimlösende Eigenschaft ist das Minzöl hilfreich bei Schnupfen, Erkältung, Grippe und kann zu Inhalationen und für innere Einnahme verwendet werden. Besonders hat sich hier die Mischung mit Eukalyptus oder Tea-Tree-Öl bewährt.

Minzöl regt den Lymphfluss an und wirkt entstauend auf das Gewebe. Es kann anderen lymphwirksamen Ölen wie Immortelle, Lavendel und Cistrose beigemischt werden, um deren etwas strengen Duft frischer und angenehmer zu machen.

Minzöl, gelöst in Wasser, Alkohol, Kieselgel, Essig oder fettem Öl, ist ein bewährtes Mittel für Einreibungen bei Muskelkater, Hexenschuss, Prellungen, Quetschungen, Gelenkschmerzen, Insektenstichen, sowie für Massagen oder Kompressen. Es eignet sich auch als Bestandteil von Sportcremes und Sportmassageölen. Minzöl sollte trotz seiner Popularität behutsam gebraucht werden. Wenn es zum Beispiel unverdünnt für Stirn- und Nackenmassagen verwendet wird, sollte vermieden werden, dass es zu nahe an die Augen kommt, da es diese sehr reizt. In fettem Öl oder Alkohol verdünnt sollte es eine Konzentration von 1% nicht überschreiten, das heißt 1 ml auf 100 ml. Halten Sie sich bei innerer Einnahme an die vorgeschriebene Tropfenzahl. Eine Überdosis kann zu Reizungen der Magen- und Darmschleimhäute führen. Nach einer kurmäßigen Anwendung von nicht länger als drei Wochen sollten Sie aussetzen.

Bei Menschen, die an Heuschnupfen leiden, kann das Minzöl die Schleimhäute unnötig reizen und sollte deshalb vermieden werden. Babys und Kleinkinder unter 6 Jahren vertragen es nicht. Es kann bei Kindern in hoher Dosis (zum Beispiel in einem Brustbalsam) einen Stimmritzenkrampf verursachen, bei Erwachsenen in zu hoher Dosis Schwindel und Benommenheit auslösen. Wir sehen am Beispiel des Minzöls die Möglichkeit einer relativ schnellen Umkehrwirkung: Ein Mittel, das ein bestimmtes Leiden heilt, kann – in falscher Dosis eingenommen – dieses auch erzeugen. Minzöl wie auch Kampferöl gelten als Antidot zu homöopathischen Mitteln. Man sollte deshalb während einer homöopathischen Behandlung die Einnahme dieser Öle vermeiden.

Als erfrischendes und antiseptisches Mundpflegemittel erfreut sich die Minze hoher Beliebtheit. In vielen Zahn- und Mundpflegeprodukten, vor allem in Zahnpasta und Mundwasser, signalisiert ihr Duft Frische, Reinheit und Gesundheit. Kaugummis werden meist mit Spearmint, Mentha spicata, aromatisiert. Minzöl macht einen frischen Atem und kann im Mundwasser außerdem entzündete Mundschleimhaut hellen.

Ätherisches Minzöl reinigt, klärt, tonisiert, entgiftet und entstaut und eignet sich deshalb besonders für die müde, gestaute und unreine Haut. Es wirkt antiseptisch und aktivierend auf die Abwehrfunktion der Haut, entgiftend und entstauend durch gesteigerten Lymphfluss. Minzöl sollte jedoch in Kosmetika immer stark verdünnt verwendet werden.

Wir empfinden Minze als sehr kühlend, und doch wird sie in der Elementenlehre als heiß bezeichnet. Ihre erwärmende, sogar erhitzende Wirkung auf den Verdauungstrakt zeugt davon. Ihr kühlender Effekt auf die Haut ist lediglich »subjektiv« empfunden. Das Minzöl erregt nämlich selektiv nur die Kältenerven, was das Gefühl von nicht vorhandener Kälte bewirkt. Mit einer zu hohen Dosis Minzöl im Badewasser sitzt man zähneklappernd in der Wanne!

Menthol, Hauptbestandteil des Minzöls, wird häufig als isolierter Stoff in den unterschiedlichsten Präparaten verwendet. Isoliertes Menthol zeigt sich in Form kleiner durchscheinender Kristalle, ähnlich winzigen Bergkristallen. Es wird in der Aromatherapie nicht zur Anwendung empfohlen, da dem Öl als Gesamtauszug ein höherer therapeutischer Wert zugeschrieben wird. Der hohe Bedarf an Menthol und Pfefferminzöl zum Aromatisieren von Speisen, Getränken und Medikamenten wird durch riesige Pflanzungen in verschiedenen Ländern der Welt gedeckt.

Die wohl bekannteste Minze ist die Pfefferminze. Sie scheint eine spontane Kreuzung von Wasserminze und Grüner Minze zu sein und wurde in England 1696 zum ersten Mal

entdeckt. Ab Mitte des 18. Jahrhunderts wurde sie speziell in der Gegend um Mitchum in größerem Stil angebaut. Die Blüten der echten Pfefferminze sind steril. Sie pflanzt sich vegetativ, d.h. mit unterirdischen Ausläufern, fort. In Brasilien werden auf frisch gerodetem Urwaldboden riesige Pflanzungen »aus dem Boden gestampft«. Man verwendet dort eine geklonte Art der Mentha arvensis, die bis 75% Menthol enthält.
Meine »Lieblingsminze« ist die Nanaminze. Sie duftet weich, frisch und heiter zugleich. Sie hat mehr psychisch wirksame Inhaltsstoffe und eignet sich so als erfrischendes Öl auch bei Niedergeschlagenheit, Angstzuständen und Unruhe. In Marokko wird der Tee aus der Nanaminze täglich getrunken. Die in Japan, Marokko, Spanien und Tunesien angebaute Poleiminze, Mentha pulegium, hat so starke toxische Nebenwirkungen, dass ich deren Gebrauch nicht empfehlen kann.

Minze

Botanischer Name	Mentha piperita – Pfefferminze Mentha spicata – Krauseminze Mentha arvensis – Ackerminze Mentha aquatica – Wasserminze Mentha viridis nana – Nanaminze (arabische Minze) Nepeta cataria – Katzenminze
Familie	Lamiaceae, Familie der Lippenblütler. Die Minzen kreuzen sich gerne untereinander. So gibt es viele verschiedene Arten, die teilweise schwer voneinander zu unterscheiden sind.
Ursprungsland	Europa, Asien, Essenz aus USA, Brasilien, Japan, Spanien, Italien, England, Frankreich, Marokko, China, Paraguay, Indien, Australien
Beschreibung	Wasserminze: 50–80 cm hohe Pflanze, eiförmig bis lanzettförmige Blätter, kreuzweise, gegenständig, purpurfarbene Blüten, Blütenquirle am Ende des Stengels, kopfig gehäuft, darunter noch ein bis zwei Quirle in den Blattachseln. Vermehrung nur über Ausläufer und Setzlinge, liebt feuchte Standorte
Essenz	flüssig, klar bis blassgelb; Wasserdampfdestillation aus dem etwas angetrockneten Kraut; Duft: frisch, hell, minzig Aus 1000 kg Pflanzen erhält man 100–1000 g Essenz
Inhaltsstoffe	Menthol (50–80%), Mentholester (5–20%), Menthon, Menthofuran, Jasmon, Isomenthon, Pulegon, Piperiton, Cineol, Thymol, Cadinen, Caryophyllen, Phellandren, Terpinen, L-Limonen, Terpenkohlenwasserstoff, a-Pinen
Mischt sich gut mit	Eukalyptus, Lavendel, Rosmarin, Grapefruit, Lemongrass
Charakter	Yang

Wirkungen	Anwendungsbereiche
körperlich	
antiseptisch krampflösend choleretisch cholagog schleimlösend regt den Lymphfluss an	Schwindel, Herzklopfen, Schwäche, Schock, Migräne Kopfschmerzen, Verspannungen, Föhnbeschwerden; Verdauungsbeschwerden, Leberbeschwerden; Gallenstau, Gallensteine, Kolik; Übelkeit, Erbrechen; Schnupfen, Grippe, Erkältung; Lymphstau; Muskelkater, Prellungen, Muskelschmerzen, Rheuma, Hexenschuss, Gelenkschmerzen, Insektenstiche; Mundschleimhautentzündung Katzenminze: krampflösend, wundheilend, schmerzstillend, beruhigend Nanaminze: beruhigend, entspannend, Kopfschmerzen, Nervosität, Depressionen, Angst
geistig-seelisch	
erfrischend konzentrationsfördernd gedächtnisstärkend	geistige Erschöpfung fehlende Konzentration Mangel an klarem Denken
Haut	
entspannend antiseptisch abwehrsteigend insektenabwehrend	Akne; müde, unreine, gestaute Haut
Küche	Pfefferminzlikör, Crème de Menthe, Bonbons, englische Küche

Vorsicht! Nicht bei Kindern unter 6 Jahren innerlich oder in hoher Konzentration äußerlich. Nicht bei Heuschnupfen. Nicht während einer homöopathischen Behandlung verwenden und nicht bei Gallenblasenentzündung und schweren Leberschäden.

Muskateller-salbei

Meine Liebe zum Muskatellersalbei entdeckte ich in Südfrankreich inmitten eines riesigen, von der Sonne beschienenen Muskatellersalbei-Feldes. Um mich herum leuchtete es in vielen Farbtönen, vom zartesten Rosa über Magenta und Violett bis hin zu Blau. Unzählige Pflanzen hielten ihre Blüten der Sonne entgegen und verschenkten verschwenderisch ihren Duft. Da stand ich, wie vor einem Bild eines impressionistischen Meisters, der Farbfleck neben Farbfleck im Farbrausch hingetupft hatte. Ich konnte mich kaum sattsehen, während mir der warme, süße Duft der Pflanzen in die Nase stieg. Leicht und beschwingt fühlte ich mich, wie mit Flügeln an den Beinen.

Die Muskatellersalbei-Essenz hat euphorisierende Wirkung, ja bei manchen Menschen erzeugt sie geradezu rauschartige Zustände. Sie gehört zu den schillerndsten und interessantesten Essenzen aus dem Wunderkasten der Aromatherapie. Sie ist, wie der ihr zugeordnete Opal, kraftvoll, strahlend, schillernd und belebend; eine Quelle der Energie und Inspiration. Kleines Narrentum und leichte Gefährlichkeit stecken jedoch in beiden. Den Opal sollte man sehr bedacht tragen, er gilt als schwierig in den Händen labiler Menschen (im russischen Königshaus war er sogar verboten). Die Essenz sollte nie zu übertriebener Euphorisierung oder gar für Rauschzustände missbraucht werden.

Früher verwendete man die Pflanze, um die berauschende Wirkung von Wein und Bier zu verstärken. Die »braven« deutschen Winzer erlaubten sich sogar, mit Hilfe der Pflanze aus ihren mäßigen Weinen echten Muskatellerwein zu »zaubern«.

Wen die einleitenden Worte bisher nicht abgeschreckt haben, der kann sich im Folgenden über die große Heilkraft des Muskatellersalbeis informieren. Seine Wirkungen liegen vor allem im psychischen Bereich. Er wird deshalb von den Aromatherapeuten sehr geschätzt.

Die Essenz baut im physischen, psychischen und nervlichen Bereich auf. Sie kann tiefe Verspannungen lösen; zugleich hat sie anregende, belebende und vitalisierende Kraft. Sie ist ein Heilöl für nervöse, geschwächte Menschen und wird auch bei Angst, Depression oder Paranoia eingesetzt. Muskatellersalbei schafft lang anhaltende, innere Beruhigung und löst Melancholie dank seiner Wärme und Lebendigkeit auf. Man kann sie vergleichen mit einem buntgekleideten Narren, der zur Erheiterung seiner Mitmenschen tanzt. Er will uns von negativen Vorstellungen ablenken und die Energie dorthin führen, wo man neuen Raum für den eigenen Lebenstanz findet.

Die Essenz ist Nahrung für die Seele in »mageren« Zeiten, und sie hilft schwierige Situationen zu überbrücken, ohne jedoch (wie Cistrose und Immortelle) zu Tiefgängen zu bewegen. Während uns Jasmin bei Beziehungsproblemen aufgrund gefühlsmäßiger Unstimmigkeiten hilft, unterstützt Muskatellersalbei bei Beziehungsschwierigkeiten, die durch äußere Anlässe wie Druck oder Stress eingetreten sind. Die Essenz wirkt entspannend, daher scheint sich ihre sinnliche Wirkung auf beide Geschlechter zu erklären. Oder könnte es Neugierde auf Unerwartetes sein, das die Essenz in uns weckt? Wie auch immer – sie eignet sich für ein entspannendes Bad zu zweit, für eine wohltuende Massage und eine ganz besondere Atmosphäre. Jede Mischung mit Muskatellersalbei hat etwas Unerwartetes und Anregendes. Sie ist reizvoll mit Jasmin, Sandelholz, Geranie und Vetiver oder Tuberose.

Muskatellersalbei-Essenz gilt als besonders geeignet für schöpferisch arbeitende Menschen. Sie stimuliert für das Unbekannte und Ungewöhnliche, regt die Kreativität an und öffnet für Inspiration. Eine Duftlampe mit Muskatellersalbei gefüllt neben der Staffelei, dem Notizblock, auf dem Klavier ...

Die Essenz wirkt in der Weise verjüngend, dass man Dinge wagt, die man schon lange nicht mehr getan hat. Sie ist wunderbar für Menschen in der Midlife-Crisis; ein Parfum für alle, die wissen, dass es ab einem bestimmten Alter nicht bergab geht, sondern es nur noch Sprünge von Gipfel zu Gipfel gibt. Ein Duft für »graue Panther«? – Auffallend für Muskatellersalbei ist, dass die Vorliebe für ihn zeitweilig wechselt.

Das Öl aus dem Salbei »Salvia officinalis« ist schon in kleineren Dosen toxisch. Es hat einen starken Einfluss auf das Zentralnervensystem und darf nie bei Menschen mit Veranlagung zu Epilepsie angewendet werden. Das Öl aus dem Muskatellersalbei hat im medizinischen Bereich sehr ähnliche Wirkung wie das aus dem Salbei und wird deshalb oft zur Behandlung von körperlichen Leiden als Ersatz von Salbei verwendet.

Mit Muskatellersalbei heilte man schon lange, bevor noch die Essenz und deren psychische Wirkung bekannt waren. Seine entspannende und entkrampfende Wirkung im psychischen Bereich setzt sich im körperlichen fort. Die Essenz ist ein Heilmittel (als Bad oder Massageöl) bei Menstruation mit Krämpfen. Sie hilft ebenfalls bei ausbleibender oder schwacher Regel und bei prämenstruellem Syndrom. Häufig sind Verspannungen im Unterleibsbereich die Folge seelischer Probleme. Auch hier heilt die Essenz auf körperlicher und psychischer, also ganzheitlicher Ebene. Sie ist ein wunderbares Öl zur Wehenmassage, auch gut während der Schwangerschaft (sehr fein in Verbindung mit Jasmin), und hilft beim Abstillen (als Kompresse aufgelegt).

Im Klimakterium stoppt Muskatellersalbei-Essenz übermäßiges Schwitzen: innerlich eingenommen, als Duschgel oder in Wasser zum kühlen Abwaschen. Bei Migräne, deren Ursache in Unterleibsbeschwerden (ausbleibende Menstruation und Verspannungen) liegt, ist eine Kompresse sehr angenehm. Auch im Bereich der Verdauung wirkt die Essenz entkrampfend, bei Magen-, Darm-, Gallenkrämpfen hilft eine heiße Kompresse mit Muskatellersalbei (in Verbindung mit Koriander, Kamille oder Fenchel). Salbei und Muskatellersalbei sind beide heilsam bei Erkältung oder Bronchitis, in Form von Inhalationen, in der Duftlampe und im Duftzerstäuber. Bei Asthma wirkt der Muskatellersalbei krampflösend in den Bronchien. Er sollte nie mit eisenhaltigen Medikamenten zusammen eingenommen werden.

Muskatellersalbei

Botanischer Name	Salvia sclarea
Familie	Lamiaceae, Familie der Lippenblütler,
Ursprungsland	Mittelmeerraum, kultiviert in Russland, Frankreich, Italien, Jugoslawien, Spanien
Beschreibung	Bis 1,20 Meter hohe Pflanze, zwei- oder mehrjährig, ähnlich wie Wiesensalbei, steifer aufrechter Stengel, große eiförmige, behaarte, gestielte, gegenständige Blätter; Blütenknopsen von grünen Deckblättern umschlossen; Blüten rosa, violett, lila, blau; Blütezeit Mai bis September
Essenz	Wasserdampfdestillation aus der blühenden Pflanze; klar, farblos; Duft: hell, heuig, warm, süß, ambraartig (wie griechischer Retsina-Wein) Aus 100 kg Pflanzen erhält man weniger als 1 kg ätherisches Öl
Inhaltsstoffe	L-Linalylacetat, Linalol, L-Nerolidol, Neroliacetat, Sclareol (ein Diterpenalalkohol)
Mischt sich gut mit	Jasmin, Sandelholz, Geranie, Zypresse, Lavendel, Orange, Bergamotte, Kreuzkümmel
Charakter	Yang

Wirkungen	Anwendungsbereiche
körperlich	
entkrampfend verdauungsfördernd menstruationsfördernd und -regulierend magenwirksam Uterustonikum	Magen-, Darmkrämpfe, Verdauungsschwäche, Blähungen; Bronchitis, Asthma; übermäßiges Schwitzen, Dysmenorrhoe, Amenorrhoe, prämenstruelles Syndrom; Geburtsmassage; Kopfschmerzen, Muskelschmerzen, Migräne
geistig-seelisch	
entspannend	seelische Verspannungen,
belebend	Niedergeschlagenheit
überbrückend	Nervosität, Angst, Paranoia
inspirierend	Midlife-Crisis
vitalisierend	für Künstler
aphrodisierend	für ältere Menschen
	Frigidität, Impotenz
Haut	
antiseptisch desodorierend normale Haut	entzündete Haut, Akne, fette Haut, Geschwüre aufgeschwemmte Haut Deodorants, Bäder, Aftershaves
Haar	fettiges Haar, Haarausfall, Schuppen

Vorsicht! Nicht mit Alkohol zusammen anwenden! Nicht zusammen mit eisenhaltigen Medikamenten einnehmen!

Myrte

Ich bin eine Jungfrau ich habe ein Kind geboren ich selbst bin elternlos

INSCHRIFT AN DER STATUE DER ARTEMIS

Die Myrte, ein immergrüner Strauch, ist rund um das Mittelmeer zu finden. Sie gehört zu den bekanntesten Sträuchern der Macchia. Ihre glänzenden, saftiggrünen Blätter tragen viele Öldrüsen, die einen würzigen, aromatischen Duft verströmen. Im späten Frühjahr schmückt sich die Myrte mit strahlendweißen Blüten, die wie Sterne zwischen dem grünen Blattwerk blinken. In der Mitte ihrer fünf Kronblätter bündeln sich zahlreiche lange Staubgefäße, die nach oben auseinander sprengen und so aussehen, als wollten sie die Schönheit der weißen Blüte und deren Duft in alle Richtungen versprühen. Die Myrte bevorzugt schattige Stellen, und wenn die Sonne im Wald einen Myrtenbusch erhellt, so erstrahlen die Blüten und Blätter in einer fast übernatürlichen Schönheit und Reinheit.

Die reine Ausstrahlung der Myrte, gepaart mit sanfter Heiterkeit, hat die Menschen wohl schon immer tief berührt, und in allen Sagenkreisen rund ums Mittelmeer stößt man auf sie, bis sich die Geschichten ins Dunkel der Vorzeit verlieren. Die Myrte galt in all diesen Erzählungen als heilige Pflanze einer Göttin und wurde als Mysterienpflanze verehrt. So war sie zum Beispiel Aphrodite, der Göttin der Schönheit und Liebe, geweiht. Diese verbarg sich, nachdem sie aus dem Schaum des Meeres geboren wurde, in einem Myrtengebüsch. Hier symbolisiert die Myrte keusche Schönheit. Noch heute schmückt man damit die Braut als Symbol der Reinheit.
Die griechische Sage lässt uns noch tiefer das Mysterium des Unberührten erfassen: Myrtea, die schöne Göttin der Myrten, ist zugleich eine Göttin des Todes. Man findet sie mit dem schönen Jüngling Adonis in einem Myrtengebüsch sitzend abgebildet. Er scheint sich auf ein Schäferstündchen zu freuen. Myrtea jedoch spricht vom Leben nach dem Tode und von der Unberührtheit und Schönheit der Seele. Ob Adonis dafür Verständnis hatte?
Aus solchen alten Geschichten kann man die seelische Wirkung des Myrtenöles verstehen lernen. Es lässt die unzerstörbare Reinheit unserer Seele erahnen und öffnet für Schönheit und Liebe; es öffnet gleichsam für kosmische Schönheit und universelle Liebe. Man beginnt, die wunderbare Gelassenheit und Heiterkeit zu fühlen, die oft in den gemalten Gesichtern von Engeln eingefangen sind. Myrtenessenz ist gut für Menschen, die so unangenehm berührt wurden, so schlimme Erfahrungen im Leben gemacht haben, dass sie ihre Augen für die eigene Schönheit nicht mehr so schnell öffnen können. Myrtenöl hilft auch jenen, die sich durch Sucht selbst zerstören.
Manchmal begegnen mir Menschen, die aussehen, als hätten sie einen schmutzig-graubraunen Schleier um sich, durch Rauchen, Drogen oder durch Gefühle wie Habgier, Neid, Angst. In solchen Fällen kann Myrtenöl dazu beitragen, die Aura, das feinstoffliche Umfeld des Menschen, zu reinigen und tiefe innere Disharmonie zu lösen.
Die Myrte steht im schattigen Wald, und wenn die Sonne sie erhellt, sieht sie aus, als ob sie lächle. So ist die Essenz der Myrte auch eine Hilfe, dunkle Lebenssituationen auszuhalten, sich zu reinigen für das »kommende Lächeln«. Sie wird in Übergangssituationen des Lebens, auch wie Rosenessenz bei der Begleitung von Sterbenden, benutzt. Sie trägt eine tiefe, innere Weisheit in sich.
Im Herbst entstehen aus den weißen Blüten schwarzblaue, gestielte Früchte, ähnlich den Wacholderbeeren. Sie werden in Italien und Griechenland zu einem Sirup gekocht und den Kindern bei Husten und Erkältung verabreicht. Die Myrte hat schleimlösende und starke antiseptische Wirkung. Das Öl ist ein Heilmittel bei Husten, Bronchitis, Stirnhöhlenentzündung. Es wird langzeitlich unterstützend eingesetzt bei langwierigen chronischen Erkrankungen im Brustraum, Lungentuberkulose, Lungenerkrankungen mit Schmerzen in den Lungenspitzen. Es wird verwendet zur Inhalation, in der Duftlampe, im Luftzerstäuber und, mit Basisöl vermischt, für Einreibungen auf Brust und Rücken und zur innerlichen Einnahme (2 bis 3 Tropfen mit Honig vermengt oder in Propolistinktur verschüttelt, 2- bis 3-mal täglich).
Myrtenöl wird außerdem als antiseptisches Mittel bei Leiden im Urogenitaltrakt verwendet. Bei Blasenentzündung oder Harnleiterentzündung werden Sitzbäder und zugleich innerliche Einnahme empfohlen.
Als adstringierendes Öl findet es zur äußeren Behandlung von Hämorrhoiden Verwendung, und zwar in Hamamelissalbe mit Zypressenöl verarbeitet.

Die Myrte ist ein seit langer Zeit verwendetes Schönheitsmittel. Man bereitete durch Destillation ein Myrten-Schönheitswasser. Dieses Eau d'Anges (Engelwasser) war schon bei den Damen früherer Jahrhunderte als Toilettenwasser geschätzt. Es reinigt und tonisiert die Haut, ist speziell geeignet bei fetter und entzündeter Haut und bei Akne. Noch heute wird es in südlichen Ländern hergestellt. Myrtenöl wirkt antiseptisch und desodorierend und eignet sich zur Haut- und Körperpflege als natürliches Deodorant.
Auch die Parfümerie kennt das Myrtenöl. Sie verwendet es als würzigkrautige Note in Naturdüften.

Myrte

Botanischer Name	Myrtus communis
Familie	Myrtaceae, Myrtengewächse. Diese Familie umfasst ca. 100 Gattungen mit ca. 3000 Arten
Ursprungsland	Ganzer Mittelmeerraum
Beschreibung	3–5 m hoher, immergrüner, dichter Strauch mit gegenständigen, lanzettlichen, ledrigen, ganzen Blättern. Weiße Blüten mit 5 Kronenblättern, fünffach gelapptem Kelch und zahlreichen Staubblättern. Blütezeit Mai bis Juli. Kleine blauschwarze Beeren mit vielen Samen (September/Oktober). Bevorzugt Waldränder, schattige Stellen. Blüten und Blätter duften aromatisch.
Essenz	Wasserdampfdestillation aus den blühenden Zweigspitzen; klare bis hellgelbe Farbe, frischer kräuteriger Duft, erinnert an Salbei und Eukalyptus. Destilliert hauptsächlich in Italien, Korsika, Spanien, Tunesien, Marokko
Inhaltsstoffe	Cineol, Myrtenol, Pinen, Geraniol, Linalol, Camphen, Tanin
Mischt sich gut mit	Zirbelkiefer, Zitrone, Neroli, Zypresse, Lavendel, Rose
Charakter	Merkuressenz, Yang mit hohem Yinanteil

Wirkungen	Anwendungsbereiche
körperlich	
schleimlösend antiseptisch bakterizid	Katarrh, Bronchitis, Husten, alle Erkrankungen des Respirationstraktes (auch chronische), Lungentuberkulose, Raucherhusten, Stirnhöhlenentzündung, Harnweginfektionen, Durchfall, Ruhr
zusammenziehend	Hämorrhoiden
geistig-seelisch	
klärend reinigend verhilft zu Einsicht unterstützt Meditation reinigt die Aura	Verzweiflung, Angst vor Krankheit, Tod, Selbstzerstörung, fehlende Gelassenheit, starke materialistische Einstellung, Meditation
Haut	
tonisierend antiseptisch desodorierend adstringierend	fettige, entzündete, großporige Haut, Akne; Gesichtswasser zur Reinigung für alle Hauttypen
Küche	»Myrtéi«, Myrtenschnaps und Myrtengelee, beides korsische Spezialitäten, Fleischsoßen, besonders gut zu Wild

Neroli

Orangenblütenernte in Sizilien: Der süße Duft dieser weißen Blüten schmiegt sich fast zärtlich um die zierlichen Orangenbäume, die zur gleichen Zeit ihre leuchtenden, orangen Früchte anbieten. Hier, in diesem Orangenhain voller Zauber, glaubte ich sie manchmal sitzen zu sehen, verträumt an einen Baum gelehnt: Anna Maria, Prinzessin von Nerola. Sie führte im 17. Jahrhundert das Orangenblütenöl in Italiens Gesellschaft ein. Anna Maria liebte seinen Duft so sehr, dass sie sogar ihre Handschuhe, ihr Briefpapier, ihre Spitzen, Schleifen und vieles mehr, natürlich auch ihr Bad, damit parfümierte. Die adligen Damen und Herren ihrer Umgebung ließen sich

ebenso begeistern, und schon bald war es Mode, sich mit Orangenblütenduft zu umgeben. Zum Dank für diese »duftende Verführung« nannte man ihr zu Ehren das Orangenblütenöl Neroli.

Schon immer gehörte das Neroliöl zu den teuersten Essenzen. Für einen Liter werden eine Tonne (!) frisch gesammelter Blüten verarbeitet. Sie können nur von Hand gepflückt werden. Das beste Neroliöl stammt aus den Blüten der Bitterorange, Citrus aurantium ssp. aurantium. Die Essenz »Neroli bigarade« ist von viel besserer Qualität als jene aus den Blüten der süßen Orange, Citrus sinensis, deren ätherisches Öl »Neroli Portugal« heißt.

Neroliöl gehört zu den stark psychisch wirksamen Essenzen. Es ist ein sehr gutes Antidepressivum und wird ähnlich wie »Rescue Remedy« in der Bachblütentherapie verwendet.

Neroli ist ein wunderbares Mittel bei Angst, Schockzuständen oder Depression und gehört zu den natürlichen Tranquilizern.

Der süße Duft dringt tief in die Seele, stabilisiert und baut auf. Er entkrampft bei lang anhaltender psychischer Verspannung, gibt Kraft in scheinbar ausweglosen Situationen und hilft bei starker seelischer Erschöpfung. Bei Menschen, die nach lang anhaltender Krise »dünnhäutig« geworden sind, kann Neroli die Aura stärken und eine schützende Hülle bilden. Personen, die sich vorschnell aufregen, können sich mit Hilfe der Essenz umstimmen und mit mehr Gelassenheit und Freude auf die Ereignisse des Lebens reagieren. Dem Neroliöl ist der Diamant zugeordnet. Stein und Essenz durchlichten das furchtsame Innere. Sie schenken Stärke und Mut, ohne uns dabei die Schönheit des Daseins aus den Augen verlieren zu lassen. Zur Behandlung psychosomatischer Erkrankungen eignet sich Neroli in der Duftlampe, in Bädern, Kompressen und Massageölen.

5 bis 6 Tropfen der Essenz über Nacht in einer brennenden Duftlampe sind ausreichend für eine wohltuende seelische Entspannung und als Mittel bei Schlaflosigkeit. Massagen und Bäder haben eine gute Wirkung bei prämenstruellem Syndrom. Beginnen Sie eine Woche vor der zu erwartenden Regel mit abendlichen Nerolibädern: 7 Tropfen Essenz in 3 Esslöffeln Honig pro Bad.

Neroliöl wirkt auch auf das Herz. Es reguliert den Herzrhythmus und hilft bei krampfartigen und nervösen Herzbeschwerden.

Neroliöl passt zu jedem Hauttyp. Da es nicht reizt, kann es zur Pflege und Behandlung empfindlicher und entzündeter Haut und bei geplatzten Äderchen verwendet werden. Es unterstützt das Abstoßen alter Hautzellen, stimuliert das Wachstum neuer Hautzellen und somit die Regeneration der Haut. Dank seiner keimtötenden Wirkung wird es vielfach als Desodorant geschätzt (in Alkohol und Wasser verschüttelt als Essenzwasser oder einige Tropfen im Waschwasser).

Neroli, ein aphrodisierendes Öl, lehrt, seinen Körper zu mögen und ihn zu pflegen. Verwöhnen Sie sich und Ihre Lieben! Ein Bad oder eine heiße Gesichtskompresse lassen uns die Sorgen des Tages eher vergessen.

Neroliblüten für die Destillation

Neroli

Botanischer Name	Citrus aurantium ssp. aurantium – Bitterorange oder Pomeranze Citrus aurantium bigaradia
Familie	Rutaceae, Rautengewächse
Ursprungsland	China, kultiviert vor allem in Sizilien, Südfrankreich, Marokko, Tunesien, Ägypten
Beschreibung	Bitterorangenbaum: 6–9 Meter hoher Baum, Spreizwuchs, Blätter oval, gespitzt, immergrün mit geflügeltem Stil, Blüten klein, weiß
Essenz	Wasserdampfdestillation, manchmal mit Lösungsmittel, aus den frischen Blüten; hellgelbliche Farbe, süßer und gleichzeitig würziger Duft mit starker Ausstrahlung 1000 kg Blüten ergeben 1 kg Essenz!
Inhaltsstoffe	ß-Ocimen, L-a-Pinen, L-Camphen, Dipenten, L-Linalol, L-Linalylacetat, Phenylalkohol, a-Terpineol, Nerol, Nerylacetat, Geraniol, Nerolidol, Farnesol, Essigsäure, Indol, Benzoesäure, Anthranilsäure, Methylester, Paraffine
Mischt sich gut mit	Rose, Lavendel, Sandelholz, Jasmin, Zedernholz, Geranie, Zitrone
Charakter	Yin mit viel Yang

Wirkungen	Anwendungsbereiche
körperlich	
entkrampfend blähungswidrig antiseptisch herzberuhigend herzstärkend verdauungsfördernd	Kopfschmerzen, Blähungen, Tachykardie, krampfartige Herzbeschwerden, nervöse Herzbeschwerden, prämenstruelles Syndrom
geistig-seelisch	
beruhigend entspannend aufbauend antidepressiv stabilisierend	Angst, Depression, Schock, Schlaflosigkeit, Anspannung Prüfungsangst, unbewusste Angst, Verzweiflung
Haut	
regenerierend desodorierend straffend	für alle Hauttypen, besonders empfindliche und entzündete Haut, Altershaut, geplatzte Äderchen, Falten, Narben

Vorsicht! Bei empfindlicher Haut kann Neroliöl bei zusätzlicher Sonnenbestrahlung zu Dermatitis führen.

Orange

Wer könnte traurig sein
beim Anblick der lachenden Orangen,
niedergeschlagen beim Duft ihrer zärtlichen Süße.

GIOVANNI DELACASA

Die Essenz aus der Schale der Orange ist warm, süß, sinnlich, strahlend und lebendig. Sie hilft in Situationen, in denen man vergessen hat, über Dinge zu lachen statt alles ernst zu nehmen. Dadurch ist man häufig verkrampft, nervös und wirkt kühl. Die Orangenessenz vermittelt Wärme, Heiterkeit und frische Unbeschwertheit. Sie nimmt die Angst vor dem Unbekannten und macht neugierig auf Neues. Sie ist ein Nerventonikum, das beruhigt, entspannt, aufbaut.

Zitrone und Orange gleichen einem Paar. Beide geben Energie. Die Zitrone verkörpert das männliche Prinzip als eine auf den Geist erfrischend und konzentrierend wirkende Kraft. Die Orange stärkt Gemüt und Herz, so dass man die ganze Welt wieder umarmen will. Sie hilft, kraft ihres weiblichen Prinzips, die Dinge mit offenem Herzen zu sehen.

Orangenöl ist ein wunderbares »Parfum d'Ambiance«, ein Parfum für die Wohnräume. Es wirkt positiv und erheiternd auf die Stimmung, ist harmonisierend und kreativierend und als »unverfängliche« Essenz den Anfängern in der Aromathe-

rapie zu empfehlen. Orangenessenz mischt sich gut mit vielen anderen Essenzen; es macht eine Duftmischung weich und warm. Besonders gut passt sie zu warmen Gewürzen wie Koriander, Zimt, Wacholder oder zu blumigen Düften wie Ylang-Ylang und Neroli.

Kinder lieben Orangenduft. Im Kinderzimmer, zum Einschlafen, im Kindergarten und zum Geburtstagsfest erfreut er die Kleinen. Er passt alleine oder als Mischung mit Honigessenz, Zimt oder Koriander.

Das Öl der Orange ist in kleinen Ölbehältern in der äußeren Schale eingeschlossen. Diese sind deutlich mit dem bloßen Auge erkennbar. Wenn man eine Orangenschale gegen eine Kerzenflamme ausdrückt, so verbrennt das herausspritzende ätherische Öl in kleinen, hellen Flämmchen. Orangenöl ist leicht entflammbar, sein Brennpunkt liegt bereits bei 23°.

Als natürlicher Verdünner ist es gut geeignet zur Verarbeitung in biologischen Holzschutzmitteln. Es wird mit Leinöl vermischt, damit dieses tief und gut in die Holzoberfläche eindringen kann. Außerdem schützt Orangenöl vor Insektenfraß. Die insektenabweisende Wirkung wird unterstützt durch Zugabe von Zirbelkieferöl und wenig Zypressenöl. Für edle Holzmöbel und Holzinstrumente sind diese drei ätherischen Öle in Jojobaöl eine gute Politur und ein hervorragendes Pflegemittel.

Der Orangenbaum liefert drei verschiedene ätherische Öle: das Öl aus den Schalen, jenes aus den Blüten (Neroli Portugal) und eines aus Zweigspitzen und Blättern (Petit Grain).

Der Bitterorangenbaum (Citrus aurantium) ist nach Südeuropa noch vor dem Süßorangenbaum aus dem fernen Osten eingeführt worden. Aus seinen Schalen wird das Pomeranzenöl oder Bitterorangenöl gepresst. Aus seinen Blüten destilliert man das Neroliöl Bigarade.

Das Öl aus den Schalen der süßen Orange wird in großen Mengen von der pharmazeutischen und der Lebensmittelindustrie verarbeitet. Der große Bedarf wird gedeckt durch plantagenmäßigen Anbau in Brasilien, Israel und Marokko. Der Preis für diese Orangenöle ist verblüffend niedrig.

Das Orangenöl mit dem feinsten Aroma, das in der Aromatherapie bevorzugt verwendet wird, kommt aus Sizilien. Dorthin brachten die Araber bereits im 12. Jahrhundert Zitrusbäume. Das von ihnen mit großer Kunst angelegte Bewässerungssystem wird zum Teil auch heute noch verwendet. Das warme Klima und die Bodenbeschaffenheit der vulkanischen Insel sind optimale Bedingungen für ein ätherisches Öl mit erstklassigem Aroma.

Das Öl aus den Orangenschalen wird durch Kaltpressung gewonnen. Man erhält ein wässriges Gemisch, von dem das reine ätherische Öl mittels Zentrifuge getrennt wird. Das orangefarbene Öl enthält viel Vitamin C und Carotin (Provitamin A).

Gerade bei Zitrusfrüchten ist es wichtig, dass die Pflanzen nicht gespritzt werden, denn Pestizide und andere Rückstände gelangen bei der Kaltpressung vollständig ins Öl. Deshalb ist ein Öl von Früchten aus biologischem Anbau optimal.

Zwischen Orangenöl und unserer Haut besteht ein enger Bezug. Cellulitis nennt man die Orangenhaut. Für diese unangenehme Erscheinung wird das Öl in Bädern, Duschgels und Massagen verwendet (hierfür in Mischung mit Zypressenöl). Die Essenz pflegt und beruhigt trockene, gereizte und unreine Haut. Sie regt die Regenerationsfähigkeit der Haut an und pflegt die Altershaut sowie auch spröde und verhornte Hautstellen. Sie macht die Epidermis, die äußere Hautschicht, weich und fördert die Durchblutung. Orangenöl ist deshalb ideal für Hautpartien, die schlecht durchblutet und dadurch kalt sind. Es regt zudem den Fluss der Lymphe an und entstaut das Gewebe. Das Öl wirkt, innerlich eingenommen, anregend auf das Verdauungssystem. Als Cholagogum regt es die Galle an. Außerdem spendet es Vitamin C und senkt Fieber. Orangenöl ist diuretisch, das heißt, es regt Blase und Nieren an. Bei Zahnfleischentzündungen nimmt man es im Mundwasser oder pur als Pinselung. Als Herztonikum hilft es bei Herzklopfen und Herzspannen (es setzt die Amplitude

des Herzens herab). Innerlich verwendet, nimmt man 2- bis 3-mal täglich 2 bis 3 Tropfen in einem Teelöffel Honig ein.
Orangenöl ist eine Bereicherung für die feine Küche. Es aromatisiert auf natürliche Weise Kuchen, Gebäck, Quarkspeisen, Eis und Pudding. Im Winter verfeinert es den Glühwein oder ergibt mit Honig und Weinbrand einen hauseigenen »Grand Marnier«.
Orangenöl sollte (wie alle Zitrusöle) nicht an warmen Plätzen aufbewahrt werden. Größere Mengen gehören in den Kühlschrank.

Orange

Botanischer Name	Citrus sinensis
Familie	Rutaceae, Familie der Rautengewächse
Ursprungsland	China, heute kultiviert vor allem in Brasilien, USA, Südamerika, Israel, Marokko, Griechenland, Südfrankreich, Sizilien, Spanien
Beschreibung	Kleiner Baum, pyramidal; Blätter eiförmig, immergrün, glatt, glänzend; Blüten: weiß, einzeln oder in Rispen
Essenz	Kaltpressung aus den Schalen; sehr flüssig, hellgelb bis gelblich-braun; Duft frisch, hell, fruchtig Aus 1000 Orangen erhält man 500–600 g Essenz.
Inhaltsstoffe	D-Limonen (bis 96%), n-Dezydaldehyd, Anthranilsäure, Methylester, Kaprylsäure (verestert), Linalol, Terpineol, ß-Carotin, n-Nonylalkohol, Geraniol, Citral, Calcium, Citronellal, Magnesium, Anrupten, Vitamin C
Mischt sich gut mit	Koriander, Zimt, Ylang-Ylang, Sandelholz, Neroli, Wacholder, Zypresse
Charakter	Yin

Wirkungen	Anwendungsbereiche
körperlich	
verdauungsanregend Galle anregend herzstärkend Niere, Blase anregend fiebersenkend desinfizierend entwässernd blähungswidrig Magen stärkend	Verdauungsschwäche, Gallestau, Herzspannen, Herzklopfen Blasen- und Nierenerkrankungen, Fieber, Zahnfleischentzündung, Korpulenz, Wasseransammlung
geistig-seelisch	
erheiternd	Traurigkeit
anregend	Bedürfnis nach Wärme
harmonisierend	Verbissenheit
sinnlich	Ängstlichkeit
erwärmend	Nervosität
Haut	
entstauend beruhigend aufbauend antiseptisch	Cellulitis, gereizte Haut, Altershaut, spröde, verhornte Haut, schlecht durchblutete Haut
Küche	Für Süßspeisen jeder Art, Kuchen, Gebäck, Eis, Pudding; Getränke: Limonaden, Likör (Grand Marnier), in Glühwein

Vorsicht! Kann auf empfindlicher Haut bei Sonneneinstrahlung Irritationen verursachen, da Orangenöl phototoxisch wirkt.

Rose

Ich fragte: Wie lange währt das Leben der Rose?
Die Knospe vernahm es und lächelte nur.

MIR

Die Rose ist die »Königin der Blumen«, ihr eingefangener Duft, das Rosenöl, der kostbarste aller »himmlischen Düfte«. Er ist ein Labsal für die Seele, eine duftende Poesie, die das Herz erfreut, eine blumige Musik, die die innersten und zartesten Saiten zum Schwingen bringt.
Keine andere Blume hat so viele hingebungsvolle Liebhaber, über keine andere ist so viel geschrieben worden, und keine der Schönen in unseren Gärten berührt das Herz so tief wie die Rose. Sie rührt an eine innere Sehnsucht, die sie gleichzeitig stillt. Den Namen »Königin der Blumen« soll ihr die griechische Dichterin Sappho (600 v. Chr.) verliehen haben. Folgende Zeilen zum Lob der Rose stammen aus der Feder des alexandrinischen Achilles Tatios (139 v. Chr.): »Wenn Zeus den Blumen eine Königin hätte geben wollen, so würde er gewiss nur die Rose dieser Ehre für würdig geachtet haben. Sie ist eine Zierde der Erde, der Stolz des Pflanzenreichs, die Krone der Blumen, der Purpur der Wiesen, der Abglanz des Schönen. Sie ist der Liebe voll, im Dienste der Aphrodite, sie prangt mit duftenden Blättern, wiegt sich auf beweglichem Laub, freut sich des lächelnden Zephirs.«
Diese liebevolle Wertschätzung der Rose haben Dichter und Sänger aller Zeiten in unzähligen Liedern, Gedichten und Versen festgehalten.
Immer schon war die Rose ein Symbol der Vollkommenheit. Sind nicht alle ihre Teile wohlgestaltet! Die Wurzel ist kräftig, die Blätter sind harmonisch proportioniert, die Blüten unvergleichlich schön, gefüllt mit köstlichem Duft. Selbst das »kleine Teufelchen«, das allem seine Würze gibt, die Dornen, fehlen nicht. Die Alchemisten drückten dies folgendermaßen aus: Sulphur, die Blüte, Merkur, Stengel und Blätter, Sal, die Wurzel sind bei dieser Pflanze in besonders guter Harmonie; die Pflanze hat also eine sehr tief greifende, harmonisierende Wirkung.
Die Rose als Blume der Venus ist dem Herzen zugeordnet und wirkt von dort aus harmonisierend auf den ganzen Körper und auf seine feinstofflichen Hüllen. Die Rosenessenz hat eine tiefe seelische Wirkung. Sie gleicht alles aus, was aus dem Lot geraten ist; speziell, wenn dies mit dem Energiezentrum des Herzens in Verbindung steht. So spendet sie Trost bei Kummer und Leid, löst seelische Schmerzen, labt ein trauriges Herz und öffnet für Liebe, Freundlichkeit und Mitgefühl.
All jene, die den Verlust eines geliebten Menschen emotional nicht bewältigt haben, tragen Kummer und Traurigkeit über Jahre hinweg im Herzen. Dieses leidende Herz, das keine Freude mehr empfindet, ist dann blockiert, die Energien im Körper selbst zu harmonisieren; oft ein Grund für verschiedenste Krankheiten. Hier kann Rosenöl helfen, Blockaden ganz vorsichtig zu lösen, Enttäuschungen, Depressionen und seelische Tiefs behutsam abzubauen. Es bringt immer sanften Ausgleich und wird, je nach Erfordernis, sedieren oder tonisieren. Dabei wirkt die Essenz auf allen Ebenen, von der körperlichen bis zur feinstofflichen. Ja, sie vermag sogar zu öffnen für die Hingabe an das Göttliche.
Die Rose hat einerseits den Duft von Reinheit und Unberührtheit, andererseits gilt sie als Aphrodisiakum, als Mittel, das die Sinnlichkeit stimuliert. Geschichtsschreiber berichten, die Römer hätten in ihrer dekadentesten Zeit Riesenmengen von Rosen verbraucht, um Festsäle, Straßen und Schlafgemächer damit meterhoch zu bedecken.
Rosenessenz entspricht in seiner Schwingung dem Rosenquarz, einem durchscheinenden, zartrosa Kristall. Auch er wirkt besonders auf das Energiezentrum des Herzens, unterstützt Gefühle wie Sanftmut und Liebe und gilt als Heilstein besonders bei nervösen Herzbeschwerden.
Als »Duft der Venus« bewährt sich Rosenöl bei emotionalen Schwankungen während der Schwangerschaft und als hilfreicher Begleiter während der Geburt. Gibt es eine schönere Begrüßung für ein neues Lebewesen auf der Erde? Auch Depressionen im Wochenbett kann die Essenz mildern.
In der Sterbebegleitung wird Rosenessenz bevorzugt eingesetzt, um Ängste zu nehmen und für die Weisheit dieses letzten Ganges zu öffnen. Es hilft zu verstehen, dass alles seine Richtigkeit hat und dem Höheren dient.
Rosenöl hat schon in feinster Verdünnung eine sehr starke seelische Wirkung, und schon 1 bis 2 Tropfen davon in der Duftlampe genügen, um die Atmosphäre in einem Raum völlig zu verwandeln.
Kein Wunder, denn für einen Tropfen Rosenöl schenken viele Blüten ihren Duft. Für 1 kg Rosenöl werden 5000 kg frische Rosenblätter verarbeitet. Ein guter Pflücker schafft etwa 50 kg Blütenblätter am Tag. Wie bei Jasmin und Tuberose müssen die Blüten vor Tau und Tag gepflückt werden, denn später am Tag ist der Gehalt an ätherischem Öl stark gesunken. Die Essenz wird hauptsächlich durch Wasserdampfdestillation gewonnen.
Es wird berichtet, dass die Gewinnung des Rosenöls in Indien entdeckt wurde. Zur Hochzeit von Shah Jehan, der für seine Frau das Taj Mahal und die Shalimar-Gärten erbauen liess, wurde der Graben um das Schloß mit Rosenwasser und Rosenblüten gefüllt. Die geladenen Gäste überquerten mit Booten das duftende Wasser. Als die Sonne dieses zur Mittagsstunde erhitzte, kam es zu einer natürlichen Destillation. Das Öl löste sich vom Wasser und schwamm auf dessen Oberfläche. Seither, so heißt es, kennt man in Indien die Herstellung von Rosenöl.
Von den vielen verschiedenen Rosenarten werden zur Destillation nur wenige in großem Stil kultiviert. Rosa damascena, die Damaszenerrose, wird hauptsächlich in Bulgarien, dem größten geschlossenen Rosenanbaugebiet der Welt, kultiviert. Diese robuste Rose ähnelt im Aussehen der Heckenrose. In Tunesien und Marokko hat man auch mit dem Anbau dieser Art begonnen und kann den hohen bulgarischen Preis unterbieten. Das bulgarische Rosenöl

hat jedoch ein volleres Aroma. Rosa centifolia, eine Rosenart persischen Ursprungs, früher hauptsächlich um Isfahan angebaut, wird vor allem in Algerien und Ägypten kultiviert. Rosa gallica, ursprünglich im Kaukasus heimisch, liefert heute das meiste türkische Rosenöl. Das Öl der Damaszenerrose und der Centifolia wird in der Aromatherapie bevorzugt. Das türkische Öl ist so manchem zu schwer und zu leidenschaftlich.

Ärzte der Antike und des Mittelalters loben die Heilkraft der Rosenessenz. Bis vor kurzer Zeit ist sie aus dem Arzneimittelschatz fast ganz verschwunden. Erst durch die Aromatherapie wird allmählich wieder ihre Kostbarkeit als Heilmittel bewusst.

Rosenöl wirkt entzündungshemmend, tonisierend und krampflösend. In Verbindung mit Melissenöl ist es ein entkrampfendes Mittel bei Kopfschmerzen (Rosen- und Melissenöl zu gleichen Teilen in Jojobaöl vermischt). Beide Öle können Gürtelrose heilen. Bei nervösen Herzbeschwerden reibt man 1 Tropfen von unverdünntem Rosenöl über der Herzgegend einmal täglich ein.

Als spezielles Heilmittel für Frauen reguliert es den Hormonhaushalt, reinigt und stärkt den Uterus, gleicht unregelmäßige Menstruation aus und entkrampft bei Regelschmerzen.

Rosenernte

Das Rosenwasser, das bei der Destillation auch anfällt, ist – in Kompressen verwendet – ein kühlendes und entzündungshemmendes Mittel bei Bindehautentzündungen, Sonnenbrand, entzündeten Wunden und Fieber. Auch zur Spülung bei Scheidenkatarrh hat es sich bewährt.

Das sehr milde Rosenöl hat die geringste Toxizität aller Öle. Deshalb eignet es sich wunderbar als Pflege- und Massageöl für Babys und Kleinkinder. Auf 100 ml Mandelöl gibt man 1 bis 2 Tropfen Rosenöl und 1 bis 2 Tropfen Öl der Römischen Kamille. Damit hat man einen wertvollen Ersatz für die im Handel üblichen Babyöle. Sie enthalten als Basis Mineralöl, das die Haut auf die Dauer austrocknet und verstopft und sie sind häufig mit synthetischen Duftstoffen parfümiert.

Rosenhonig (2 Teelöffel flüssiger Honig mit 1 Tropfen Rosenöl vermischt) wirkt beruhigend, zusammenziehend und entzündungshemmend. Er wird für Kinder bei Zahnungsbeschwerden und Zahnfleischentzündungen zu Einreibungen verwendet. Ein sehr feines pflegendes Körperöl für Schwangere gibt Rosenessenz zusammen mit Rosenholzöl in der Basis von Haselnussöl.

Rosen-Massageöl eignet sich für Massagen, zur harmonisierenden Behandlung bei oben genannten psychischen Störungen. Rosenessenz ist ein kostbares Schönheitsmittel. Es tonisiert, reinigt, klärt, heilt und eignet sich für alle Hauttypen, ganz besonders gut für entzündete, trockene und empfindliche Haut. Rosenwasser ist ein sehr feines Gesichtswasser. Es reinigt die Haut, ohne den Säureschutzmantel zu zerstören.

Rosenöl, unverdünnt auf die Haut gebracht, behält seinen reinen, unverfälschten Duft nur bei Menschen, die in ihrem Körper nicht allzu viele Giftstoffe angesammelt und ein einigermaßen harmonisches Innenleben haben. Bei Rauchern, bei übertriebenem Fleischgenuss (vorwiegend Schweinefleisch), bei psychisch Labilen nimmt das Öl einen sauren, stechenden Beigeruch an. Auch bei menstruierenden Frauen verändert sich der Duft. Mit etwas Übung können Aromatherapeuten diesen Test zur schnellen Anamnese verwenden.

Wie alle teuren Essenzen wird auch das Rosenöl sehr oft und besonders gekonnt verfälscht. Ein Laie kann synthetisches Rosenöl von einem echten kaum unterscheiden. Außerdem wird ein so genanntes »natürliches Rosenöl« angeboten, das aus Inhaltsstoffen anderer, billigerer Pflanzen zusammengesetzt wird. Deshalb sollte man beim Einkauf von Rosenöl sehr aufmerksam sein und betonen, dass man nur echtes Öl aus der Rose selbst wünscht.

Rose

Botanischer Name	Rosa damascena (Damaszenerrose) Rosa centifolia (Mairose) Rosa gallica
Familie	Rosaceae, Familie der Rosengewächse
Ursprungsland	Orient, wahrscheinlich Persien Anpflanzungen in Bulgarien, Tunesien, Marokko, Südfrankreich, Türkei, Italien, Indien, China, Russland
Beschreibung	Die Rosenarten zur Gewinnung von ätherischem Öl haben einen buschigen Wuchs und verhältnismäßig kleine, meist rosafarbene Blüten
Essenz	Wasserdampfdestillation aus den frischen Blüten. Je nach Rosenart schwach gelblich, grünlich oder orange-grün. Für 1 kg Essenz werden 5000 kg Blüten gebraucht Duft Rosenduft, blumig
Inhaltsstoffe	Citronellal (34–55%), Rhodinol, Phenyläthylalkohol (besonders in der wässrigen Phase des Rosenwassers, konservierend), Stearopten, Nerol, Linalol, Geraniol, Eugenol, Farnesol; verschiedene Säuren, Aldehyde
Mischt sich gut mit	Neroli, Lavendel extra, Sandelholz, Jasmin
Charakter	Yin

In Rosen schlafen ...

Wirkungen	Anwendungsbereiche
körperlich	
antiseptisch tonisierend kühlend krampflösend menstruationsfördernd wundheilend abführend Leber stärkend	nervöse Herzbeschwerden; unregelmäßige Menstruation Scheidenkatarrh; Bindehautentzündung (Rosenwasser), Fieber, Kopfschmerzen, Gallenentzündung, Leberstau
geistig-seelisch	
harmonisierend stärkt den feinstofflichen Körper Wirkung auf das Herzchakra lehrt Liebe und Geduld	Kummer, Enttäuschung, Traurigkeit Depression im Wochenbett Schlaflosigkeit
Haut	
adstringierend tonisierend reinigend geplatzte Äderchen	bei allen Hauttypen besonders trockene, entzündete Haut, Falten Hautallergien, Babypflege, Schwangerschaft
Küche	Rosenwasser zur Marzipanherstellung und für verschiedenes Gebäck

Rosmarin

Ich hab die Nacht geträumet,
wohl einen schweren Traum,
Es wuchs in meinem Garten
ein Rosmarienbaum.

Die große Familie der Lippenblütler, zu welcher der Rosmarin gehört, hat viele Pflanzen, deren Essenzen in der Aromatherapie häufig verwendet und deshalb sehr begehrt sind: Minze, Muskatellersalbei, Salbei, Basilikum, Thymian, Majoran, Patschouli, Lavendel, Ysop und Melisse. Von all diesen Heilpflanzen scheint Rosmarin jedoch seit ältester Zeit die meistgeschätzte zu sein.

In ägyptischen Gräbern fand man Reste von Rosmarinpflanzen. In Ägypten wurden Rosmarinzweige für rituelle Räucherungen und zum Heilen verwendet. Im alten Rom und Athen verehrte man den Rosmarin als heilige Pflanze. Mit der von Aphrodite den Menschen geschenkten Pflanze wurden die Bildnisse der Götter bekränzt. Für reinigende und rituelle Räucherungen wurde das Kraut auch als Ersatz für den teuren arabischen Weihrauch verwendet. Vor allem in der Renaissance verwendeten Alchimisten die Pflanze, um damit den Pflanzenstein, ein Allheilmittel, herzustellen. Paracelsus, der speziell den heilerischen Aspekt der Alchemie praktizierte, schätzte den Rosmarin als Hauptbestandteil einiger bewährter Heilmittel (z.B. gegen starke rheumatische Beschwerden). Heiler wie Dioscurides, Theophrast, Hildegard von Bingen, Gessner und Brunschwig, die ihr Wissen niedergeschrieben haben, loben den Rosmarin als besonders auf Leber, Gehirn, Herz und Augen wirkendes Mittel.

Um den Rosmarin ranken sich jedoch auch seit alter Zeit Geschichten, Sagen und Märchen. Er soll, so heißt es, Elfen und andere Elementarwesen anlocken. Raymond Lilly, ein Alchemist des 14. Jahrhunderts, empfahl, Rosmarinessenz im Haus zu versprühen als Geschenk an die »guten Geister«. An Jahresfesten, Hochzeiten und Beerdigungen symbolisiert Rosmarin als traditioneller Schmuck Freundschaft, Liebe, Treue und Erinnerung an den immer wiederkehrenden Kreislauf von Leben und Tod. Auch in volkstümlichen Liedern und Versen hat sich die uralte Bedeutung des Rosmarin als Mysterienpflanze bewahrt.

In Arabien wurde das Rosmarinöl angeblich zum ersten Mal destilliert. Arabische Ärzte brachten diese Kunst der Essenzgewinnung später nach Spanien.

Der Duft der Rosmarinessenz ist streng und klar, aufrichtend und im Sinne des Yangprinzips stärkend. Rosmarin wirkt vor allem auf der mentalen Ebene und gilt als kräftigendes Nerventonikum. Rosmarinessenz setzt Emotionen und Gefühlsschwankungen geistige Klarheit und innere Stärke entgegen. Sie hilft in Zeiten nervlicher Zerrüttung, in Situationen, in denen man sich »zusammenreißen« muss, statt vor Kummer zu zerfließen. Auch in Zeiten euphorischer Verliebtheit lässt sie einen klaren Kopf bewahren. Sie ist alles andere als erotisierend. Rosmarinöl wirkt – als starkes Yangöl – wie ein aufrechter, stützender Stab, wenn man schwach, träge und geistig müde und fast – yinbetont – zerfließt. Rosmarinöl unterstützt das Streben nach geistiger Struktur und die Möglichkeit, sich aufzurichten, wenn wir »durchhängen«. Deshalb werden Massagen mit Rosmarinessenz entlang der Wirbelsäule, jenem aufrichtenden und stützenden Körperteil, empfohlen.

Rosmarin wirkt stimulierend auf das Zentralnervensystem, es stärkt klares Denken und das Bewusstsein. Man kann Rosmarin hierfür mit folgenden ebenso mental wirksamen Essenzen mischen: Lemongrass, Zitrone, Verbena, Pampelmuse und Ysop. Bei nervöser Unausgeglichenheit passt Muskatellersalbei oder/und Bergamotte. Bereits in frühester Zeit haben Heiler die auffallend stärkende Wirkung von Rosmarin auf das Gedächtnis erkannt. Studenten im alten Rom und in Griechenland trugen Kränze aus Rosmarin, wenn sie ihren Studien nachgingen. In unserer Zeit wohl etwas unpassend, deshalb empfehle ich eher die Verwendung von Rosmarinessenz während Studium und Examen. Es besteht ein enger Zusammenhang zwischen Duft und Erinnerung. Für Rosmarin scheint dies besonders zuzutreffen, speziell was die Erinnerung an gespeicherte Informationen, Zahlen oder Namen betrifft. Andere Essenzen wirken mehr auf die Erinnerungsfähigkeit emotionaler Inhalte und wecken Gefühle, Assoziationen und Bilder. Durch seine Wirkung auf das Zentralnervensystem hilft Rosmarinessenz bei Verlust des Geruchsinns, bei Sprachausfall und Sehschwäche. Man nimmt sie hierfür in Bädern, zu Massagen und Inhalationen sowie innerlich ein. Nie direkt in die Augen bringen!

Rosmarin fördert Konzentration und Sammlung und wird deshalb schon seit je als begleitender Duft bei Meditationen verwendet. Ätherische Öle wie Ysop, Weihrauch und Wacholder passen auch gut in eine Mischung für Meditation. Kindern mit Konzentrationsschwäche tut Rosmarinöl in der Duftlampe und in Ölmischungen zur Rückenmassage gut. Rosmarinessenz ist ein wichtiges Leberschutzmittel. Sie unterstützt die Funktion der Leber und wirkt heilend auf dieses Organ. Eine medikamentöse Lebertherapie kann durch tägliche warme Rosmarinkompressen über der Lebergegend sehr unterstützt werden. Auch innerlich in kleinen Mengen eingenommen, hilft das Öl bei Lebererkrankungen wie Hepatitis und Zirrhose als zusätzliche Anwendung.

Auch die Galle wird durch die Essenz beeinflusst. Man nimmt sie bei Gallenentzündung, Gallenkolik und Gallensteinen. Warme Rosmarinkompressen und zusätzliche Anwendungen von Moxa hat sich speziell bei krampfartigen Gallenerkrankungen bewährt. Das ätherische Öl wirkt, innerlich eingenommen, anregend auf Galle und Leber.

Rosmarinöl kann helfen, einen hohen Blutzuckerspiegel zu senken. Es wird auch als Vorbeugung und zur Behandlung von Arteriosklerose verwendet. Es hat herzstärkende Wirkung und ist ein klassischer Bestandteil vieler Herzweine. Hier ein bewährtes Rezept:

Herzwein Cardia
1 Tasse Weißdornblätter, frisch und geschnitten
1 Tasse Goldmelisse (Indianernessel) frisch und geschnitten (falls Goldmelisse nicht vorhanden, Zitronenmelisse)
in eine Weithalsflasche füllen, mit 1 Liter Rotwein übergießen, gut verschliessen und 3 Wochen ziehen lassen. Abseihen.
Rosmarin 2 Tropfen Ysop 2 Tropfen
in 2 Esslöffel Honig verrühren und im Wein auflösen. 2 Wochen ruhen lassen. Den Herzwein schnapsglasweise genießen.

Rosmarin, als reinigendes Räucherwerk früher viel genützt, ist heute als antiseptisches Mittel bekannt. Man weiß, dass es die »bösen Geister«, die Krankheitskeime aus den Räumen vertreibt. Deshalb wird es als antiseptisches, erwärmendes und

krampflösendes Mittel bei Erkältungen, Bronchitis und Asthma in Form von Inhalationen und in der Duftlampe verwendet.
Aus der antiseptischen Wirkung des Rosmarin erklärt sich auch der Erfolg des sagenumwobenen »Essigs der vier Räuber«: Als im 17. Jahrhundert in Frankreich die Pest wütete, plünderten vier Räuber die Häuser der Pestkranken. Wie durch ein Wunder blieben die Strolche von Ansteckung verschont. Sie wurden jedoch gefasst und zum Tode verurteilt. Man versprach ihnen allerdings, sie zu begnadigen, wenn sie ihr Geheimnis preisgäben, womit sie sich vor der schlimmen Krankheit geschützt hatten. Sie verrieten das Rezept eines Essigs mit besonders keimtötenden Kräutern und Essenzen, den sie verwendet hatten. Dazu gehörten Rosmarin, Angelika, Salbei, Minze und Lavendel. Dieses Mittel fand schon bald darauf seine Nachahmer. Überall wurden solche Essigmischungen zubereitet und auf Möbel, Häuserwände und vieles mehr gesprüht.
Rosmarin hilft bei zu niedrigem Blutdruck und regt den Kreislauf an. Es ist auch ideal als Essenz für »Morgenmuffel«: Geben Sie ins kalte Waschwasser 2 Tropfen Rosmarinessenz und waschen Sie sich damit rasch ab. Auch in einem Duschgel erfrischt Rosmarin. Die Essenz ist die wasserstoffreichste Substanz im Pflanzenbereich. Wasserstoff ist die wärmeverwandteste Substanz des Erdenreiches (Pelikan). So lässt sich die starke, erwärmende Eigenschaft des Rosmarinöles verstehen.
Rosmarin wirkt, äußerlich angewandt, erwärmend und durchblutungsfördernd. Die Essenz hilft bei kalten Füßen, ermüdeten schweren Beinen, bei Durchblutungsstörungen der Extremitäten, Muskelschmerzen, rheumatischen Schmerzen, Arthritis, Gicht und Lähmungen (mit Angelika). Sie wirkt über die Haut (mit Wacholder und Wiesenkönigin) entgiftend. In all diesen Fällen wird Rosmarinessenz in folgenden Zubereitungen verwendet – in Bädern, Massageölen, Kompressen, Salben und Franzbranntwein.

Niedriger Blutdruck
auch für »Morgenmuffel«
Rosmarin 15 Tropfen Lemongrass 10 Tropfen
Pampelmuse 10 Tropfen
Von dieser Mischung 1–3 Tropfen ins kalte Waschwasser geben, mit der Hand verquirlen und den Körper schnell abwaschen; oder in ein Duschgel verrühren.

Durchblutungsstörungen
Rosmarin 15 Tropfen Angelika 5 Tropfen
Wacholder 5 Tropfen
In 50 ml Mandelöl mischen für Massagen; für Voll- und Teilbäder 10 Tropfen ins Badewasser.

Rheumatische Schmerzen
Rosmarin 10 Tropfen Wacholder 5 Tropfen
Majoran 5 Tropfen Kamille 10 Tropfen
in 100 ml Mandelöl mischen; zur Massage, für Umschläge.

Fußcreme
Zur Massage von müden, schmerzenden Füßen
Rosmarin 10 Tropfen Lavendel 5 Tropfen
Minze 2 Tropfen Geranie 3 Tropfen
Diese Mischung in 50 g Salbengrundlage einarbeiten. Kann auch in 50 ml Mandelöl verschüttelt werden.

Muskelkater
Rosmarin 5 Tropfen Wacholder 10 Tropfen
Lavendel 10 Tropfen Majoran 10 Tropfen
Zitrone 5 Tropfen
in 100 ml Mandelöl mischen.

Ein sehr bewährtes Rezept ist das der »Oberammergauer Ochsensalbe«. Ich verwende sie seit Jahren und bin immer wieder begeistert von ihrer vielfältigen Heilwirkung. In meinen Aromatherapie-Kursen gehört sie zum praktischen »Muss«, das heißt, sie wird von jedem Teilnehmer selbst hergestellt. Viele meiner Schülerinnen und Schüler verwenden sie auch in der eigenen Praxis und in der Hausapotheke. Die Salbe wirkt stark erwärmend und durchblutungsfördernd. Sie hilft bei Rheuma, Gicht, Ischias, Muskelschmerzen, Durchblutungsstörungen, starken Verspannungen im Nacken und krampfartiger Menstruation (Massage über der Kreuzbeingegend). Die Salbe sollte nicht an Schleimhäute kommen; sie brennt. Nicht während einer homöopathischen Behandlung verwenden, da die Salbe Kampfer enthält. Dieses kann die homöopathische Wirkung aufheben.

Oberammergauer Ochsensalbe

Rosmarinöl 4 g	Zirbelkieferöl 4 g
Latschenkieferöl 3 g	Kampferöl 5 g
Lorbeer (fettes, gepresstes Öl) 10 g	Melissengeist 1 g
Wollfett (Adeps lanae) 150 g	

Fettes Lorbeeröl und Lanolin sind in der Apotheke erhältlich.

Das Wollfett (Apotheke) im Wasserbad schmelzen. Das grüne Lorbeeröl einrühren. Die vorher abgewogenen ätherischen Öle und den Melissengeist einrühren. In Salbentöpfchen füllen. Verschließen und abkühlen lassen.

Rosmarin kann in höheren Dosen epileptische Anfälle, Krämpfe und Übelkeit erzeugen. Die Essenz sollte bei epilepsiegefährdeten Menschen und bei Schwangeren nicht angewendet werden.

Die kosmetische Wirkung der Rosmarinessenz auf die Haut unterstreicht die Geschichte vom »Wasser der Königin von Ungarn«: Sie soll sich im Alter von 70 Jahren, von Gicht geplagt, durch dieses Rosmarin-Schönheits-Wasser so verjüngt haben, dass sich der junge polnische König in sie verliebte und sie heiratete. Hier das ursprüngliche Rezept:

Lorbeer

Schönheitswasser, 1 Liter

Weingeist 75% Rosmarinöl 7,5 g Melisseöl 7,5 g
Zitronenöl 7,5 g Minzöl 1,5 g
Rosenwasser 100 ml

Die ätherischen Öle im Weingeist verschütteln und mit Rosenwasser auffüllen.

Zum Einklopfen oder Sprühen.

Rosmarinessenz ist ein pflegendes Öl bei fetter und unreiner Haut. Im Haarwasser durchblutet sie den Haarboden und hilft bei Haarausfall. Sie ist Bestandteil für Shampoos (speziell für dunkles Haar, dem es schönen Glanz verleiht). Im Rasierwasser wirkt es desinfizierend und verleiht ihm einen herb-kräuterartigen Duft. Die Essenz wird in Bädern und Massageölen für Cellulitis verwendet, meist in Mischung mit Orange, Zypresse, Wacholder. In einer neutralen Seifengrundlage ist es ein geeignetes Hundeshampoo, mit Lemongrass und Zeder gemischt, das kleinen Plagegeistern wie Läusen nicht behagt.

Rosmarin

Botanischer Name	Rosmarinus officinalis
Familie	Lamiaceae, Familie der Lippenblütler
Ursprungsland	Mittelmeergebiet, Essenz aus Frankreich, Italien, Spanien, Jugoslawien, Tunesien
Beschreibung	Immergrüner Halbstrauch, buschig verzweigt, bis zu 2 Meter hoch; Blätter steif, lederig, tannennadelähnlich; gegenständig, hellblaue Blüten, Blütezeit: März bis Mai
Essenz	Wasserdampfdestillation aus dem blühenden Kraut; flüssig, klar bis leicht gelblich; kampferartiger, kräftiger, waldiger Duft; aus 100 kg blühendem Kraut erhält man ca. 1,5 kg Essenz; durch leichte Verschiebung der Inhaltsstoffe ist französisches Öl leberwirksamer, spanisches mehr herzwirksam
Inhaltsstoffe	Borneol, Bornylacetat, Dipenten, Eukalyptol, Camphen, D-a-Pinen, Cineol, Campher, L-a-Thujon, Limonen
Mischt sich gut mit	Minze, Bergamotte, Basilikum, Zirbelkiefer, Zitrone, Wacholder, Zeder, Grapefruit
Charakter	Yang

Wirkungen	Anwendungsbereiche
körperlich	
antiseptisch krampflösend cholagog choleretisch herzstärkend menstruationsfördernd leberstärkend blutdrucksteigernd blutzuckersenkend leberwirksam	Lebererkrankungen; Gallenblasenentzündung, Blähungen Gallensteine, Leberstörungen, Grippe, Erkältungen, Asthma Rheumatismus, Muskelschmerzen, Krampfadern, Gicht, schlechte Durchblutung, Erkältung, niedriger Blutdruck
geistig-seelisch	
aufrichtend bewusstseinsstärkend gehirnwirksam Nerventonikum strukturierend	Gedächtnisschwäche, Apathie, Schwächezustände
Haut	
antiseptisch durchblutungsfördernd	fette, unreine Haut, Akne
Haare	Haarausfall, fettige Haare Haarwuchs fördernd

Vorsicht! Nicht während der Schwangerschaft innerlich einnehmen; nicht verwenden bei Neigung zu Epilepsie und Bluthochdruck.

Sandelholz

Auch brachten die Schiffe Hirams, die Gold
aus Ofir holten, sehr viel Sandelholz
und Edelsteine aus Ofir mit.
Der König ließ aus dem Sandelholz Geländer
machen für den Tempel des Herrn
und für den Königspalast
und Lauten und Harfen für die Sänger; so viel
Sandelholz ist nie mehr ins Land
gekommen noch gesehen worden
bis auf diesen Tag.

1. KÖNIGE 10, 11–12

Eines der schönsten Geschenke des Morgenlandes an das Abendland ist das Sandelholz. Sein warmer, samtiger Duft entführt in tropische Wälder, in orientalische Paläste. Es löst von momentaner Anspannung, Hektik und Verstrickung und hebt einen wie auf Flügeln in einen Zustand der Ruhe und Weite. Man entdeckt dabei die schönsten orientalischen Ruheplätze in sich selbst.

Sandelholzöl hat eine sehr tiefe, langsame Schwingung; seine Wirkung ist beruhigend, harmonisierend und ausgleichend. Es wirkt im Vergleich zu Lemongrass, Pampelmuse oder Eisenkraut, die mit ihrer schnellen hohen Schwingung antreiben, genau entgegengesetzt auf die Psyche. Es hüllt die Gefühle in seinen warmen, holzigen Duft ein und verlangsamt. Diese Erfahrung der Wärme und des Ausgleichs erfüllt Menschen mit Freude. Sandelholzöl wird deshalb auch bei Zuständen von nervöser Depression, Angst, Stress und Hetze verwendet. Wenn man aggressiv und überreizt auf andere Menschen einwirkt, dann ist es Zeit für Sandelholz. Die Entspannung und Lösung vollzieht sich dann in verschiedenen Stufen inneren Stresses.

Sandelholz ist langsam und mächtig wie ein indischer Elefant; es sollte deshalb nicht verwendet werden bei Menschen, die langsam reagieren oder sehr phlegmatisch sind. Hier passen eher Öle mit höherer Schwingung wie Eisenkraut oder Melisse.

Sandelholz bringt Kontakt mit anderen Menschen, es kann helfen, Isolation zu überwinden, andere mit offenem Herzen aufzunehmen, Egoismus abzubauen. Der zwischenmenschliche Kontakt wird zu einem großen Teil unbewusst und sehr fein durch winzige Duftsignale gesteuert. Sandelholzduft vermittelt Offenheit, Wärme und Verständnis.

Sandelholzöl gilt seit frühester Zeit als aphrodisierendes Mittel. Viele der alten Anwendungsarten ätherischer Öle werden heutzutage im Labor wissenschaftlich auf ihre Wirksamkeit hin überprüft. So hat man bezüglich der erotisierenden Wirkung des Sandelholzöles folgende Zusammenhänge entdeckt: Im Achselschweiß des Mannes wird Androstenol ausgeschieden, ein Stoff, der eine sehr ähnliche Strukturformel hat wie das männliche Geschlechtshormon Testosteron. Androstenol riecht in ganz geringer Konzentration sandelholzartig. So scheint das Sandelholz ähnlich dem Achselschweiß kaum bewusst wahrnehmbare, jedoch wirksame erotische Signale an das andere Geschlecht auszusenden. Vermutlich haben sich deshalb bisher speziell Männer mit diesem Duft parfümiert, um besonders anziehend für die Damen ihrer Umgebung zu sein.

Eine weitere geheimnisvolle Wirkungsweise des Sandelholzöles: Im indischen Yogasystem wird das Sandelholz dem untersten Wurzelchakra, dem Sitz der Zeugungsorgane und der

Sexualkraft, zugeordnet; ebenso dem obersten Energiezentrum, dem Sitz höchster Weisheit und Erleuchtung. Sandelholzöl wird als der Duft des »subtle body«, des höchsten Erleuchtungskörpers, beschrieben, also der Ausstrahlung eines Menschen, der alle Verblendungen überwunden hat.

Wie kann ein Duft gleichzeitig dem »Höchsten« und dem »Niedrigsten« zugeordnet sein? Sandelholzöl wird in den tantrischen Yogaschulen als Hilfe zur Transformation der Sexualität verwendet. Es soll die Kundalinikraft wecken und sie mit dem Zentrum höchster Erleuchtung verbinden. Die tantrischen Schulen halten diese Praxis jedoch vor Unwissenden geheim; ihre Schüler praktizieren sie selbst erst nach vielen Jahren der Vorbereitungszeit. Auch Swahra-Yoga, eine Lehre, die Atmung, kosmische Rhythmen und Gehirnfunktionen in Zusammenhang bringt und gekoppelt schult, empfiehlt zur Verbindung der feinstofflichen Energiezentren des Körpers, sich mit Sandelholzduft zu umgeben.

Auf einfache und unverfängliche Weise kann man selbst die verbindende Energie zwischen den Chakras durch eine Massage mit Sandelholzessenz erleben. Sie sollte, während man entspannt liegt, von jemand anderem an einem ausgeführt werden. Eine sanfte Wärme steigt dabei durch den Körper. Diese Massage ist besonders gut für Menschen, die aus dem Gleichgewicht geraten sind oder deren Energiezentren ungleichmäßig belastet oder angesprochen werden. Sie hilft, Gegensätzliches auf einer höheren Ebene zu verbinden und unterstützt den feinen Austausch zwischen den einzelnen Chakras.

So wird jetzt verständlich, warum Sandelholz in den östlichen Kulturen als heiliger Duft gilt.

Sandelholz

Botanischer Name	Santalum album
Familie	Santalaceae, Familie der Sandelholzgewächse
Ursprungsland	Indien, Provinz Mysore
Beschreibung	8–10 Meter hoher Baum, immergrün und mit rosafarbenen Blüten, gelbliches, schweres Holz, Halbschmarotzer
Essenz	Wasserdampfdestillation aus zerkleinertem Holz; zähflüssig, hellgelb; Duft: balsamisch-süß, holzigsamtig, erst mit dreißig Jahren zur Ölgewinnung verwendbar. Aus 100 kg Holz erhält man 4–6,5 kg ätherisches Öl
Inhaltsstoffe	Santanol, Borneol, Isovaleraldehyd, Santalen, Santalal, Santalon, Santalsäure, Santen, Santenon, Santenonalkohol, Teresantalol, Teresantalsäure, Nortricyclosantalol
Mischt sich gut mit	Rose, Ylang-Ylang, Benzoe, Jasmin, Zitrone, Verbena, Weihrauch
Charakter	mildes Yang

Wirkungen	Anwendungsbereiche
körperlich	
antiseptisch krampflösend harntreibend schleimlösend Schleimhaut regenerierend	Erkrankungen der Harnwege, Blasenentzündung, Prostatitis, Harnröhrenentzündung, Gonorrhoe; Fluor albus; Diarrhoe; Magenschleimhautentzündung; Bronchitis, Halsentzündung, Kehlkopfentzündung, Sinusitis, Übelkeit
geistig-seelisch	
harmonisierend beruhigend verlangsamend aphrodisierend	nervöse Anspannung, Angst, Isolation, Stress, Schlaflosigkeit, Impotenz, Frigidität, Aggression
Haut	
entzündungshemmmend antiseptisch tonisierend	trockene Haut, Akne, entzündete Haut, rissige Haut, Ekzeme, juckende Hauterkrankungen, Bartflechte

Westindisches Sandelholzöl, Amrysöl, stammt von Amris balsamifera, einem den Rautengewächsen zugeordneten Baum. Dieses viel billigere Öl hat nicht die oben genannten Wirkungen.

Nicht bei akuter Nierenentzündung einnehmen.

Schafgarbe

Im alten China verehrte man die Schafgarbe als heilige Pflanze. Die fünfzig Stäbchen, mit denen das I-Ging-Orakel gelegt wurde, waren Schafgarbenstengel. Selbst das Staatsorakel, mit Hilfe dessen wichtige staatliche Entscheidungen gefällt wurden, legte man mit diesen einfachen Pflanzenstengeln (der Kaiser hätte sich auch goldene oder aus Jade gefertigte Stäbchen leisten können).

Was war das besondere, das chinesische Weise in dieser Pflanze sahen? In ihrer Form, ihrem Duft und in ihrer Ausstrahlung erkannten sie die Harmonie der beiden dualen Kräfte von Yin und Yang. Der Stengel zum Beispiel ist hart und fest, entsprechend der Yangeigenschaft; innen jedoch ist er hohl und weich gefüllt, was der Yinkraft zugeordnet wird. Auch die äußere Struktur des Stengels vereint Yin und Yang: der runde Stengel hat kantige Längsstreifen.

Auch die Aromatherapie heutzutage kennt die Schafgarbenessenz als Mittel, den Ausgleich von Yin und Yang im Menschen zu fördern, das Gleichgewicht zwischen beiden herzustellen. Es heißt, der Duft lasse »Himmel und Erde zusammenkommen«. Die Essenz hilft Gegensätzliches zu harmonisieren, die »zwei Seelen in der Brust« verschmelzen zu lassen. Sie unterstützt das Bestreben, alle Anlagen zu integrieren, sie gleicht aus zwischen oben und unten, außen und innen, auf dass man »den Kopf im Himmel und die Füße auf der Erde« hat. Deshalb eignet sie sich gut als begleitender Duft in Zeiten des Lebens, in denen man besonders stark mit der Aufgabe des Wandels konfrontiert ist (Midlife-Crisis, Wechseljahre, stark veränderte Lebensumstände) oder Gefahr läuft, dem wechselnden Fluss von Emotionen zu sehr ausgeliefert zu sein.

Schafgarbenessenz fördert die intuitiven Kräfte und vertieft das Gefühl für die Energien der Erde. Dadurch hilft sie eine Überbetonung der rein intellektuellen Seite zu mildern oder »Hirngespinste« aufzulösen. Gesund und hell, sagen die chinesischen Weisen, ist nur jener Mensch, der trotz des Lebens Höhen und Tiefen in seiner Mitte bleibt. Eine Heilpflanze, die dies unterstützen kann, ist fürwahr wertvoller als Gold.

Wenn man einige Tropfen der Schafgarbenessenz auf einen weißen Fließpapierstreifen träufelt und diesen gegen das Licht hält, erkennt man gut die himmelblaue bis blaugrüne Farbe der Essenz. Diese entsteht hauptsächlich durch den hohen Anteil an Azulen, einem entzündungswidrigen blauen Wirkstoff, der bereits für die Kamille typisch war. (Schafgarbenessenz hat einen höheren Anteil an Azulen als das ätherische Öl der Deutschen Kamille; diese wird deshalb oft mit Schafgarbenöl gestreckt.)

Azulen entsteht erst bei der Destillation und ist in der Pflanze als Vorstufe, als Proazulen, vorhanden. Schafgarbenöl ist deshalb ein besonders entzündungshemmendes Heilmittel.

Im medizinischen Bereich dient Schafgarbe als Heilmittel der Frauen. Auch hier zeigt sich ihre ausgleichende Kraft: Die Essenz wird bei Rhythmusstörungen der Menstruation verwendet. Sie hilft bei unregelmäßiger und schmerzhafter Regel. Sie wird in Form von Massagen, Kompressen, Sitzbädern, Fußbädern und in der Duftlampe eingesetzt. Speziell bei schmerzhafter Monatsblutung (Dysmenorrhoe) gibt es eine sehr wirkungsvolle Anwendungsart der Essenz. Schneiden Sie die Binde seitlich auf und träufeln Sie in deren Mitte 3 bis 4 Tropfen aus einer Mischung von Schafgarben- und Minzöl im Verhältnis 2 : 1 (Vorsicht! Nicht direkt auf die Binde, die Öle können brennen!).

Die Essenz ist bekannt als ausgleichendes Mittel bei Störungen im Klimakterium. In dieser Zeit des Wandels und Wechsels kann sie unser seelisches Gleichgewicht erhalten und unterstützt die Neuordnung und Umschichtung unserer Energien. Der Organismus wendet sich vom Schwerpunkt des Lebenschenkens und Versorgens jetzt mehr hin zu kosmischen Energien, die den Körper dann beleben, stärken und harmonisieren. Auf ideale Weise ergänzen sich für diese Aufgaben des Wandels und Wechsels das Schafgarben- und das Melissenöl. Beide zusammen eignen sich in der Duftlampe, im Fläschchen zum Riechen, in Bädern und zum Mischen in Parfums.

Bei entzündlichen Erkrankungen des Unterleibs kann die Schafgarbe als zusätzliche Therapie eingesetzt werden. Sie hilft in Form von Sitzbädern, Kompressen und Heilerdeauflagen. Bei Entzündungen und Reizungen der Vaginalschleimhaut löst man 1–2 Tropfen Schafgarbenöl in ½ Liter Rosenwasser und verwendet dies zur Vaginaldusche (Rosenwasser hat ebenfalls eine entzündungshemmende Wirkung).

Magen- und Gallenkrämpfe vermag die Schafgarbenessenz zu lösen. Hier helfen heiße Kompressen. Bei Entzündungen der Magen- und Darmschleimhaut kann die Essenz in kleinen Dosen mit Honig oder Heilerde innerlich eingenommen werden. Auch Blähungen werden durch heiße Schafgarbenkompressen und Bauchmassage mit verdünntem Schafgarbenöl gelindert. Fußmassage (1 Esslöffel Johanniskrautöl, 10 Tropfen Schafgarbenöl) – jeden Abend ausgeführt – kann über die Fußreflexzonen auf die Organe krampflösend einwirken.

Bei Kopfschmerzen helfen Einreibungen an Stirn und Nacken mit verdünntem Schafgarbenöl. Der botanische Name der Schafgarbe, Achillea millefolium, weist auf Achilles hin, den berühmten Helden aus dem Trojanischen Kriege. Er soll Schafgarbe als Heilkraut besonders geschätzt haben. Man sagt, er habe seine verletzte Achillessehne mit diesem Kraut geheilt. Bei den Germanen war die Schafgarbe das Wunderheilkraut, mit dem besonders schlimme Kriegsverletzungen erfolgreich behandelt wurden.

Die Schafgarbe besitzt wundheilende, zusammenziehende, antiseptische, blutstillende und entzündungshemmende Kräfte. Daher wird verständlich, dass sich die Essenz als Wundheilmittel anbietet. In Form von Kom-

pressen, Salben, Teilbädern, Heilerdeauflagen oder Verbänden kann man sie bei Wunden, Verletzungen, Ekzemen, Geschwüren, allergischen Hauterscheinungen, bei offenen Beinen oder Wundliegen einsetzen. Bei blutenden Hämorrhoiden wird die Schafgarbenessenz zusammen mit Zypressenöl in einer Salbengrundlage und als Sitzbad verwendet.
Auch bei der Behandlung von Krampfadern hat sie sich sehr bewährt. Es helfen tägliche kühle Kompressen und Einreibungen mit verdünntem Schafgarbenöl. Bei rheumatischen Beschwerden und Neuralgien legt man auf die betroffenen Stellen Kompressen (Essenz verdünnt in Wasser) oder Auflagen (Essenz in Heilerde) oder reibt die Schmerzstellen ein (Essenz in fettem Öl verdünnt). Nach einer äußerlichen Behandlung mit Schafgarbenessenz sollten die betreffenden Körperteile nicht der direkten Sonneneinstrahlung ausgesetzt werden. Es wurde beobachtet, dass dadurch bei Personen mit empfindlicher Haut Reizungen auftreten können.
Schafgarbenöl eignet sich sehr gut für naturkosmetische Zubereitungen.
Es beruhigt irritierte Haut, heilt Entzündungen, reinigt und desinfiziert bei Akne. Gesichtsbäder helfen bei unreiner Haut. In Johanniskrautöl gelöst heilt die Essenz schnell einen Sonnenbrand. Sie wird auch zur Behandlung von Cellulitis eingesetzt. Shampoos mit Schafgarbe-, Rosmarin- und Birkenessenz wirken haarwuchsfördernd.

Schafgarbe

Botanischer Name	Achillea millefolium
Familie	Compositeae, Familie der Korbblütler
Ursprungsland	Europa, Asien Essenz: aus Italien, Jugoslawien, Frankreich
Beschreibung	Bis 80 Zentimeter hohe, ausdauernde Pflanze, aufrechter, zäher Stengel, feine, vielfach gefiederte Blätter, Blüten weiß oder rosa
Essenz	Wasserdampfdestillation aus der blühenden Pflanze; flüssig, hellblau bis blaugrün; Duft: kräuterartig, harzig, warm, aromatisch Aus 100 kg Pflanzen erhält man 100–400 g Öl
Inhaltsstoffe	Azulen (bis 51 Prozent), Chamazulen, a-Pinen, L-Limonen, L-Borneol, verschiedene Borneolester, Cineol, Kampfer, Spuren von Ameisensäure und Caryophylen
Mischt sich gut mit	Melisse, Ysop, Muskatellersalbei, Myrte, Lavendel
Charakter	Yang, in Verdünnung mehr Yin

Wirkungen	Anwendungsbereiche
körperlich	
entzündungshemmend krampflösend blähungswidrig menstruationsregulierend wundheilend blutstillend gefäßtonisierend blutreinigend	Magen-, Darmschleimhautentzündung, Gastritis, Magen-, Darm- und Gallenkrämpfe; Appetitlosigkeit; Blähungen, Entzündungen im Unterleib, Blasen- und Nierenschwäche; Pfortaderstase, Dysmenorrhoe, Amenorrhoe, Vaginitis; klimakterische Beschwerden; Wunden, Verletzungen, Geschwüre, offene Beine, Krampfadern, Ekzeme; Rheuma, Arteriosklerose, Bluthochdruck, Gicht, Neuralgien; Hämorrhoiden, Sonnenbrand; Kopfschmerzen, Verbrennungen
geistig-seelisch	
ausgleichend fördert intuitive Kräfte	Verwirrung, Unsicherheit; nervöse Depression; Klimakterium; Meditation
Haut	
antiseptisch adstringierend	gerötete, entzündete, unreine Haut; Akne; Cellulitis, Ekzeme
Haare	Haarwuchs fördernd

Vorsicht! Bei Personen mit empfindlicher Haut kann Schafgarbenöl bei direkter Sonneneinstrahlung Reizungen verursachen. Menschen mit allergischen Reaktionen gegenüber Korbblütlern sollten vor Gebrauch des Öles einen Test in der Armbeuge machen.

Vetiver

Der Geist des Tales stirbt nie.
Es ist das Weibliche, die Urmutter.
Ihr Tor ist die Wurzel von Himmel und Erde.
Es ist wie ein Schleier, kaum erkennbar.
Vertrau darauf, nie wird es versagen.

TAO TE KING
Lao Tse

Beim Vetiveröl scheiden sich die Geister. Manche mögen es, ja sogar sehr, andere finden es schrecklich. Einmal ist man tief berührt davon, ein andermal rümpft man die Nase. Wie auch immer – Vetiver ist ein sehr interessantes Öl in der Aromatherapie.

Vetiveressenz wird aus der Wurzel einer tropischen Grasart destilliert. Diese Wurzel reicht tief in die Erde und ist so kräftig und widerstandsfähig, dass man Vetiver sogar in einigen Ländern anbaut, um die Bodenkrume damit festzuhalten. Die Pflanze übersteht Dürreperioden und Überflutungen. Man kann sich vorstellen, dass die Ernte nicht ganz einfach ist. Eintausend Tonnen Erde müssen durchgearbeitet werden, um eine Tonne Wurzeln zu ernten! Sie werden getrocknet, gereinigt, eingeweicht und mit Wasserdampf destilliert. Das Vetiveröl ist eine zähflüssige, dunkel-rötlichbraune Substanz mit einem so eigenartigen und einzigartigen Geruch, dass ich ihn mit vielen Worten umschreiben muss:

Vetiveressenz riecht erdig, modrig, schwer, würzig, tief, dunkel, holzig, voll, wie feuchter Waldboden oder Moor. Bildhaft ausgedrückt, gleicht der Duft der Mutter Erde, die verborgen, geheimnisvoll und gebärend in ihrer tiefen, dunklen Höhle sitzt und in ihrer Fülle thront.

Die Essenz bringt Verbindung mit den Kräften der Erde. Aus dieser Quelle schöpft man aufbauende Energie, Stärkung und Regeneration. Die erdhaft duftende Essenz ist eine Hilfe für »Entwurzelte«, die ihre Verbindung zur Erde verloren haben. Sie nährt jene Menschen, die abgehoben mit ihren Gedanken im Himmel schweben, aber mit kalten Füßen dastehen, weil sie die Erde nicht mehr spüren. Dass man kaum noch Kontakt zu den Elementen hat, weder reine Luft atmen noch die Erde berühren, nicht mehr den Zauber eines offenen Feuers spüren oder den Wind durch sich durchblasen lassen kann, hat wohl eine immer häufiger auftretende Immunschwäche zur Folge.

Während uns Zypresse in ihrer männlich ausgerichteten Weise erdet (siehe »Zypresse«), geschieht dies bei Vetiver auf weibliche Art: umfangend, warm und tief.

Vetiver ist gut bei starker Nervosität, Erschöpfung oder Magersucht. Es hilft, den Kontakt zum Körper wieder aufzunehmen, um so tiefe Verspannungen zu lösen. Es ist ein Öl für erschöpfte Frauen, die auf wenig Energiereserven zurückgreifen können und besonders gefährdet in Stresssituationen sind. Vetiver tut jenen Männern gut, die wenig sensibel, verhärtet und unruhig sind und kaum Zugang zu ihrer eigenen Mitte haben.

Die Essenz wirkt auf die sexuelle Kraft auf eine ruhige, erdverbundene und sichere Art. Viele Menschen lehnen den Duft des Vetiveröles heftig ab; meist solche, die Angst vor der Entdeckung dieser Kraft haben.

Vetiveröl wird nur äußerlich verwendet in Form von Bädern, Massagen, Cremes, Parfums und in der Duftlampe. Es kann gut mit anderen Ölen gemischt werden, um ihm die Strenge etwas zu nehmen. Es passt zu Sandelholz, Orange, Eisenkraut, Ylang-Ylang, Rose, Neroli, Kardamom, Tonka und Tuberose. Man braucht nur sehr wenig Vetiveressenz; für 100 ml Massageöl reichen 2 bis 3 Tropfen. Vetiver selbst ist sehr zähflüssig. Um es träufeln zu können, sollte man es in ein warmes Wasserbad stellen. Für kleinere Mengen, z.B. im Parfum oder Aftershave, taucht man am besten eine dünne Stricknadel in das Öl und diese dann in das fette Basisöl oder den Alkohol. Oft genügt schon ein Hauch.

Vetiverfeld in Bhutan

Früher nannte man die Vetiverwurzel »Mottenwurzel«, da der Duft die Motten vertreibt. Geben Sie einige Tropfen auf einen Wattebausch und diesen in den Schrank oder die Wäschetruhe. Es gibt auch kleine Holzkästchen mit durchlöchertem Deckel zu kaufen, in die Sie den Wattebausch hineinlegen und in den Schrank oder zwischen die Kleider oder Pelzmäntel geben können.

Die Essenz aus dem Vetivergras tut der Haut gut. Sie wirkt allgemein aufbauend. Einen speziell regenerierenden Einfluss hat sie auf das Unterhautgewebe. Sie unterstützt dort den Gewebeaufbau, wenn im Alter Fett abgebaut und deshalb die Haut schlaff wird. Sie kann Schwangerschaftsstreifen vorbeugen und gilt als Geheimtipp in Cremes zur Vergrößerung und Straffung der Brust (mit Ylang-Ylang und Geranie).

Im Klimakterium hilft sie, die fehlenden Hormone auszugleichen, und wird hierfür in Form von Bädern und Körperöl

Wirkungen	Anwendungsbereiche
körperlich	
durchblutungsfördernd Krampf lösend stärkend Blut reinigend antiseptisch	Rheuma, Muskelschmerzen, Verstauchungen, Wunden, niederer Blutdruck, Verspannungen,
geistig-seelisch	
erdend regenerierend aufbauend erotisierend	Schlaflosigkeit, starke Nervosität, Stress; »Entwurzeltsein«; Magersucht; Depression im Wochenbett; nervöse Spannung
Haut	
regenerierend	Altershaut; müde Haut; trockene, irritierte Haut, fettige Haut antiseptisch, Akne

verwendet. Die Essenz wirkt östrogen und ist gut gegen Depressionen im Wochenbett (bedingt durch Absacken des Hormonspiegels). Die Essenz wirkt Kreislauf anregend, fördert die Produktion roter Blutkörperchen, Krampf lösend, durchblutungsfördernd.
Vetiveröl ist in der Parfümerie ein wichtiger Duftbaustein. Die Weltproduktion liegt bei 18 bis 20 Tonnen jährlich. Viele Produkte sind mit Vetiver beduftet. Zur Parfümierung von Konsumgütern wie Seife, Bodylotion, Badeöl oder billigem Parfum ist die reine Essenz von Vetiver zu teuer. Immer häufiger greift man deshalb zu synthetischen Kompositionen. Sehr viel verwendet wird auch Vetiverylacetat, ein halbsynthetischer Duftstoff.

Vetiver

Botanischer Name	Vetiveria zizanioides
Familie	Graminaceae, Familie der Süßgräser
Ursprungsland	Ursprünglich Nordindien, heute ganz Indien, Indonesien, Réunion, Haiti, Brasilien, Angola, China
Beschreibung	Bis 1,80 Meter hohes Gras
Essenz	Wasserdampfdestillation aus den Wurzeln; zähflüssig, rötlichbraun; Duft: erdig schwer, modrig, holzig. Aus 100 kg Wurzeln erhält man 20 g Öl
Inhaltsstoffe	a- und ß-Vetivon, Vetivenol, Vetiven, Palmitinsäure, Benzoesäure (verestert), Furfurol, Sesquiterpene
Mischt sich gut mit	Orange, Sandelholz, Eisenkraut, Bergamotte, Geranie, Ylang-Ylang
Charakter	Starkes Yin mit aufsteigendem Yang

Ylang-Ylang

*Ein zarter Nebelhauch schwebt
überm Land und webt dem
Mond ein Schleiertuch.
Mir leuchten Blumen den Weg
zu dir. Die goldbestickten
Schuhe in der Hand eil barfuß
ich hinab die feuchten Stufen –
und dort beim Pavillon –
Du wartest schon ...*

*KAISER Li Yü
(937–978)*

Ylang-Ylang heißt »Blume der Blumen« in der malaysischen Sprache. Und wirklich gibt es kaum einen blumigeren und süßeren Duft, als ihn die Blüten dieses Baumes verschenken. Der Ylang-Ylang-Baum gehört zur Familie der Anemonengewächse und stammt ursprünglich von den Philippinen. Heute kultiviert man ihn außerdem auf Java, Sumatra, den Komoren, Madagaskar, Sansibar und Haiti. Er wird bis zu 20 m hoch und hat etwas herabhängende Äste mit bis zu 18 cm langen Blättern. Seine auffallend großen Blüten sind gelblich-weiß gefärbt mit zungenförmigen, langen Kronblättern. Sie verströmen einen intensiven, süßen Duft.

Erstaunlicherweise haben die Blüten nicht gepflegter, wild wachsender Bäume keinen oder kaum Duft. Erst durch Menschenhand gehegt, entwickeln sie sehr viel ätherisches Öl. Die Bäume brauchen viel Pflege, sie müssen alle zwei Monate beschnitten werden. Einmal im Jahr, zur Herbstzeit, werden die Blüten geerntet. Wie bei Jasmin und Rose müssen sie am frühen Morgen gepflückt und anschließend sofort verarbeitet werden. Man gewinnt das Öl durch Wasserdampfdestillation. Außerdem werden Concrètes und Absolues (mit Hexan als Lösungsmittel) hergestellt. Diese sollten jedoch für die Aromatherapie nicht verwendet werden.

In den Aromatherapiekursen bin ich bemüht, bei meinen Schülerinnen und Schülern die eigene Bewertungsfähigkeit der Essenzen zu wecken und zu schulen. Es ist beeindruckend, wie genau man mit der Nase bestimmen kann, ob ein Öl zu Yin oder Yang tendiert, welchem Element es angehört, ob es beruhigend oder anregend wirkt und welches Organ es beeinflussen kann. Ohne über die Inhaltsstoffe Bescheid zu wissen, ohne den Namen der Essenz zu kennen, ist es nach einigem Training möglich, ein ätherisches Öl nach den oben genannten Kriterien einzuordnen. Um die Einteilung in Yin und Yang begreiflich zu machen, beginne ich mit Riechproben von Essenzen, die eindeutig zu Yin oder Yang gehören. Das erste Öl aus der Yinkategorie, also der weiblichen Öle, das ich blind beurteilen lasse, ist meist das Ylang-Ylang-Öl. Es ist extrem Yin. Viele meiner »Lehrlinge« erfassen dies intuitiv und verstehen seine Wirkung und Ausstrahlung.

Bei jedem Öl, das vorgestellt wird, lassen wir nach der Riechprobe den »Geist aus der Flasche« erscheinen. Der »Geist aus der Ylang-Ylang-Flasche« gleicht einer Frau, die dem Wesen dieser Essenz entspricht, jener, die dieses ätherische Öl auch als Parfum zur Unterstreichung der eigenen Persönlichkeit tragen könnte. Schnell und farbig kristallisiert sich so auch in der Kursgruppe die »Ylang-Ylang-Frau« als Bild heraus: ein Carmen-Typ, sprühend vor Feuer, Temperament, Leidenschaft und Erotik, deren Selbstbewusstsein »aus dem Bauch heraus« kommt. Sie hat die Fähigkeit zu tiefen Empfindungen und der dafür nötigen Balance; eine Frau mit faszinierender Ausstrahlung, die viele in ihren Bann zieht und sich dessen bewusst ist. Sie kleidet sich farbenfroh und schmückt sich gerne.

Der zweite »Geist aus der Ylang-Ylang-Flasche«, den wir in unserer Mitte erscheinen lassen, ist die Erscheinung jener Frau, für die Ylang-Ylang ein Heilmittel ist, gemäß dem Heilprinzip der Aromatherapie: Gegensätzliches heilt und gibt Impulse. Wir sehen vor uns eine Frau, die ihre Weiblichkeit zu wenig lebt, sie unterdrückt, die sich häufig farblos kleidet und wenig Wert auf ihr Äußeres legt. Ihr wird oft emotionale Kälte vorgeworfen. Es fehlt ihr an Selbstsicherheit und Vertrauen in die eigenen intuitiven Kräfte. Tiefe Frustration kennzeichnet ihre Stimmungslage. Sie erscheint nervös, depressiv und angespannt. Ursachen für ihre Krankheiten sind meist in Störungen des Hormonhaushalts zu suchen: unregelmäßige, ausbleibende, schmerzhafte Regel, Eierstockerkrankungen, Verhärtungen.

Dieser Frauentyp ist jedoch nicht zu verwechseln mit der burschikosen, lebhaften sportlichen Frau, die im Gleichgewicht ist und kein Ylang-Ylang braucht, weil sie nicht der Typ dazu ist. Zu ihr gehören Essenzen wie Pampelmuse, Verbena, Limette oder Bergamotte.

Ylang-Ylang kann bei Männern Härte gegen sich selbst und andere abbauen. Es kann ihnen helfen, ihre weibliche Seite mehr miteinzubeziehen, Verständnis und Intuition zu wecken. Viele Männer lehnen den intensiven Ylang Ylang-Duft an sich selbst ab. Er kann jedoch »entschärft« werden durch frische Öle wie Zitrone, Bergamotte, Pampelmuse oder Zeder.

Der Duft der »Blume der Blumen« ist weich, süß und erotisch. Er erinnert an Levkojen, Orchideen und Mandeln. Der Duft von Ylang-Ylang stimuliert im Gehirn die Hirnanhangdrüse, welche Endorphine ausschüttet. Diese wirken schmerzhemmend, euphorisierend und erotisierend. Ylang-Ylang hebt die Stimmung wie Rose, Jasmin oder Pampelmuse (die das gleiche Zentrum im Gehirn ansprechen). Das Öl wirkt antidepressiv, besonders dann, wenn es sich um nervöse Depression mit starker Anspannung handelt. Es enthält einen entkrampfenden und beruhigenden Bestandteil, den man auch im Baldrian findet. Dadurch löst es Anspannung und innere Verkrampfung und hat zudem einen euphorisierenden Effekt. Ylang-Ylang wirkt ausgleichend bei Ärger, Zorn oder Frustration und setzt Freude, Sinnlichkeit, Euphorie, innere Sicherheit und Ruhe dagegen.

Ein abendliches Ylang-Ylang-Bad befreit von Verspannungen des vergangenen Tages, entspannt und gleicht aus.

Ylang-Ylang hat die einzigartige Fähigkeit, verspannte Gesichtsmuskulatur zu entkrampfen. Man packt in die Muskeln des Gesichts sehr viel Ärger, Frustration und Zorn, »bewahrt sein Gesicht« und »beißt die Zähne zusammen«. Dieser wiederholte Eindruck verfestigt sich in der Landschaft des Gesichts und hat dann Dauerwirkung. Die schönste Kosmetik ist ein entspanntes Gesicht. Eine Ge-

sichtsmassage mit Ylang-Ylang wirkt Wunder (auch bei chronischen Kopfschmerzen als Folge von Verspannung). Für Menschen, denen der Duft zu süß ist, mischt man zur Essenz noch Orange oder Neroli.
Dem Ylang-Ylang-Öl ist der Wassermelonenturmalin zugeordnet. Er ist ein wunderschöner, mehrfarbiger Stein, der in Scheiben geschnitten aussieht wie eine halbierte Wassermelone. Ein smaragdgrüner Rand umgibt das magentafarbene Innere. Dieser Turmalin ist ein Heilstein mit starker elektrischer Ausstrahlung. Am Körper getragen kann er die Wirkung des Öles vertiefen und festigen. Er stärkt bei nervöser Erschöpfung, löst Stauungen und Blockaden im Herzbereich. Er fördert Intuition und Freude an der Schönheit der Schöpfung und erleichtert den Umgang mit anderen Menschen. Er aktiviert – wie auch Ylang-Ylang – die Begeisterungsfähigkeit.
Ylang-Ylang-Öl wirkt blutdrucksenkend und setzt die Atemfrequenz herab. Hierfür wird es auch innerlich eingenommen. Meist reichen aber Bäder und Massagen, da die Essenz über die Haut in den Blutkreislauf eintritt. Erhöhter Blutdruck und schnelle Atmung sind häufig Begleiterscheinungen zu störenden Gefühlen wie Angst, Zorn, Ärger und Gereiztheit. Ylang-Ylang hat sich auch bei prämenstruellem Syndrom bewährt. Das ist jene schwankende und unangenehme Stimmungslage mancher Frauen einige Tage vor ihrer Menstruation. Hier hilft die Essenz in Bädern, Massageölen und in der Duftlampe, am besten in einer Mischung mit Muskatellersalbei und Neroli.

Prämenstruelles Syndrom
Ylang-Ylang-Öl 10 Tropfen Neroliöl 6 Tropfen
Muskatellersalbeiöl 7 Tropfen Nachtkerzenöl 20 ml
Jojobaöl 80 ml
Gut miteinander verschütteln. Zur Massage. Auch als wunderbares Gesichtspflegeöl.

Im ursprünglichen Herkunftsland des Ylang-Ylang-Baumes legte man die Blüten in Kokosöl, das ihren Duft aufnahm. Mit diesem Öl rieb man sich dann den ganzen Körper ein, um sich vor fieberhaften Infektionskrankheiten zu schützen. Erst später wurde bekannt, dass das Ylang-Ylang-Öl antiseptisch wirkt und sich deshalb zur Behandlung von Malaria – in Ermangelung von Chinin – anbot.
Das duftende Kokosöl ist ein angenehmes Sonnenöl, allerdings mit geringem Sonnenschutzfaktor. Verschütteln Sie dazu 10 ml Kokosöl mit 10 Tropfen Ylang-Ylang-Öl und 5 Tropfen Tonkaöl. Festes erkaltetes Kokosöl zuvor im Wasserbad oder auf der Heizung verflüssigen. Dieses Öl duftet nach Palmen und Karibik. Auf den Philippinen wurde es auch zur

Pflege des Haares verwendet. Es eignet sich als Packung vor der Haarwäsche und zum Einreiben in gespaltene, trockene Haarspitzen. Der Ylang-Ylang-Duft im Haar ist eine wunderbare Alternative zum synthetischen Apfelduft billiger Shampoos.
Auch als Hautpflegeöl hat sich Ylang-Ylang bewährt, besonders bei fetter Haut, generell aber für jeden Hauttyp. Hier zeigt sich seine allgemein harmonisierende Wirkung. Die Haut wird glatt und weich und durch den Anteil an Pflanzenhormonen verjüngt.
Zum Selbermischen (in Verbindung mit anderen Essenzen) eignet es sich sehr gut für blumige, exotische und warme Duftnoten in Parfums, Bädern oder Cremes. Ylang-Ylang haftet recht lange auf der Haut und kann andere flüchtigere Essenzen binden.

Ylang-Ylang

Botanischer Name	Cananga odorata
Familie	Annonaceae, Anemonengewächse
Ursprungsland	Ursprünglich Philippinen, kultiviert auf den Komoren, Madagaskar, Réunion, Sansibar, Haiti
Beschreibung	Bis zu 20 m hoher Baum, hängende Äste, große, bis 18 cm lange ganzrandige Blätter, große Blüten, gelblichweiß, zungenförmige, lange Kronblätter, immergrün
Essenz	Wasserdampfdestillation aus frischen Blüten; klar bis gelblich; Duft süß, weich, blumig, erotisch. Aus 100 kg Blüten erhält man 1,5–2,5 kg ätherisches Öl, erste Destillation »Ylang-Ylang extra« genannt, höchste Qualität
Inhaltsstoffe	Linalol (bis 32%), Linalylbenzoat, Linalylazetat, Cardinen, Geraniol, Kresol, a-Pinen, Karyophyllen, Eugenol, Isoengenol, Kresylmethyläther, Safrol, Methylbenzoat und -salicylat, Nerol, Farnesol
Mischt sich gut mit	Sandelholz, Orange, Jasmin, Neroli, Limette, Tonka, Vetiver, Cassie, Adlerholz, Vanille
Charakter	Starkes Yin

Wirkungen	Anwendungsbereiche
körperlich	
blutdrucksenkend senkt Atemfrequenz antiseptisch	hoher Blutdruck, Tachycardie, Hyperpnoe, prämenstruelles Syndrom
geistig-seelisch	
antidepressiv entkrampfend ausgleichend erotisierend verstärkt Ausstrahlung	Angst, Zorn, Ärger, mangelndes Selbstvertrauen, Frigidität, Impotenz, nervöse Depression, innere Kälte, Kopfschmerzen
Haut	
antiseptisch nährend feuchtigkeitsspendend	fettige Haut, Mischhaut, ältere Haut, strapazierte Haut
Haare	trockene Haare, brüchige Haare, gespaltene Spitzen, in Kokosöl zur Haarkur

Ysop

Entsündige mich mit Ysop,
dass ich rein werde;
wasche mich,
dass ich weiß werde
wie Schnee.

PSALM 51,9

Ysop gehört zu den Mysterienpflanzen des Altertums. Er ist die heilige Pflanze der Hebräer. In der Bibel wird Ysop elfmal erwähnt. Esobh, wie das Kraut genannt wird, war ein wichtiger Bestandteil der rituellen Reinigung. Man glaubte, dass dem Ysop ganz besondere Kräfte innewohnen. In der frühen christlichen Tradition war er ein Symbol für die Taufe und für die wiedererlangte Reinheit.

Die Essenz aus dem Ysop ist würzig, süß, frisch und holzig-warm. In ihr vereinigen sich viele Düfte zu einer geschlossenen Richtung. Der Duft vermittelt Reinheit und Klarheit des Geistes. Er richtet aus und richtet auf; er belebt und beflügelt, ohne einen abheben zu lassen. Der verwirrte Geist ordnet sich, die Konzentrationsfähigkeit steigt. Ysop übermittelt Inspiration und Weisheit.

Die Pflanze hat tiefblaue Blüten, und genauso blau ist der ihr zugeordnete Stein, der Lapislazuli. Auch er steht für Klarheit der Gedanken und kosmische Inspiration und dient als Meditationsstein.

Die Essenz aus dem Ysop hat auch eine warme Komponente. Damit besänftigt sie Emotionen, beruhigt extreme Gefühle, lässt Wachheit empfinden und ist ideal für Menschen, die geistig kreativ arbeiten. Wie der Lapislazuli ist sie hilfreich für Sammlung und Meditation; wahrlich ein heiliger Duft! Der Ysop wird in seiner Heimat, dem Mittelmeerraum, seit etwa 2000 Jahren als Heilpflanze verwendet; so weit lässt sich seine Spur zurückverfolgen. Dioscurides, Galen und Hippocrates loben die heilende Wirkung auf die Atemwege und weitere gute Eigenschaften.

Die Essenz kann zähen Schleim lösen und Auswurf beschleunigen. In einem Text der Medizinschule von Salerno aus dem Jahre 1066 heißt es: »Bläulicher Ysop reinigt die Brust vom schädlichen Schleime. Dienlich ist Absud der Pflanze, vermengt mit Honig.«

Ysopöl ist ein ideales Mittel für Husten und Bronchitis mit zähem Schleim. Es beruhigt zudem krampfartigen Hustenreiz. Bei Kindern mit Husten verwendet man am besten eine elektrische Duftlampe fürs Kinderzimmer, in die man einige Tropfen Ysop gibt. Als Brustbalsam wird Ysopöl auch gerne verwendet. Hierzu muss es in einen Trägerstoff eingearbeitet werden. Ysop wirkt erwärmend auf den Magen und ist verdauungsfördernd (deshalb ist er auch Bestandteil des berühmten Chartreuselikörs). Ysopessenz stärkt das Herz und gleicht zu hohen Blutdruck aus. Nicht umsonst war Ysop in den meisten »Wundermitteln« des Mittelalters (nach geheimem Rezept) zur allgemeinen Stärkung enthalten. Dioscurides schätzte ihn in Wein eingenommen. Folgen Sie seinem Vorschlag: Verrühren Sie einige Tropfen des Öles in Honig und lösen Sie diesen in 1 Liter Rotwein. Genehmigen Sie sich ihn likörglasweise.

Ysop wirkt emmenagog, das heißt regeltreibend (innerlich eingenommen oder als Sitzbad angewendet). Deshalb: Bitte nicht während der Schwangerschaft einnehmen! Die Essenz enthält in geringer Menge Keton. Deshalb kann sie – hochdosiert verabreicht – epileptische Anfälle bei dafür prädestinierten Personen auslösen. Verwenden Sie lieber die Essenz aus Hyssopus decumbens, die weniger Nebenwirkungen verursacht.

YSOP

Botanischer Name	Hyssopus officinalis Hyssopus decumbens
Familie	Lamiaceae, Familie der Lippenblütler
Ursprungsland	Mittelmeergebiet; kultiviert in Frankreich, Italien, Spanien, Jugoslawien
Beschreibung	Bis 60 cm hohe Pflanze, Halbstrauch, mehrjährig mit kleinen spitzen Blättern, dunkelblaue bis violette, manchmal rosa Blüten; typische Pflanze der traditionellen Bauerngärten; lockt Bienen und Schmetterlinge an
Essenz	Wasserdampfdestillation aus der ganzen Pflanze, gelbliche Flüssigkeit mit aromatischem, würzigem, frischem Duft. Aus 100 kg Pflanzen erhält man 300–900 g Öl
Inhaltsstoffe	Ketone (Pino-Camphon), Pinen, Geraniol, Borneol, Thuion, Phellandren, Limonen, Myrcen
Mischt sich gut mit	Lavendel, Salbei, Rosmarin, Myrte, Eisenkraut, Muskatellersalbei, Zirbelkiefer
Charakter	Yang, Merkuröl

Wirkungen	Anwendungsbereiche
körperlich	
Krampf lösend schleimlösend auswurffördernd Blutdruck regulierend menstruationsfördernd herzstärkend blutreinigend Fieber senkend	Asthma, Husten, Bronchitis (akut und chronisch) zu hoher, zu niedriger Blutdruck, allgemeine Stärkung nach Krankheiten, Quetschungen, Schürfungen, Rheuma, Erkältung
geistig-seelisch	
klärend konzentrierend reinigend kreativierend im geistigen Bereich Nerven stärkend	Verwirrung, extreme Emotionen, Angst, Konzentrationsschwäche, Erschöpfung zur Anregung bei geistiger Arbeit, Meditation und Sammlung
Haut	
adstringierend	unreine Haut, Ekzeme
Küche	Chartreuselikör, zum Würzen von Saucen, Fleischgerichten

Vorsicht! Nicht verwenden bei Menschen mit Anlage zur Epilepsie. Während der Schwangerschaft nicht innerlich einnehmen; nicht als Bad, nicht in Massageöl gebrauchen. Hyssopus officinalis var. decumbens ist ohne Nebenwirkungen. Das Öl aus dieser Ysopart ist jedoch selten erhältlich.

Ode an den Duft des Holzes

Spät, zugleich mit den in der Kühle
aufgegangenen Sternen
öffnete ich die Tür.
Das Meer sprengte im Galopp
durch die Nacht.

Und aus dem dunklen Hause kam
wie eine Hand
der starke Duft
wohlverwahrten Holzes.

Sichtbar war der Duft,
als lebte noch der Baum.
Als zuckte da sein Herz.

Sichtbar
wie ein abgebrochener Zweig.
Ich ging umher
im Inneren meines Hauses,
das umwoben war
von jener balsamischen Dunkelheit.

Draußen
gleich magnetischen Edelsteinen
funkelten
die Himmelspunkte,
und der Duft des Holzes
rührte an
mein Herz.

PABLO NERUDA

Zeder

Was der Löwe in der Tierwelt, das ist die Zeder unter den Bäumen. Majestätisch und kraftvoll, so erhebt sie sich auf den höchsten Bergeshöhen. Sie nimmt sich Raum mit ihren weit ausladenden Ästen. Unerschütterlich steht sie da, voll innerer Harmonie. Die Zeder kann bis zu 30 Meter hoch werden und ein Alter von 1000 bis 2000 Jahren erreichen. In biblischen Zeiten waren der Libanon und große Teile des kilikischen Taurus mit Zedernwäldern bedeckt. Das Holz war begehrt als Symbol von Stärke, Würde und Adel. Der Tempel Salomons wurde aus Zedernholz erbaut.
Unersättlich war auch das alte Ägypten. Dort wurden Schiffe, Möbel und Särge daraus hergestellt. Das rötlich-braune, duftende Holz wird von Insekten niemals zerfressen. Sein Duft hält sie ab. Das ätherische Öl diente auch zur Mumifizierung. Im Gilgamesch-Epos wird berichtet, dass Noah zum Dank für seine Rettung vor der Sintflut Zedernholz und Myrrhe verbrannte. »Angenehm stieg den Göttern der Duft in die Nase«, heißt es.

Die Zeder, ein Baum des Gebirges, wächst in einer Höhe von 1200 bis 1800 Metern. An den Hängen des Libanongebirges befand sich der sagenumwobene »heilige Hain«. Dorthin pilgerten die Menschen viele Jahrhunderte lang, campierten dort einige Zeit, um sich in der duftenden Aura der Bäume betend zu stärken und Trost zu suchen. Die Bäume erfüllten die Luft mit ihrem warmen, balsamischen Duft und wirkten dadurch heilend auf die Menschen.
Von diesem »heiligen Hain« sind bis heute etwa 400 Exemplare erhalten geblieben. Die ältesten dieser stolzen Baumriesen werden auf 2500 Jahre geschätzt. Großer Bedarf an Zedernholz führte leider allgemein zur Dezimierung der Bäume. Heute ist nur noch ein kärglicher Rest der einstigen Wälder übriggeblieben.
Die Essenz aus der Zeder wirkt wärmend, harmonisierend und – wie es heißt – lebensspendend. Sie beruhigt bei Angst und nervöser Spannung. Sie wärmt und tröstet in schwierigen Lebenssituationen und stabilisiert Kräfte, die aus dem Gleichgewicht zu geraten drohen. Aggression, Angst und Ärger werden geringer. Der Duft vermittelt Souveränität gegenüber schwankenden Gefühlen. Im Duft der Essenz liegen Stärke und Würde, denen Herzenskraft und eine Spur Sinnlichkeit nicht fehlen.
Da es kaum noch Libanonzedern gibt, werden Zedernholzöle meist aus anderen Zedernarten hergestellt. Oft stammt das ätherische Öl aus einem Baum, der in Nordamerika wächst. Diese rote Zeder, Jumperus virginiana, ist ein enger Verwandter des Thujabaumes. Aus ihrem Holz werden auch Bleistifte hergestellt, deshalb weckt die Essenz oft Erinnerungen an unsere Schulzeit. Das Öl aus diesem Baum hat jedoch nicht die kräftigende psychologische Wirkung wie das der Libanonzeder. Man sollte deshalb die Essenz aus der Atlaszeder bevorzugen, einer Zedernart, die im Hohen Atlasgebirge Nordafrikas wächst. Sie ist wie die Libanonzeder ein kraftvoller, riesiger Baum. Ihr Öl hat ebenso eine starke seelische Wirkung.
Die Zedernholzessenz hat, wie alle Nadelbaumöle, Einfluss auf die Bronchien. Sie wirkt antiseptisch, entkrampfend und schleimlösend auf die Atemwege. Man kann sie für Inhalationen und in der Duftlampe verwenden. Hierfür wird sie mit anderen Essenzen wie Zitrone, Salbei oder Ysop vermischt.
Zedernholzöl hat einen Bezug zu Blase und Niere. Hier wirkt sie ebenfalls antiseptisch und hilft so bei Blasenentzündung, Nierenbeckenentzündung, Schmerzen und Brennen beim Wasserlassen. Sie wird als Sitzbad, warme Kompresse und innerlich verwendet. Vorsicht, bei Schwangerschaft sollte das Zedernholzöl nicht verwendet werden, da es als ein abtreibendes Mittel gilt.
Die Essenz ist ein viel gebrauchtes Heilmittel für die Haut. Sie wird bei Hautausschlägen, chronischen Hauterkrankungen, bei Akne und fetter Haut eingesetzt. Sie ist ein beliebtes Mittel zur Behandlung von fettem Haar, Schuppen und Haarausfall. Zedernholzöl fördert die Entgiftung der Haarbodenzellen.
Die Essenz in der Duftlampe ist insektenabweisend (wie Eukalyptus, Geranie, Nelke oder Zypresse).

Zeder

Botanischer Name	Cedrus atlantica – Atlaszeder Cedrus libani – Libanonzeder Cedrus deodara – Himalayazeder Juniperus virginiana – rote Zeder
Familie	Pinaceae, Familie der Kieferngewächse
Ursprungsland	Atlasgebirge Marokko, Algerien; Essenz meist aus Marokko
Beschreibung	Immergrüner, kraftvoller Baum mit ausladenden Ästen; Zapfen stehend, tonnenförmig; Nadeln an alten Trieben in Rosetten, einzeln an Jungtrieben
Essenz	Durch Wasserdampfdestillation aus Holzabfällen und Sägemehl; zähflüssig, gelblich bis blasshonigfarben; balsamischer, weicher, holziger, süßlich-warmer Duft; Duft der Zedernblätter weniger holzartig (als Fixativ in Duftmischungen). Aus 100 kg Holz erhält man 3,5 kg Essenz
Inhaltsstoffe	a- und g-Atlanton (Sesquiterpenketone), D-Cadinen, Cedrol, Thujon
Mischt sich gut mit	Rose, Bergamotte, Jasmin, Neroli, Wacholder
Charakter	Yang

Wirkungen	Anwendungsbereiche
körperlich	
antiseptisch schleimlösend diuretisch	Erkrankungen der Atemwege Erkrankungen der Harnwege
geistig-seelisch	
beruhigend stärkend aufbauend tröstend wärmend	Angst, nervöse Spannung, Aggression, Ärger; »seelische Entwurzelung«, Fehlen von innerer Würde und Souveränität
Haut	
antiseptisch reinigend adstringierend	Hautausschläge; unreine, fette Haut; Hautjucken, Akne
Haar	
Haar stärkend entgiftet den Haarboden	fette Haare; Haarausfall, Schuppen

Vorsicht! Zedernholzöl kann bei innerlicher Einnahme das Zentralnervensystem reizen, außerdem Magenbrennen und starkes Durstgefühl verursachen; nicht während der Schwangerschaft einnehmen.

Zirbelkiefer

Heute saß ich vor der Felsklippe
Bis schliesslich aller Nebel sich verzog
EIN gerader WEG, glitzernd der kalte Bach
Achttausend Fuß, die Gipfel jadefarben
Im milden Morgenlicht stehn weiße Wolken ...,
Nun bin ich frei von jedem Makel
Welch Kummer könnte meinen Sinn noch trüben?

HAN SHAN

In den Hochalpen, in einer Höhe von 1800 bis 2400 Metern, begegnet man einem der zähesten, trotzigsten Bäume der Berge, der Zirbelkiefer oder Arve. Dort oben, in der »Kampfzone«, in der nur die standhaftesten der Bäume überleben, widersteht sie den zerstörenden Gewalten der Berghöhen. Keine andere Holzart erträgt wie sie die extremen Temperaturschwankungen von Sommer und Winter hier oben am äußersten Rand der Baumgrenze. Schwere Schneelasten brechen ihre Äste, Blitze fällen die Kronen oder spalten den Stamm, schneidende Kälte dringt ins Holz. Die Arve jedoch lässt sich nicht unterkriegen. Mit ungebrochenem Lebenswillen bildet sie neue Seitenäste aus, oft mehrere gleichzeitig. Der Druck der Naturgewalten gibt ihr den Impuls zu mehr Lebenswillen. Sie stellt sich einem lebenslangen Existenzkampf (immerhin hat sie in den Alpen die letzte Eiszeit überlebt).

Die Zirbelkiefer ist ein lichthungriger Baum, sie liebt die freien Höhen. Im Tal, in einem geschlossenen, dunklen Wald würde sie nicht überleben. Oft steht sie über einem schwindelerregenden Abgrund, am Rande einer tiefen Schlucht, und hält sich mit ihren kräftigen Wurzeln fest. Die wenigen Arvenwälder, die es in den Alpen noch gibt, sind eine Gemeinschaft von charaktervollen Baumpersönlichkeiten. In ihren oft bizarren Formen glaubt man Gesichter und Körper von Gnomen und Riesen zu erkennen und fühlt sich in einen uralten, verzauberten Märchenwald versetzt.

Eine Vielzahl von alpenländischen Sagen und Märchen berichten vom hilfreichen Arvengeist, der Wanderer vor dem Abgrund schützt und Erschöpfte wieder stärkt. Die von oben bis unten dichtbenadelten Baumsäulen ähneln vor allem in der Dämmerung den Baumriesen vom »Alten Wald«, den Tolkien in seinem »Herr der Ringe« beschreibt. Wenn man die Arve – besonders bei Sonneneinstrahlung – von weitem mit zugekniffenen Augen betrachtet, scheint es, als umgebe sie eine blaugrüne Aura. Ihr dichtes Nadelkleid hat eine tiefe blaugrüne Farbe. Die Heiler vergangener Zeiten wollen an diesem blauen Lichtkranz die starke Heilkraft der Arve abgelesen haben.

Die Zirbelkiefer hat Zeit; lange ruht sie in den Wintermonaten in und unter Schnee. Ihre Vegetationsperiode dauert nur 2 bis 3 Monate. In ihren ersten 20 Lebensjahren wird sie nur etwa einen Meter hoch. Mit 200 Jahren schliesst sie ihren Höhenwachstum ab und hat dann einen Durchmesser von nur 40 Zentimetern. Ihren Stamm verdickt sie bis ins höchste Alter von 800 Jahren.

Das harzreiche Holz der Arve ist sehr begehrt, denn es hat eine warme rötliche Farbe und einen sehr angenehmen Geruch. Insekten meiden es. Haushaltsgegenstände, Möbel oder Wandverkleidungen daraus verströmen über lange Zeit einen balsamischen Duft. Im Alpengebiet findet man Wirtshäuser, deren Gaststube mit Zirbelholz ausgekleidet ist. In diesen oft alten »Zirbelstub'n« herrscht eine besonders angenehme Atmosphäre. Ein samtig-harziger Duft erfüllt den Raum; ganz im Gegensatz zu manch anderen Gasthäusern, in deren Holzwänden sich Rauch, Speisegerüche und die Ausdünstungen von zahlreichen Gästen im Laufe der Jahre festgesetzt haben. In solch einer »Beiz«, wie sie in Süddeutschland genannt wird, sind die Wände von diesen Gerüchen und Ausdünstungen gebeizt. Das ätherische Öl im harzreichen Arvenholz kann die Atmosphäre in einem Raum über sehr lange Zeit frisch und rein erhalten. Das weiß man im Alpenraum seit je. Den gleichen Effekt kann man durch Verdampfen des ätherischen Öles der Zirbelkiefer in einer Duftlampe erhalten. Auch ihrer Ausstrahlung und ihrer Heilkraft wegen ist die Arve schon immer der Lieblingsbaum der Bergbewohner gewesen. Sie gilt als Sinnbild für ungebrochenen Lebenswillen, Ausdauer, Stärke und einen freiheitlichen Geist, der sich Normen nicht beugen muss und nie unterwürfig ist.

Das Zirbelkiefernöl ist eine Kostbarkeit aus den höchsten, lichten Höhen der Berge. Es birgt in sich konzentriert die Charaktereigenschaften und das Kraftfeld des Baumes. In der Duftlampe verströmt, kann es die Raumluft reinigen von Zigarettenrauch, Essensgeruch, sogar von »dicker Luft«, die sich durch Streit und unangenehme Gefühle zusammengeballt hat und wie eine dunkle Wolke im Raum hängt. Es ist ein keimtötendes ätherisches Öl, mit dem man Behandlungsräume oder Wartezimmer reinigt und desinfiziert. Man kann es für diese Zwecke mit anderen Essenzen, wie Zitrone, Eisenkraut, Eukalyptus, Lemongrass oder Minze, mischen, um seinen harzigen Duft etwas aufzulockern.

Der Duft der Arve weckt die Lebensgeister, denn er trägt den starken Lebenswillen des Baumes in sich. Zirbelkiefernöl ist gut für Menschen, denen es an Mut, Ausdauer, Selbstbewusstsein und Durchsetzungsvermögen fehlt. Hierfür kann man es mit Angelikawurzelöl und Zitronenöl vermischen.

Rezept für die Duftlampe
Lebensgeister

Zirbelkiefer 5 Tropfen — Zitrone 3 Tropfen
Angelika 1 Tropfen

In der Rekonvaleszenz, nach besonders schwächenden Krankheiten oder bei starker seelischer Beanspruchung kann uns das Öl helfen, wieder schneller auf die Beine zu kommen. Es wird in der Duftlampe, in Bädern oder Duschgels verwendet. Der Duft unterstreicht den Charakter mutiger, abenteuerlustiger, selbstbewusster Menschen. Er eignet sich auch sehr gut zum Mischen von Aftershaves und Herrenparfums.

In der Aromatherapie gilt Zirbelkiefernöl als »Schutzöl«, das heißt, man verwendet es, um sich selbst als Behandler abzugrenzen und zu schützen.

Die Zirbelessenz unterstützt die Fähigkeit der Haut in ihrer Funktion als Entgiftungsorgan. Sie steigert die Durchblutung und eignet sich in Massageölen zur Behandlung von Muskelverspannungen. Bei rheumatischen Beschwerden und Neuralgien hat sich die Essenz ebenfalls bewährt und wird hier zu Einreibungen, Massagen und Kompressen verwendet. Man kann sie dafür gut mit Wacholder, Wiesenkönigin und Kamille mischen.

Das Zirbelkiefernöl hält Insekten fern. Deshalb wird es biologischen Holzanstrichen auf Ölbasis zugefügt, am besten zusammen mit Orangenöl. Dieses ist ein natürliches Lösungsmittel, das ein tiefes Eindringen ins Holz bewirkt. Auch als Pflegemittel für besonders edle Holzmöbel eignet sich das Zirbelkiefernöl. Motten hält man fern durch einige Tropfen am Boden des Kleiderschrankes oder in einem Wattebausch in einem speziellen Schrankduftkästchen. Lästige Insekten in Getreidevorräten verjagt man mit Zirbelkiefernöl erfolgreich.

Die Zirbelkiefer steht in den Alpen unter Naturschutz. Nur natürlich gefallene Bäume, z. B. durch Sturm, Blitzschlag oder Erdrutsch, dürfen zur Holzverarbeitung und Destillation verwendet werden. Oft werden sie mit Hubschraubern aus unwegsamen Höhen ins Tal geschafft. Das ätherische Öl wird aus den zerkleinerten Zweigen samt Nadeln und Zapfen durch Wasserdampfdestillation hergestellt. Selten ist im Handel wirklich reines Zirbelkiefernöl zu haben. Oft wird nur Latschenkiefernöl verkauft oder das Zirbelkiefernöl damit gestreckt. Auch Öle, die mit Terpentinöl, Kampferöl oder gar Petroleum »verlängert« sind, werden angeboten.

Das ätherische Öl der Zirbelkiefer hat, wie alle Nadelbaumöle, einen starken Bezug zum Atemtrakt. Jeder kennt die Wirkung eines Nadelwaldes, den man – vielleicht mit dem Auto aus der Stadt kommend – erreicht und erst einmal mit einigen tiefen Atemzügen »begrüßt«. Der in der Luft schwebende Duft, also das ätherische Öl, wird über die Lungen aufgenommen. Es vertieft und intensiviert die Atmung. Das geschieht durch die Zirbelkieferessenz in verstärktem Maße. Durch ihre durchblutungsanregende Wirkung auf die Lunge fördert sie die Sauerstoffversorgung des Blutes. Sie wirkt auf den gesamten Atemtrakt antiseptisch, schleimlösend, durchblutungsfördernd, und sie wird deshalb empfohlen bei Erkältungskrankheiten, Grippe, Husten, Bronchitis, Raucherhusten und Sinusitis, auch als zusätzliche Behandlung bei Lungenentzündung und Lungentuberkulose. Man verwendet hierfür das Öl in der Duftlampe, im Zerstäuber oder zur Inhalation. Auch in Brustsalben hat sich die Essenz sehr bewährt. Sie kann hier mit Ysop, Eukalyptus, Zypresse oder Myrte gemischt werden. Mit Eukalyptus, Minze und Zitrone ergibt sie ein gutes Saunaöl. Ehemalige Raucher sollten des Öfteren Zirbelkiefernöl in ihre Duftlampe geben (eventuell mischen mit Myrte, Eukalyptus), denn das Öl verstärkt die Entgiftungsfunktion der Bronchien.

Wirkungen	Anwendungsbereiche
körperlich	
antiseptisch schleimlösend durchblutungsfördernd	Erkältungskrankheiten, Grippe, Sinusitis, Bronchitis, Lungenentzündung, Lungentuberkulose, Raucherhusten; Muskelverspannungen, rheumatische Beschwerden; Rekonvaleszenz
geistig-seelisch	
stärkend reinigend aufbauend	Angst, Mutlosigkeit geschwächtes Selbstbewusstsein Energielosigkeit, Schwäche, nervöse Depression
Haut	
antiseptisch durchblutungsfördernd, reinigend	schlecht durchblutete und unreine Haut in Aftershaves und Bädern
Haare	
stärkt den Haarboden	in Shampoos und Haarwasser bei Haarausfall

Zirbelkiefer

Botanischer Name	Pinus cembra
Familie	Pinaceae, Familie der Kieferngewächse
Ursprungsland	Alpen, Karpaten; wächst in Höhen von 1800 bis 2400 Metern
Beschreibung	Bis 20 Meter hoher Baum, von oben bis unten dicht benadelt, Rinde in der Jugend silbergrau, glatt, später graubraun; bis zu 8 cm lange blaugrüne Nadeln; beerenförmige, rostrote Blüten; Fruchtbarkeit erst zwischen dem 50. und 60. Lebensjahr; Holz rötlichbraun
Essenz	Wasserdampfdestillation aus den zerkleinerten Zweigen; flüssig, klar; würziger harziger, holziger, balsamischer Duft. Aus 100 kg Pflanzen erhält man 400–1000 g ätherisches Öl
Inhaltsstoffe	b-Pinen, a-Pinen, L-a-Phellandren, Sylvestren, L-Limonen, Dipenten, Capronaldehyd, Anisaldehyd, Crypton. Bornylproprionat und -capronat, Cardinen
Mischt sich gut mit	Eukalyptus, Zitrone, Eisenkraut, Wacholder, Lemongrass, Pampelmuse, Angelika, Myrte, Cajeput und Birke
Charakter	Yang, Schutzöl

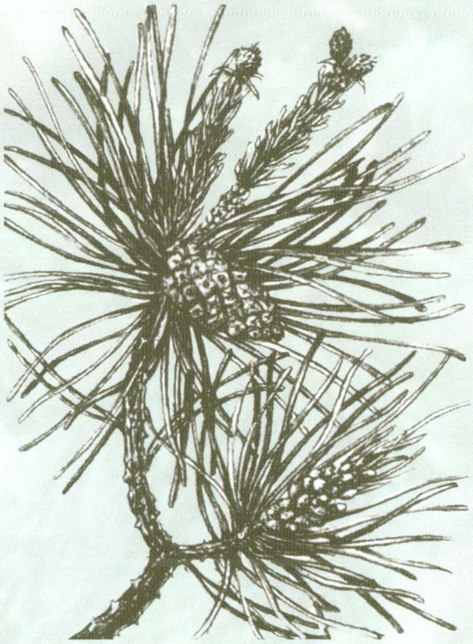

Zitrone

Die Zitrone erweckt ein Bild von Frische und Sauberkeit. Sie wird sogar zu einem Symbol für besondere Reinlichkeit im (oft übertriebenen) Kampf der Hausfrau gegen Schmutz und Keime. Wenn nicht, wie könnte der größte Teil aller Haushaltsprodukte, die etwas mit Putzen, Frische und Desinfektion zu tun haben, mit Zitronenduft parfümiert sein? Natürlich kann so viel reines Zitronenöl gar nicht produziert werden, wie für alle diese Produkte verwendet wird, die zitronenähnlich riechen. Oft ist es synthetisches Citral (aus Isopren über Methylheptenon oder Dehydrolinalool gewonnen). Das natürliche Citral, einer der Hauptduftstoffe der Zitrone, kann auch aus anderen Pflanzen, die billiger sind, gewonnen werden, z.B. aus Lemongrass oder Litsea cubeba (einer Baumart aus China).
Das »Deutsche Arzneimittelbuch« schreibt für das in der Apotheke angebotene Zitronenöl einen bestimmten natürlichen Citralgehalt vor. Durch schwankendes Klima verändert sich in den Pflanzen der Anteil ihrer Wirkstoffe, somit schwankt auch manchmal der Citralgehalt im natürlichen Zitronenöl. Wenn dies der Fall ist und das Zitronenöl den erforderlichen Anteil an Citral nicht enthält, helfen die Hersteller mit Citral aus anderen Pflanzen und synthetischem Citral nach.
Sizilien, das das beste Zitronenöl liefert, fürchtete aufgrund dieser Praxis um seinen guten Ruf als Exporteur. Deshalb verbot die italienische Regierung die Einfuhr von Citral. Deutsche Herstellerfirmen änderten den Namen für Citral und umgingen somit die Einfuhrsperre nach Italien. Damit stand einer Verfälschung nichts mehr im Wege, zumal zugefügtes Citral aus anderen Pflanzen sich selbst im Gaschromatografen nicht feststellen lässt.
Aus kommerziellen Erwägungen erfährt das Zitronenöl häufig eine weitere Veränderung durch große Firmen für ätherische Öle. Man trennt vom Zitrusöl den natürlichen Wachsanteil, wenn das Öl zur Aromatisierung von Getränken und Speisen verwendet werden soll. Dadurch löst es sich leichter in den zu aromatisierenden Flüssigkeiten und Speisen. (Zitrusöle werden hierfür auf minus 40° abgekühlt, wodurch die Wachse ausfallen und zu Boden sinken.) Vom Standpunkt der Aromatherapie aus ist es jedoch unumgänglich, dass die Essenzen in ihrer inhaltlichen Vielfalt erhalten bleiben, denn die unterschiedlichen Inhaltsstoffe unterstützen sich gegenseitig und halten sich in ihrer Wirkung im Gleichgewicht. Für therapeutische Zwecke sollte deshalb nur ein völlig naturbelassenes Zitronenöl verwendet werden. Das ätherische Öl der Zitrone sitzt in den Öldrüsen der Schale. Man gewinnt es durch Kaltpressen und anschließendes Zentrifugieren. (Früher wurde die Schale von Hand gegen einen Schwamm ausgepresst.) Durch diese Methode gelangen alle eventuell vorhandenen Spritzmittel in das ätherische Öl. Es empfiehlt sich deshalb in jedem Fall, sich um eine Zitronenessenz zu bemühen, die von Früchten aus biologischem Anbau stammt.
Zitronenöl ist wie alle Zitrusöle maximal 6 bis 8 Monate haltbar. Da es sehr licht- und wärmeempfindlich ist, sollten größere Mengen im Kühlschrank aufbewahrt werden. Den konventionellen Zitrusölen sind häufig Stabilisatoren zugefügt, um die Haltbarkeit zu garantieren und den Handel zu erleichtern. Auch dies ist für die Aromatherapie unerwünscht. Der Einkauf von Zitrusölen für die Aromatherapie ist deshalb für Großhändler eine delikate Sache. Die einzige Garantie für erstklassige Qualität ist persönlicher Kontakt zum Hersteller.
Aus meinem Notizbuch »Osterreise nach Sizilien«: Alles um mich herum ist in leuchtendes Gelb getaucht. Die kleinen Bäumchen hängen über und über voll mit den strahlendgelben Früchten. Am Boden der Plantage ist ein saftiggelber Teppich ausgelegt, gewoben aus den gelben Blüten einer Kleeart. Dieser Sauerklee bringt Säure in den Boden, die die Bäume gerne aufnehmen und ihren Früchten zufügen. Zitronenbäume brauchen viel Wärme und Licht (sie sind kälteempfindlicher als Orangenbäume). Sie dürfen keinesfalls an schattigen Plätzen stehen.
Das ganze Jahr über tragen die Bäume Früchte in vier verschiedenen Reifegraden: vom tiefen Grün bis hin zum satten Gelb. Dazwischen blinken weiße, sternenförmige Blüten, die in Sizilien noch den alten arabischen Namen »Zagara« tragen. Ein Zitronenbaum liefert im Jahr etwa 200 Kilogramm Früchte, das ergibt 1 Kilogramm Essenz. Die grünen Zitronen enthalten übrigens mehr ätherisches Öl als die gelben.
Neben der allgemein bekannten Zitrone (Citrus limon) wird in Sizilien eine weitere Zitronenart, die Zitratzitrone oder Zitronatzitrone (Citrus medica) angebaut. Ihre Früchte sind saurer und dickschaliger als jene des Zitronenbaumes. Aus ihrer Schale wird das vor allem in der Weihnachtszeit sehr gefragte Zitronat hergestellt, das gerne im Weihnachtsstollen verbacken wird. Die Essenz dieser Frucht ist rar. Sie hat einen volleren und fruchtigeren Duft als jene der normalen Zitronen.
Im 12. Jahrhundert wurden die Zitronenbäume von den Arabern in Sizilien eingeführt. Dort werden sie seitdem kultiviert. Ursprünglich in Asien heimisch, wird die Zitrone heute rund ums ganze Mittelmeer und in Amerika angebaut.
Zitronenessenz gehört in der Aromatherapie zu den Ölen, die sich für vielfältige Heilanwendungen anbieten. (Seltsamerweise wird sie in der Literatur von etlichen Aromatherapeuten nicht einmal erwähnt.) Ich möchte ihr dieses ausführliche Kapitel deshalb widmen, weil ich sie selbst zum Heilen physischer und psychischer Leiden sehr schätze.
Zitronenöl hat eine sehr hohe Schwingung. Man könnte es mit einem hohen Pfeifton vergleichen (Sandelholz dagegen »brummt wie eine dicke Hummel«). Ätherische Öle

mit hoher Schwingung versetzen in gehobene Stimmung, gleich einem geistigen »lifting«, wenn man sich bleiern fühlt. Zitronenöl hilft bei körperlicher und seelischer Schwere; es aktiviert und regt vor allem den Geist an. Es fördert die Konzentrationsfähigkeit, schärft den Verstand und stärkt das Gedächtnis.

Die Gehirnforschung in Verbindung mit Düften fand heraus, dass Zitronenöl im Gehirn besonders die Zentren des Mandelkerns und des Hippokampus anregt. In Japan wurden Versuche mit der Wirkung ätherischer Öle auf die Konzentrationsfähigkeit gemacht. Es ergab sich, dass die Quote von Tippfehlern um 54% sank, wenn die Raumluft mit Zitronenessenz aromatisiert war. Die Essenz kann in ungeklärten Situationen helfen, Entscheidungen mit wachem Verstand zu treffen. Sie unterstützt Klärungsprozesse in seelischen Konflikten. Zitronenessenz ist ein »vernünftiges« Öl im Gegensatz zu emotionalen Stimulanzien wie Jasmin oder Ylang-Ylang. Zitronenessenz hilft drohende emotionale Ausbrüche zu beschwichtigen oder zu verhindern.

Zitronenölherstellung

Der Zitronenbaum braucht viel Licht und hat einen engen Bezug zur Farbe Gelb. Deshalb passt zur Zitronenessenz der Edelstein Citrin, ein transparenter, gelblicher Kristall. Beide, Essenz und Edelstein, helfen gleichermaßen, undurchsichtige Situationen und emotionale Schwierigkeiten zu durchlichten.

Zitronenöl ist ein empfehlenswertes Öl für die Duftlampe auf dem Schreibtisch geistig tätiger Menschen (sehr gut in Verbindung mit Ysop). Es regt als »Merkuröl« auch die Kommunikationsfähigkeit an. Im Gegensatz zu Lemongrass hat Zitronenessenz noch eine warme Herznote, die Fröhlichkeit in die geistige Arbeit bringt.

Zitronenöl gehört zu den Essenzen mit besonders hoher keimtötender Wirkung. Seine Dämpfe können Meningokokken neutralisieren. Typhuserreger kann es in weniger als einer Stunde, Pneumokokken in 1 bis 3 Stunden, Staphylokokken in 5 Minuten abtöten. Zitronenöl hat eine antiseptische Dauerwirkung von 20 Tagen. Durch seine keimtötende Eigenschaft ist es ideal zur Desinfektion der Raumluft von Krankenhäusern, Wartezimmern oder Schulen. Besonders wirksam entfaltet sich die Essenz durch Verdampfen in der Duftlampe und Zerstäuben im Diffusionsgerät. In England, wo Aromatherapie auch in Krankenhäusern mit gutem Erfolg eingesetzt wird, verwendet man unter anderem Zitronenessenz zur Zerstäubung in Krankenzimmern. Hier ist sie besonders hilfreich bei Krebspatienten, um schlechte Ausdünstungen der betroffenen Körperteile zu neutralisieren und die meist depressiven, angstvollen Patienten psychisch zu stärken.

Bei Erkältung, Halsentzündung und Mundschleimhautentzündung helfen Gurgeln (2 Tropfen auf ½ Glas Wasser) und die innerliche Einnahme als Einzelöl oder in Verschüttelung mit Propolistinktur.

Bei Asthma sind innerliche Einnahme und Verwendung in der Duftlampe und im Diffusionsgerät (auch in Verbindung mit anderen asthmawirksamen Essenzen wie Römische Kamille oder Ysop) hilfreich. Zitronenessenz ist, innerlich eingenommen (in Verschüttelung mit Fieberkleetinktur) und auch in Wadenwickeln fiebersenkend. Eine kalte Zitronenkompresse auf der heißen, fiebrigen Stirn ist sehr wohltuend. Bei juckenden Hautausschlägen helfen Waschungen mit Zitronenwasser (1 bis 2 Tropfen auf 1 Liter Wasser, auch in Verbindung mit Lavendel). Bei Kinderkrankheiten mit juckender Haut (zum Beispiel Masern) lindern solche Waschungen den Juckreiz. Durch ihre gefäßstärkende Wirkung ist Zitronenessenz ein Heil- und Vorbeugemittel bei Krampfadern. Es dient auch allgemein zur Venenstärkung. Hierfür ist es besonders wirksam in Hautölen und Kompressen, mit Zypressenöl im Verhältnis 1 : 1 vermischt. Innerlich eingenommen hat das Öl herzstärkende Wirkung und beugt Arteriosklerose vor. Zitronenessenz regt die Blutbildung an und ist durch seinen Vitamin-C-Gehalt ein gutes Mittel bei Blutarmut.

Schon beim Anblick einer Zitrone bekommt man einen sauren Geschmack im Mund. Die Zitrone, innerlich eingenommen, wirkt jedoch im Körper nicht ansäuernd. Ganz im Gegenteil: Sie löst im Körper eine alkalische Reaktion aus. Dadurch hilft sie als basenüberschüssiges Mittel speziell bei Magenübersäuerung und bei allgemeiner Übersäuerung des Körpers.

Falsche Ernährung führt bei vielen Menschen zu Störungen des Säure-Basen-Gleichgewichtes. Weißes Mehl, raffinierter Zucker, Kaffee, schwarzer Tee, zu viel Schweinefleisch und zerkochte Nahrung reichern den Körper zu sehr mit Säure an. Diese Tatsache ist die Ursache vieler Krankheiten, besonders von Rheuma und Gicht. Rohkost, Getreidegerichte und Kräutertees bieten dagegen einen Basenüberschuss und schaffen im Körper mehr basisches Milieu. Zitronenessenz, innerlich eingenommen, bewirkt die Produktion von Kaliumkarbonat und neutralisiert dadurch den Überschuss an Säure in den Körpersäften. Zur Behandlung von Rheuma und Gicht hat sich daher das Zitronenöl besonders in Verbindung mit Wiesenköniginöl bewährt. Dieses hilft seinerseits, angesammelte Harnsäure (die sich durch Ansäuerung des Körpers gebildet hat) auszuschwemmen. Hierfür wird innerliche und äußerliche Anwendung empfohlen.

Zitronenessenz regt allgemein das körpereigene Immunsystem an. Sie aktiviert die weißen Blutkörperchen und dient

damit als Mittel, sich beispielsweise in Grippezeiten vor Ansteckung zu schützen; am besten in Verbindung mit Angelikaessenz. Die Aromatherapie empfiehlt Zitronenessenz bei Harnleiterentzündung (mit Sandelholzöl). Zitronen- und Bohnenkrautöl in Mischung, innerlich eingenommen und als Sitzbad, gelten als Heilmittel bei Unfruchtbarkeit des Mannes. Zitronenöl wirkt zusammenziehend und antiseptisch, stillt Blutungen und desinfiziert Wunden. Die Anwendung mit unverdünntem Öl ist möglich und hilfreich, brennt jedoch. In Arnikatinktur verschüttelt, dann mit abgekochtem Wasser im Verhältnis 1 : 3 vermischt, ist die Zitronenessenz ein wunderbares Mittel zur Behandlung von blutenden Wunden (als Kompresse oder Waschung).
Bei Insektenstichen kann Zitronenöl (wie Lavendelessenz) pur aufgetragen werden, um den Juckreiz zu stillen und ein Anschwellen zu vermeiden. Durch seine Heilwirkung und seinen frischen Duft passt Zitronenöl sehr gut in Saunamischungen. Hierfür können Sie es ja nach Gusto mit Eukalyptus, Zirbelkiefer oder Verbena mischen.
Sport- und Massageölen gibt Zitronenessenz eine erfrische Note. Es eignet sich für Massagen, da es die Muskulatur tonisiert. Zitronenessenz wird in vielen Eau-de-Cologne-Mischungen verwendet. Sie ist herrlich zum Selbermischen von Aftershave, Duschgel, Eau de Cologne und erfrischenden Parfums.

Zitrone

Botanischer Name	Citrus limon – Zitrone Citrus medica – Zedratzitrone, Zitronatzitrone
Familie	Rutaceae, Familie der Rautengewächse, große Familie mit 1600 Arten
Ursprungsland	Ursprünglich Asien, heute kultiviert rund ums Mittelmeer, in Amerika
Beschreibung	Kleiner, bis zu 5 Meter hoher Baum, Früchte und Blüten das ganze Jahr über, Blätter eiförmig, immergrün, glatt, dunkelgrün, mit welligem Rand, Blüten weiß, einfach oder paarig
Essenz	Kaltpressung aus den Schalen; besonders licht- und wärmeempfindlich; flüssig, schwachgelb bis grünlich; frischer typischer Zitronengeruch. Aus 1500–3000 Zitronen erhält man 1 kg Öl, je nach Erntezeit
Inhaltsstoffe	Camphen, Pinen, Aldchyde, Phellandren, Methylheptenon, a-Terpinen, Limonen, Citronnol, Terpineol, Citral, Linalyl-, Neryl-, Citronellyl-, Geranylacetat, Cadinen, Essigsäure, Caprin säure, Lavrinsäure, Citropten, Vitamin C
Mischt sich gut mit	Lavendel, Zirbelkiefer, Meerkiefer, Zeder, Eukalyptus, Fenchel, Wacholder, Sandelholz, Neroli
Charakter	Yang – Merkuröl

Wirkungen	Anwendungsbereiche
körperlich	
keimtötend fiebersenkend regt Bildung weißer Blutkörperchen an abwehr-, gefäß-, herzstärkend säureneutralisierend antisklerotisch durchblutungsfördernd	Desinfizieren von Räumen; Fieber, infektiöse Erkrankungen, Erkältung, Halsentzündung; Asthma; Hautausschläge; Blutarmut; Magenübersäuerung; Krampfadern; Rheuma, Gicht; Harnleiterentzündung; blutende Wunden, Insektenstiche, Schwellungen, Stauungsleber
geistig-seelisch	
anregend klärend konzentrierend den Geist erfrischend	Müdigkeit, Konzentrationsschwäche, seelische Schwere
Haut	
antiseptisch entschlackend adstringierend	fette Haut, gestaute Haut; geplatzte Äderchen, Sommersprossen; brüchige Nägel; Sportmassagen
Haare	
bringt Glanz	fettige Haare, Schuppen
Küche	Süßspeisen, Eis, Kuchen, Limonaden, Likör

Vorsicht! Auf empfindlicher Haut kann das Öl bei Sonneneinstrahlung Irritationen verursachen. Vor der äußerlichen Anwendung Probe mit unverdünntem Öl in der Armbeuge machen.

Sachte, ganz sachte
Schwanken im Mondeslicht, fächeln
Die schwarzen Fächer der großen Zypressen.
Die Dunkelheit zittert und wogt.
Die Toten lächeln ...

SALAHATTIN BATU

Zypresse

Dunkel und schweigend stehen sie da, wie riesige Zeigefinger, die zum Himmel weisen. Sie erlauben sich keine unnötige Geste, wie andere Bäume, die ihre Äste ausladend von sich strecken. Sie sind wie ein Wille, der nur eine einzige Richtung kennt, reine Architektur, die Vertikale in der Landschaft; Bäume des Saturns, der Kraft der Formgebung, des männlichen Prinzips. Jetzt, da ich diese Zeilen schreibe, sitze ich unter einer uralten Zypresse in Bolgheri, jenem Ort in der Toskana, zu dem die längste Zypressenallee der Welt führt. Die Toskana ist eine der schönsten von Menschenhand gestalteten Landschaften. Sie wirkt deshalb so harmonisch, weil die klaren, aufrechten Formen der Zypresse als Yangelement die weichen Formen der Hügel als Yinelement ergänzen. In nördlicheren Ländern sind es die Pyramidenpappeln in weiten Ebenen oder an großen Flüssen, die die starke Yinkraft der flachen Landschaft und des Flusses ausgleichen.
Die Essenz aus der Zypresse wirkt nach dem gleichen Prinzip, sie bringt in das Landschaftsbild unseres Lebens, unserer Persönlichkeit Struktur und das Prinzip des Saturns: Konzentration auf das Wesentliche. Das Öl ist gut für »Luftikusse«, also jene, die mal hier und mal dort sind mit ihren Gedanken, die Schwierigkeiten haben, ihre Ideen in die Tat umzusetzen, ihre Träume in Realität zu verwandeln. Zypressenöl hilft bei Realitätsflucht und Zerstreutheit, es wirkt wie ein Schlag auf die Schulter: »Reiß dich zusammen!«
Der Zypresse ist der schwarze Stein Onyx zugeordnet, ebenfalls ein Kind des Saturns. Er verhilft zu mehr Struktur und Konzentration und öffnet uns die Augen für »die Mysterien im Dunkeln«.
Ich schließe meine Augen und atme den Duft dieses alten Baumes ein, unter dem ich sitze. Es riecht fast feierlich und warm-tröstend. Auch in einiger Entfernung stehen Zypressen am Friedhof – wie immer in südlichen Ländern. Mit seinem Duft und seiner Form gibt dieser Baum der Friedhofsatmosphäre die nötige Feierlichkeit und Tröstung. In der immergrünen Zypresse sahen die Menschen früher ein Symbol für ein Leben nach dem Tode. Auch das schien ihnen ein guter Trost.
Zypressenöl tröstet bei vielem Weinen; es hält zusammen, wenn man »auseinander fließt«; es stärkt ein zerrüttetes Nervensystem und bringt es wieder in Form. Es zügelt bei ausschweifendem Leben und erinnert an das Wesentliche, wenn man seine Lebensenergie vergeudet.
Die Essenz wirkt konzentrierend, zusammenziehend im geistig-seelischen und körperlichen Bereich. Sie hilft da, wo man zu locker ist, zu viel fließt, ausufert.
Die Essenz ist stärkend und zusammenziehend bei schwachem Bindegewebe. Als Massageöl verwendet man sie zusammen mit Zitrone in einem Basisöl. Sie ist blutstillend bei innerlichen und äußerlichen Blutungen, z. B. bei zu starker Menstruation. Zu empfehlen sind Massage, Sitzbäder oder innerliche Einnahme: 2-mal 2 Tropfen täglich ab einer Woche vor der Menstruation. Bei Zahnfleischbluten nimmt man 10 Tropfen Essenz in 25 ml Blutwurztinktur gelöst als Mundwasser oder zum Bepinseln. Bei blutenden Hämorrhoiden helfen Sitzbäder (1 : 1 mit Myrte) und Hamamelissalbe mit 2% Zypressenöl und 2% Myrtenöl. Innerlich eingenommen wirkt das Öl gegen Durchfall. Man nimmt im akuten Fall, mit Blutwurztinktur verschüttelt, 10 bis 15 Tropfen 3- bis 4-mal täglich. Zypressenöl kann Verhärtungen der Venenwände auflösen und das Gewebe stärken. So ist es ein Heilmittel bei Krampfadern. Hier wird es, in einem Basisöl gelöst, vorsichtig aufgetragen. Ein Fußbad mit Zypressenessenz und Wacholderessenz zu gleichen Teilen hilft bei schweren Beinen. Menschen, die den Harn nicht halten können, sollten häufig Sitzbäder mit Zypressenöl nehmen.
Die Essenz aus der Zypresse kann den weiblichen Hormonhaushalt harmonisieren. Sie reguliert übermäßiges Schwitzen in den Wechseljahren und hemmt, innerlich und äußerlich verwendet und mit Muskatellersalbei gemischt, das Wachstum von Eierstockzysten.
Sehr erfrischend ist sie in einem Duschgel.
In alten Kräuterbüchern fand ich den Ratschlag, bei Husten getrocknete Huflattichblätter auf Zypressenkohle zu verbrennen und die Dämpfe einzuatmen. Man wusste wohl um die krampf- und schleimlösende Wirkung der Zypressendüfte. Die Essenz aus der Zypresse ist ein gutes Heilmittel bei krampfartigem Husten. Sie wird zu Inhalationen, in der Duftlampe und zu Einreibungen (in einem Basisöl) auf Brust und Rücken verwendet. Alles Fließende stoppt die Zypresse und so auch fließenden Katarrh (Inhalation).
Bei starkem Fußschweiß schaffen Abhilfe Zypressenöl-Fußbäder und zusätzliches Eincremen mit Salbe, die Zypressen- und Zitronenöl enthält.
Das adstringierende Zypressenöl hilft der Haut bei Akne und zu starker Fettabsonderung. Es eignet sich als Zusatz in Shampoos für fettes Haar und Schuppen.

Wirkungen	Anwendungsbereiche
körperlich	
zusammenziehend gefäßverengend krampflösend schleimlösend antiseptisch desodorierend regulierend auf das weibl. Hormonsystem	Schwaches Bindegewebe; Durchfall; zu starke Menstruation, Blutungen, Hämorrhoiden; Krampfadern; Zahnfleischbluten; Husten mit Krampf und Verschleimung, Keuchhusten; Fußschweiß; Wechseljahre, Eierstockzysten, Muskelkrämpfe, Ödeme, Asthma
geistig-seelisch	
strukturierend zusammenziehend	Gedankenflucht, Zerstreutheit, Konzentrationsschwäche,nervliche Zerrüttung, ausschweifende Sexualität, zu schneller Verbrauch der Lebensenergie, starkes Weinen, Zerfließen
Haut/Haar	
adstringierend antiseptisch desodorierend	fettige Haut, Akne; fettige Haare, Schuppen; übermäßige Schweißproduktion, Cellulitis

Zypresse

Botanischer Name	Cupressus sempervirens
Familie	Cupressaceae, Familie der Zypressengewächse
Ursprungsland	Ursprüngliche Heimat Kleinasien; kultiviert im Mittelmeerraum; Essenz meist aus Frankreich, Italien
Beschreibung	Immergrüner, bis 25 Meter hoher Nadelbaum, pfeilähnliche, aufrechte Form
Essenz	Wasserdampfdestillation aus den Blättern und Zweigen; klare bis hellgelbe Flüssigkeit; Duft trocken, harzig, rauchig, warm und würzig, ambraartig. Aus 100 kg Pflanzen erhält man 1,3–1,5 kg Öl
Inhaltsstoffe	Terpene (bis 65%), speziell D-a-Pinen, Terpineol, Cedrol (Zypressenkampher), Tanin, verschiedene Säuren, D-Camphen, Furfurol, Caren
Mischt sich gut mit	Bergamotte, Muskatellersalbei, Zitrone, Lavendel, Orange, Limette, Wacholder, Meerkiefer, Myrte, Benzoe, Cistrose
Charakter	Yang

Weitere ätherische Öle

ADLERHOLZ

Aquilaria agallocha – Thymelaceae

Adlerholzöl, auch Oud genannt, gehört zu den geheimnisvollsten Substanzen aus dem Pflanzenreich. Seine Farbe ist dunkelbraun, fast schwarz, es duftet wie in einer Höhle in einem verwunschenen Zauberwald: holzig, waldig, balsamisch, ambraartig. Tief dringt der Duft in unsere Seele, entspannt und beruhigt sie tief. Das Öl hat von allen bekannten Aromaölen die tiefste Schwingung. Mit anderen Essenzen gemischt verleiht es einem Parfum, einer kostbaren Creme, einem exquisiten Aftershave, eine geheimnisvolle Tiefe. Das Öl stammt vom Adlerholzbaum, der in Kambodscha und Vietnam angebaut wird. Ein Pilz regt Teile seines Holzes zur Produktion von Aromastoffen an. Nur diese Teile werden für Adlerholzöl destilliert (siehe mein Buch »Botschaft an den Himmel«). Adlerholz gibt Parfums die geheimnisvolle Tiefe.

ANIS

Pimpinella anisum – Apiaceae – Familie der Doldenblütler

Wasserdampfdestillation aus den Samen (Früchten). Anis wirkt wärmend und anregend auf die Verdauungsorgane, krampflösend und blähungswidrig. Bei Magen und Darmkrämpfen, besonders nervösen Ursprungs, helfen Massagen (1 Esslöffel Mandelöl mit 5 Tropfen Anisöl). Zu gleichen Teilen mit den Ölen aus Kümmel, Fenchel und Koriander gemischt, ergibt das berühmte »Vier-Winde-Öl«, für Massagen und zur innerlichen Einnahme bei Blähungen (siehe mein Buch »Aroma-Massage«).

Anisöl wirkt milchbildend, ausschwemmend, schleim- und auswurffördernd. Bei Husten, Brustverschleimung: Anisöl in Honig, als Sirup oder in Bonbons. In Mischungen wirkt Anis bei Impotenz und Frigidität. In der Duftlampe ist es geeignet mit Melisse, Neroli, Römischer Kamille für angenehme Träume. Bei starken Niesanfällen 5 Tropfen auf 1 Teelöffel Mandelöl über den Halswirbeln einreiben. Anisöl kann in zu hoher Dosis Magenreizung und Benommenheit verursachen. Angegebene Dosierung unbedingt einhalten! Eventuell andere Öle, die die gleiche Wirkung haben, zur innerlichen Einnahme bevorzugen! Auch in Bädern und Massagen nicht überdosieren! Vorsicht bei Anisallergie! Während der Schwangerschaft meiden!

BASILIKUM

Ocimum basilicum – Lamiaceae – Familie der Lippenblütler

Wasserdampfdestillation aus dem blühenden Kraut. Starke psychische Wirkung: aufmunternd, stärkend, kräftigend, antidepressiv. Bei Melancholie, Angst, Traurigkeit, Nervenschwäche, Depression. Basilikum hilft bei Migräne, die ihren Ursprung in Leber-Galle-Störungen hat; löst Stirn- und Nebenhöhlenstauungen (Inhalation, Salben); wirkt krampflösend und blähungswidrig; hilft bei nervösem Schluckauf und hat eine Wirkung auf die Nebennierenrinde. Es ist menstruationsfördernd und sollte während der Schwangerschaft nicht eingenommen werden.

BAY

Pimenta acris
Pimenta racemosa
Myrtaceae – Familie der Myrtengewächse

Wasserdampfdestillation aus den Blättern des Bay-Baumes. Starker, würziger Duft, ähnlich dem Nelkenöl. Beruhigt das neurovegetative Nervensystem; in Bädern zur Durchblutungsförderung; wirkt antiseptisch auf die Atemwege und wird bei Erkältungen zusammen mit Eukalyptus für Inhalationen, Bäder und in der Duftlampe verwendet. Um die Jahrhundertwende war es das Mittel zur Kopfhautpflege. Bayöl stimuliert den Haarwuchs und eignet sich für Shampoos, Haarwässer, Haar- und Nagelkuren. Es wird selten innerlich verwendet.

BENZOE

Styrax tonkinensis, Benzoe Siam; Thailand, Laos, Kambodscha, Vietnam
Styrax benzoin, Benzoe Sumatra, Sumatra
Styracaceae – Familie der Styraxgewächse

Extraktion des Harzes mit Alkohol oder Benzol (Resinoid). Bis 20 Meter hoher Baum, dessen Rinde angeritzt wird, damit das Harz austreten kann. Duft: sehr angenehm nach Vanille und Schokolade. Wohltuend, beruhigend, ausgleichend, zart-sinnlich. Bei nervöser Depression, Nervenüberreizung, prämenstruellem Syndrom, Reizbarkeit, Stress. Ist wie »rosa Watte« für gereizte Nerven.
Sehr geeignet zum Mischen von Parfums. Benzoe ist ein natürliches Fixativ. Passt gut zu Iris, Moschuskörnern, Rose und Geranie. Es wirkt antiseptisch, schleimlösend und entzün-

dungshemmend und ist hilfreich bei Halsentzündung, Husten, Bronchitis und Asthma in Form von Inhalationen und in der Duftlampe; ist außerdem ein altbekanntes Schönheitsmittel für die Haut. Es reinigt, pflegt und erhält sie elastisch; besonders gut bei trockener, spröder, gereizter Haut. Es fördert die Wundheilung und kann, wiederholt aufgetragen, verhärtete Narben erweichen. Wirkt in kosmetischen Zubereitungen konservierend.

BIRKE

Betulu alba
Betula lenta
Betulaceae – Familie der Birkengewächse

Trockene Destillation der frischen Rinde und der belaubten Äste ergibt eine zähe, schwarze Masse mit strengem Ledergeruch (Rusisch-Leder-Öl). Wird meist zusammen mit Wintergrünzweigen abdestilliert. Daraus entsteht durch Rektifikation das klare, gelbliche Birkenöl mit angenehm balsamischem Duft. Es enthält bis zu 98,5% natürliches Methylsalicylat. In äußerlicher Anwendung antirheumatisch, wundheilend, blutreinigend, harnsäurelösend. Zur Behandlung von rheumatischen Beschwerden, Muskelschmerzen- und Verhärtungen, Sehnenscheidenentzündung, Hautausschlägen, Geschwüren und Cellulitis; blutreinigend und ausschwemmend; für Bäder, Massagen, Auflagen, Umschläge geeignet. In Shampoos fördert es Haarwuchs. Ideal in Mischung mit Wiesenköniginöl.

BOHNENKRAUT

Satureja hortensis (Bohnenkraut)
Satureja montana (Bergbohnenkraut)
Lamiaceae – Familie der Lippenblütler

Frischer, kräuterartiger, etwas medizinischer Duft. Starke psychische Wirkung: revitalisierend, anregend; stimuliert den Geist. Gut bei Nervenschwäche, Energielosigkeit, Antriebsschwäche, als Aphrodisiakum. Hat krampflösende, antiseptische und anregende Wirkung auf den Verdauungstrakt und hilft bei Darmkrämpfen, Blähungen, Durchfällen. Regt die Nebennierenrinde an. Bei Schwerhörigkeit mit Johanniskrautöl mischen und im Wattebausch nachts ins Ohr geben (2 Tropfen auf 1 Teelöffel Johanniskrautöl). Für Bäder, Bauchmassagen und als Mischung für die Duftlampe. Das Bergbohnenkraut hat eine stärkere Wirkung als das Bohnenkraut.

CAJEPUT

Melaleuca leucadendron – Myrtaceae – Familie der Myrtengewächse

Wasserdampfdestillation der Blätter und kleinen Zweigspitzen des Cajeputbaumes (Molukken, Indonesien, Australien, Vietnam, Malaysia, Indien); eukalyptusartiger Duft. Starkes Antiseptikum. Enthält viel Terpene. Wird bei Infektionen der Atemwege eingesetzt: Erkältung, Grippe, Bronchitis. Bei Hals- und Kehlkopfentzündung helfen Halswickel mit Cajeputöl in Wasser, Heilerde oder fettem Öl gelöst (10%). Wirksam als Inhalation und in Brustsalben. Als Antiseptikum für die ableitenden Harnwege hilft das Öl bei Blasen- und Harnröhrenentzündung.
Im Bereich des Verdauungstraktes wird es bei Durchfällen, Dünndarmentzündung, Magenkrämpfen, nervösem Erbrechen und bei Eingeweidewürmern (Ascariden und Oxyuren), äußerlich als Auflage und für Einreibungen verwendet. Hilft bei Rheuma, Neuralgien, neuralgischen Schmerzen der Ohren und Zähne (10%ige Verdünnung mit einem Basisöl). Bei Ohrenschmerzen wird ein mit Cajeput getränktes Wattebäuschchen ins Ohr eingeführt (zu gleichen Teilen mit Johanniskrautöl vermischt). Es wird zur Behandlung von Psoriasis und Akne verwendet. In zu hoher Dosierung innerlich eingenommen kann die Essenz Erbrechen und Magenreizung verursachen. Cajeputöl ist einer der Hauptbestandteile des Olbasöls (mit Nelke, Eukalyptus, Wacholder, Minze und Wintergrün).

DILL

Anethum graveolens – Apiaceae – Familie der Doldenblütler

Wasserdampfdestillation aus den Früchten oder dem ganzen Kraut; süßwürziger, leicht minziger Duft. Dill ist eine alte Heilpflanze, er wird schon im Papyrus Ebers aus Ägypten

(1550 v. Chr.) erwähnt. Römische Gladiatoren rieben sich vor den Kämpfen den Körper mit Dillöl ein. Hildegard von Bingen lobt den Dill »zur Unterdrückung sinnlicher Triebe«. Hauptsächliche Wirkung auf den Verdauungsapparat: anregend, erwärmend, krampfstillend, blähungswidrig, wurmwidrig. Dill hilft bei nervösem Erbrechen und Schluckauf, ist milchbildend und löst zähen Schleim in den Bronchien. Beruhigt das vegetative Nervensystem zappeliger Kinder (zusammen mit Römischer Kamille in der Duftlampe oder zur Massage).

DOUGLASIE

Pseudotsuga menziesii
Pinaceae – Familie der Kieferngewächse

Die Douglasie ist ein stattlicher Nadelbaum mit langen glänzenden Nadeln. Auf ihrer Rinde liegen Ölbehälter wie Blasen,

prall gefüllt mit duftendem Harz. Dieser Baum ist ursprünglich in Nordamerika heimisch, wird aber vermehrt in Europa gepflanzt. Douglasienöl duftet frisch, waldig nach Tannennadeln und Zitronen zugleich. Es vertieft unsere Atmung, hilft Schleim zu lösen und eignet sich für Inhalationen, Bäder und die Duftlampe. Für durchblutungsfördernde Massagen und Sportöle mischt sich Douglasie gut mit Wiesenkönigin, Lavendel, Petit Grain, Rosmarin, Zitrone. Ich nenne es das »Graue-Panther-Öl«, denn es eignet sich sehr gut zur Verbesserung der Raumluft z. B. in Seniorenheimen. In verdünntem Alkohol mit anderen Ölen gemischt ergibt Douglasie einen erfrischenden, durchblutungsfördernden und die Atmung stimulierenden Franzbranntwein. Aftershaves und würzigen Damenparfums gibt Douglasie eine vitalisierende Waldnote.

EICHENMOOS (Mousse de chêne)

Evernia prunastri
Evernia furfuracea
Usneaceae – Familie der Baummoose

Extraktion des Mooses mit Pethroläther, Benzol oder Alkohol. Man erhält eine grün bis braun gefärbte zähe Masse, das Resinoid, daraus durch Weiterverarbeitung das Absolue. Moosiger, etwas teeriger, voller Duft. Als natürliches Fixativ in Parfums. Eichenmoos ist in starker Verdünnung in Par-

fums erotisierend und hat eine schwache ausgleichende, entspannende Wirkung. Eichenmoos wirkt Hustenreiz stillend und antiseptisch. Nicht innerlich einnehmen, da oft hohe Lösungsmittelrückstände vorhanden sind! Es werden auch verschiedene andere Moos- und Flechtenarten verwendet.

ELEMI

Canarium luzonicum – Burseraceae – Balsambaumgewächse

Die Extraktion des Harzes dieses tropischen Baumes ergibt das Resinoid, daraus entsteht durch Wasserdampfdestillation das ätherische Öl. Duft: frisch, würzig, waldig, grün, feierlich, voll. Psychische Wirkung: ausgleichend und stärkend, für Sammlung und Meditation. In Parfums wirkt Elemi als Basis. Hauptsächlich äußerlich angewendet zur Behandlung von Wunden, Gangrän, Abszessen (2-mal täglich Auflagen in Verdünnung). Es fördert die Narbenbildung, ist wundheilend und antiseptisch. In der Duftlampe wirkt es mild schleimlösend. In der Kosmetik regeneriert es die Haut, beruhigt und wirkt entzündungshemmend.

ESTRAGON

Artemisia dracunculus – Compositae (Asteraceae) – Familie der Korbblütler

Wasserdampfdestillation aus dem Kraut. Duft: kräftig, würzig, frisch, wie Sellerie, Basilikum und Anis. Das »Kraut des Drachens« ist wahrscheinlich durch die Mongoleneinfälle nach Europa gebracht worden. Es stammt ursprünglich aus Russland, Sibirien und der Mongolei. Es wirkt hauptsächlich auf den Verdauungstrakt: appetitanregend, verdauungsfördernd, antiseptisch, krampflösend, wurmwidrig. Estragonöl lässt sich sehr gut

zum Kochen verwenden (Salatsaucen, Fischsaucen, Estragonessig). Bei Luftschlucken und Schluckauf helfen 2 Tropfen auf Zucker eingenommen.
Estragonessenz wirkt ausgleichend auf das Nervensystem und wird zur Behandlung von neurovegetativer Dystonie empfohlen. Es stärkt, gibt psychische Widerstandskraft und hilft bei psychischen Schwächezuständen. Außerdem kann es unregelmäßigen Menstruationsrhythmus regulieren. Es stärkt das Herz, besonders im Alter. Estragonessenz stärkt die Abwehrkräfte und kann bei infektiösen Erkrankungen zur Abwehrsteigerung unterstützend wirken. Es wirkt durchblutungsfördernd und erwärmend und wird in Verbindung mit anderen Ölen zu Einreibungen bei Rheuma verwendet. Während der Schwangerschaft meiden.

FENCHEL

Foeniculum vulgare (Fenchelöl bitter)
Foeniculum vulgare var. dulce (Fenchelöl süß)
Apiaceae – Familie der Doldenblütler

Wasserdampfdestillation aus den zerquetschten Früchten. Warm, süßer Fenchelduft. Hauptwirkung im Verdauungsbereich: magenstärkend, leberstärkend, krampflösend, blähungswidrig. Besonders bewährt bei krampfartigen Verdauungsbeschwerden (1 bis 2 Tropfen auf 1 Teelöffel Honig in einer Tasse Tee oder warmem Wasser verrührt). Blähungen bei Kindern lindert man durch Bauchmassagen mit verdünntem Fenchelöl. Schleimlösend bei Heiserkeit, Husten, Erkältung, besonders bei Kindern (als Fenchelhonig oder Honigbonbons). Bei Luftschlucken, Schluckauf helfen 1 bis 2 Tropfen auf einem Stück Zucker eingenommen. Äußerlich angewendet bei Abszessen. Als feucht-warmer Wickel zur Leberstärkung.

Fenchelöl hat östrogenartige Wirkstoffe und wird deshalb eingesetzt bei prämenstruellem Syndrom, schwacher, unregelmäßiger Menstruation. Gut in Cremes und Körpermilch, zur Straffung und Vergrößerung der Brust. In Cremes und Gesichtsölen lässt es die Haut mehr Feuchtigkeit aufnehmen und wirkt entstauend bei Cellulitis.
Fenchelöl ist auch ein Nerventonikum. In Bädern und in der Duftlampe wird es eingesetzt zur Beruhigung bei Stress, Nervosität, starker Anspannung des neurovegetativen Nervensystems. Mischen Sie für ein entspannendes Bad: Fenchel-, Rosen-, Sandelholzöl. Die Essenz kann Gifte im Körper neu tralisieren. Nach starkem Alkohol- und Nikotingenuss empfiehlt sich die Einnahme von Fenchelöl.
Das Öl aus Foeniculum vulgare sollte nicht verwendet werden, da es starke Nebenwirkungen verursacht.

GALBANUM

Ferula gummosa (Ferula galbanifera) – Apiaceae – Familie der Doldenblütler

Heimat: Iran, Irak, Türkei, Syrien. Verwendet wird das Harz (Gummmi) der angeschnittenen Wurzel. Durch Extraktion entsteht das Resinoid, aus dem durch Wasserdampfdestillation das ätherische Öl gewonnen wird. Duft: würzig, »grün«, waldig, balsamisch.
Psychische Wirkung: beruhigend, ausgleichend bei Ärger, Reizbarkeit, Anspannung, Hysterie, Paranoia, löst »seelische Verhärtungen«. Galbanum war früher ein viel gebrauchtes Räucherwerk. Äußerlich angewendet wird die Essenz bei Abszessen, Furunkeln, Drüsenschwellungen, Wunden, unreiner Haut, Akne und rheumatischen Beschwerden. Sie fördert die Menstruation, hilft bei prämenstruellem Syndrom und stärkt die weiblichen Unterleibsorgane (sein alter Name ist Mutterharz).

GALGANT

Alpinia galanga
Alpinia officinarum
Zingiberaceae – Familie der Ingwergewächse

Der Galgant gehört zur Familie der Ingwergewächse. Seine schilfähnlichen Blätter werden bis zu zwei Meter hoch. Daraus erhebt sich eine rosa bis purpurfarbene große und elegante Blüte. Galgant wird in Asien als große Heilpflanze geschätzt, und schon in der Antike wurde Galgant in Ägypten, Mesopotamien, Griechenland als Heil- und Gewürzmittel viel verwendet. Er gehört zu den Lieblingsmitteln der Äbtissin Hildegard von Bingen, die den Galgant als großes Herzmittel lobt. Galgant stärkt das Herz und wird hierfür zu Einreibungen und Salben verarbeitet. Auch dass Galgant völlig verhärtete und verspannte Rückenmuskulatur lösen kann, wusste schon die Äbtissin. Ich wende eine Galgantsalbe für Massagen des Rückens an, wo sonst keine anderen Mittel zur Lösung und Entspannung helfen. Galgant wirkt außerdem antiseptisch, blähungswidrig und Magen stärkend. Galgant

sollte nicht überdosiert werden, auf 50 ml Salbengrundlage werden maximal 6 Tropfen Galgantöl gegeben. Galgant ist ein Öl, das stärkt und Kraft gibt. Hier mein Rezept für einen Energy-Drink: Geben Sie auf 25 ml Ahornsirup 1 Tropfen Galgantöl und 5 Tropfen Orangenöl. Gut verschütteln. Auf zwei Sektgläser verteilen und mit Sekt oder Prosecco auffüllen. Eine ähnliche Pflanze ist der Kaempferia-galgant. Kaempferia galanga, der vor allem in Malaysia als Heil- und Gewürzmittel verwendet wird. Sein Öl ist noch aromatischer. Galgant und Kaempferia-Galgant sollten nicht überdosiert werden, da sie sonst Hautreaktionen verursachen können.

GERANIE/DUFTGERANIE

Pelargonium odorantissimum – Geraniaceae – Familie der Storchenschnabelgewächse
Pelargonium graveolens
Pelargonium roseum, Rosengeranie

Wasserdampfdestillation aus dem Kraut. Duft: blumig, rosig. Beruhigend, ausgleichend, aufmunternd bei Depressionen, nervöser Anspannung, Angst. Sinnlich anregend, hormonell ausgleichend im Klimakterium; antiseptisch, wundheilend, schmerzlindernd, adstringierend. Geranienöl wirkt äußerlich verwendet bei Hauterkrankungen, Hautflechten, trockenen Ekzemen, Gürtelrose, Wunden, Stomatitis und Gesichtsneuralgien. In der Duftlampe geeignet zum Fernhalten von Insekten. In der Kosmetik angewendet bei Akne, entzündeter und gereizter Haut.

HONIG

Honigöl-Absolue (Bienenwachs-Absolue)

Aus Bienenwachswaben mit Honig durch Extraktion mit Alkohol oder Hexan hergestellt. Es handelt sich eigentlich um einen Extrakt. Bestes Lösungsmittel ist Alkohol, dadurch keine giftigen Rückstände. Duft: mild, warm, süß nach Honig riechend.
In Duftlampen, Bädern, Massageölen wirkt Honigöl beruhigend, entspannend, ausgleichend, entzündungshemmend. Es ist ein gutes Bad bei Erkältung. Mit Mandarine, Clementine und Vanille, ein Lieblingsöl der Kinder; hautpflegend, besonders bei empfindlicher und entzündeter Haut. Nicht bei Allergie auf Bienenprodukte verwenden.

INGWER

Zingiber officinale – Zingiberaceae – Familie der Ingwergewächse

Wasserdampfdestillation aus den Wurzeln. Ingweröl ist erwärmend, stärkend und hat viel Yangkraft. Es ist nach der chinesischen Medizin feuchtigkeitsregulierend und erhitzend und wird als Heilmittel für Krankheiten verwendet, die durch Feuchtigkeit und Kälte entstanden sind: Katarrh, Erkältung, Grippe, Rheuma, Kopfschmerzen, Muskelverspannungen.

Durch seine antiseptische Kraft ist es ein Vorbeugungsmittel gegen ansteckende Krankheiten und zu wenig Magensäure. Das Öl ist magenstärkend (bei kaltem Magen), löst Verkrampfungen und Blähungen. Die kandierte Wurzel hilft bei Reiseübelheit. In Bädern und Massageölen wird es als Aphrodisiakum – speziell für Männer – und bei der Behandlung von Impotenz eingesetzt.

IRIS

Iris germanica var. florentina
Iris pallida
Iridaceae – Familie der Schwertliliengewächse

Wasserdampfdestillation der zwei bis drei Jahre abgelagerten, manchmal fermentierten, zerkleinerten Wurzeln.
Das reine Öl gehört zu den teuersten Ölen, es wird oft verfälscht angeboten. Die Ausbeute an ätherischem Öl aus der Wurzel ist gering, deshalb der hohe Preis für die Essenz.
Duft: Süß, veilchenartig, blumig, warm, einhüllend.

Die Essenz hat eine starke seelische Wirkung. Sie harmonisiert, löst alte Blockaden und heilt seelische Wunden mit ihrem »himmlischen« Duft. Sie regt unsere schöpferischen Kräfte an, verstärkt Intuition und Liebe. Wunderbar in Parfummischungen; sie dient hier als Fixativ. In edlen Cremes, Gesichtsölen und in Körpermilch pflegt, nährt und reinigt sie die Haut. Sie wirkt schleimlösend, blutreinigend und diuretisch, wird jedoch wegen ihres hohen Preises hierfür nicht verwendet. Irisöl wird in der Sterbebegleitung verwendet.

KAROTTE

Daucus carota – Apiaceae – Familie der Doldenblütler

Wasserdampfdestillation aus den zerkleinerten Samen (Früchte). Duft waldig, erdig, fettig, warm. Ein Hautpflegeöl, das nährt, strafft, revitalisiert, verjüngt. Es wird als Schönheitsmittel in Form von Gesichtsmasken, Gesichtsöl, Masken und in Augenfältchencreme verwendet. In einem fetten Öl als Sonnenöl beschleunigt es die Bräunung. Es ist ein Heilöl bei Abszessen, Ekzemen, Psoriasis, Furunkeln, Geschwüren; gilt als Basismittel bei allen Hauterkrankungen. Wirkung auf Leber und Galle, besonders bei Hepatitis, Cholitis und Enterocolitis; ist blutbildend und regt den Lymphfluss an, fördert die Milchbildung. Karottenöl wird bei prämenstruellem Syndrom eingesetzt.

KORIANDER

Coriandrum sativum – Apiaceae – Familie der Doldenblütler

Wasserdampfdestillation aus den getrockneten Früchten (Samen). Duft: würzig, warm, aromatisch. Riecht in frischem Zustand nach Wanzen, deshalb sein Name »Wanzenkraut«. Getrockneter Samen und das ätherische Öl jedoch haben einen sehr angenehmen Duft. Korianderöl regt auf sanfte Weise an und hilft bei Müdigkeit, Antriebsschwäche, stimuliert un-

sere schöpferischen Kräfte und verbessert das Gedächtnis. Die Essenz wird als stärkender Duft bei Schwächezuständen nach langen Krankheiten und nach einer anstrengenden Ge-

Korianderfrüchte für die Destillation

burt verwendet. Hilft bei Schockzuständen und Angst und kann uns bei Stress, Reizbarkeit, Nervosität auf angenehme Art entspannen.
Für ein Bad oder eine Massage können Sie Koriander mit anderen entspannenden Essenzen mischen. Die Essenz wirkt erotisierend, sie enthält östrogenartige Stoffe. Für Parfums, Bäder, Duftmischungen passt Korianderöl gut zu den Essenzen aus Rose, Jasmin, Sandelholz, Moschuskörnern, Geranie, Neroli, Bergamotte, Orange, Zitrone. Koriander kann Regelstörungen positiv beeinflussen und wird bei schwacher, ausbleibender und schmerzhafter Menstruation verwendet.
Korianderessenz wirkt magenstärkend, krampflösend, verdauungsfördernd und wird bei krampfartigen Magen- und Darmbeschwerden, bei Blähungen und Luftschlucken eingesetzt.
Korianderessenz eignet sich für die feine Küche zur Likörherstellung, zum Würzen von Reis-, Gemüse- und Fleischgerichten.

Vorsicht! In höherer Dosis kann es zu Nierenreizungen kommen. Nicht in der Schwangerschaft einnehmen!

KREUZKÜMMEL

Cuminum cyminum – Apiaceae – Familie der Doldenblütler

Wasserdampfdestillation aus den getrockneten und zerkleinerten Früchten (Samen). Duft: würzig, warm, anisartig. Die Essenz ist magenstärkend, verdauungsfördernd, entkrampfend, blähungswidrig und durchblutungsfördernd. Der Duft wirkt erotisierend und ist in vielen Parfums als »geheime« erogene Note in feinster Dosierung enthalten. Für sinnliche Bäder, Düfte, Körperöle kann die Cuminessenz mit folgenden Essenzen vermischt werden: Rose, Zimt, Ylang-Ylang, Jasmin, Tonka, Sandelholz, Moschuskörner, Patchouli. In der Küche aromatisiert das Öl Kartoffel- und Reisgerichte. Cuminessenz kann bei Sonneneinstrahlung Flecken auf der Haut verursachen. Deshalb in Parfums nicht zu hoch dosieren.

LATSCHENKIEFER

Pinus montana
Pinus mugo ssp. pumilio
Pinus mugo ssp. mugo
Pinaceae – Familie der Kieferngewächse

Wasserdampfdestillation aus den frischen Nadeln und Zweigspitzen. Duft: grün, waldig, frisch. Das Latschenkiefernöl ist eine Kostbarkeit aus den hohen Alpenregionen, wo die kleine

kräftige Latsche in extremen Lagen gedeiht. Die Pflanze steht unter Naturschutz und darf zur Ölgewinnung nur mit besonderer Genehmigung gesammelt werden. Es kann nicht so viel Latschenkiefernöl hergestellt werden, wie für die unzähligen Bäder, Saunaaufgüsse, Franzbranntweine verarbeitet wird. Deshalb ist das Öl oft gestreckt und verfälscht.
Reines Latschenkiefernöl wirkt antiseptisch, keimtötend, entzündungswidrig, schleimlösend und durchblutungsfördernd vor allem auf den Atemtrakt. Es eignet sich besonders für Inhalationen (mit Eukalyptus, Cajeput, Myrte, Zitrone) zur Behandlung von Schnupfen, Erkältung, Bronchitis. Es stärkt die körpereigene Abwehr. In der Duftlampe dient es zur Luftverbesserung. In Basisöl oder als Franzbranntwein wird es zu Einreibungen bei Rheuma, Gicht und Durchblutungsstörungen eingesetzt. Meist nur äußerliche Anwendung. Latschenkiefernöl reizt nicht die Nieren wie einige andere Koniferenöle. Es sollte jedoch nicht bei Atemwegserkrankungen mit Spasmen verwendet werden, da es Bronchiospasmen verstärkt.

LIMETTE

Citrus aurantiifolia – Rutaceae – Familie der Rautengewächse

Wasserdampfdestillation der gemahlenen Früchte oder Pressung der Schalen. Duft: süß, grün, spritzig, originell, herb. Limette- oder Limeessenz muntert auf mit ihrem spritzigfrechen Duft, erheitert und erfrischt, wenn man müde, lustlos und depressiv ist. Mit Essenzen wie Vanille, Tonka, Ylang-Ylang zeigt sie ihre sinnlich wirkende Seite. Parfums gibt sie eine frische interessante Spitze. Sie wirkt antiseptisch und antiviral und kann uns vor Ansteckung schützen. Limette ist ein natürliches Deodorant, strafft die Haut und das Bindegewebe. Sie eignet sich deshalb besonders gut für Duschgels, Körperöle, Körpermilch und Deodorants (mit Bergamotte, Tea Tree, Muskatellersalbei, Zirbelkiefer, Zeder). Sie regt den Magen an, ist blähungswidrig und diuretisch. In der Küche aromatisiert sie Limonaden, Drinks und Süßspeisen. Sie ist traditioneller Bestandteil der mexikanischen Avocadocreme. Wie alle Zitrusöle kann Limettenöl bei Sonneneinstrahlung Flecken auf der Haut erzeugen.

MAJORAN

Origanum majorana – Lamiaceae – Familie der Lippenblütler

Wasserdampfdestillation aus den blühenden Zweigen. Duft: würzig, warm, erwärmend, entspannend, wohltuend, beruhigend. Majoranessenz hilft bei Angstzuständen, Trauer, Leid, nervösen Spannungen, Ticks, seelischer Labilität und Schlafstörungen; seelisch und körperlich krampflösend und beruhigend. Als entspannendes Bad am Abend mit Lavendel, Bergamotte, Linaloe-Öl. Bei Migräne und Nackenverspannungen helfen Einreibungen oder Massagen mit dem verdünnten Öl. Majoranessenz beruhigt den übersteigerten Geschlechtstrieb. Sie lindert Muskelkater, Muskelverspannungen und Muskelkrämpfe in Form von Massagen und Auflagen. Sie ist menstruationsfördernd und sollte während der Schwangerschaft nicht eingenommen werden. In Salben und als Inhalation hilft sie bei Stockschnupfen und Stirnhöhlenerkrankungen. Wie das bekannte Würzkraut kann auch die Essenz die Verdauung anregen, Blähungen beseitigen und Krämpfe im Verdauungsbereich lösen. Sie senkt den Blutdruck, regt das parasympathische Nervensystem an und vermindert den Tonus des sympathischen Nervensystems; die Blutgefäße werden erweitert.

MANDARINE

Citrus reticulata – Rutaceae – Familie der Rautengewächse

Ölgewinnung durch Kaltpressung der äußeren Fruchtschale. Duft: süß, strahlend, frisch, jung, spritzig. Das Mandarinenöl wird oft verfälscht. Die Essenz wirkt erheiternd, inspirierend, aufbauend. Sie wird besonders von Kindern und Schwangeren geliebt, aber auch alle Junggebliebenen können sich an ihr erfreuen. Sie hilft bei Verspannungen, Angst, Traurigkeit, Reizbarkeit, Schlaflosigkeit. Sie baut nach erschöpfenden Krankheiten und seelischen Krisen wieder auf. Für ein entspannendes Bad mischt sich Mandarinenessenz gut mit Honigessenz, Sandelholz, Bergamotte, Tonka, Koriander. Im Massageöl entspannt sie verkrampfte Muskulatur. Sie schafft Abhilfe bei prämenstruellem Syndrom und wirkt anregend auf Magen, Darm und Galle. In der Küche kann man sie zum Aromatisieren von Limonaden, Drinks, Likör, Eis, Kuchen und Pudding verwenden. Clementine duftet noch etwas weicher, wärmer und ist ein sehr beliebtes Kinderöl.

MASTIX

Pistacia lentiscus – Anacardiaceae – Familie der Sumachgewächse

Der Mastixbaum ist sehr kapriziös. Nur auf der griechischen Insel Chios und dort nur in einer bestimmten Region bildet er das kostbare Mastixharz. Seit der Antike werden dieses Harz und die Produkte daraus als großes Heilmittel geschätzt. Es wirkt entzündungshemmend, wundheilend, Venen stärkend, desinfizierend. Mastix eignet sich besonders für wundheilende Salben, Cremes, die die Haut revitalisieren und rei-

nigen und bei geplatzten Äderchen helfen. In Einreibungen bei Hämorrhoiden, Krampfadern zur Venenstütze zum Beispiel während der Schwangerschaft ist Mastixöl sehr hilfreich. Als Venenöl gibt man es in ein Basisöl wie Distelöl. Dazu passen weitere Öle wie Zitrone, Zypresse und Geranie.

MEERKIEFER (TERPENTIN)

Pinus pinaster – Pinaceae – Familie der Kiefergewächse

Destillation des Harzes und anschließende Reinigung durch Rektifikation. Die Meerkiefer wirkt antiseptisch und schleimlösend auf die Lunge, sie verflüssigt die bronchialen Absonderungen. Hilft bei chronischer Bronchitis, Emphysem. Antiseptisch wirkend auf den Urogenitaltrakt bei Blasenentzündung, Harnröhrenentzündung; für Einreibungen und Massagen bei Rheuma, Gicht, Neuralgien, Hüftschmerzen, Ekzemen, Hauterkrankungen, Krätze. Äußere Anwendung ist meist ausreichend. Zu hohe Dosis verursacht Nierenreizung. Keine großen Körperflächen mit wenig verdünntem Meerkieferöl einreiben, da sonst zu viel Öl gleichzeitig in den Blutkreislauf eintritt.

MIMOSE

Acacia dealbata
Acacia decurrens var. dealbata
Leguminosae – Familie der Hülsenfrüchtler

Ölgewinnung aus den gelben Blüten durch Extraktion mit einem Lösungsmittel. Man erhält zuerst das Concrète und daraus das Absolue. Zähe gelbliche Masse. Duft »gelb«, warm, nach Blumen und Bananen riechend.
Mimose ist wie ein warmer Frühlingsmorgen, sie glättet Sorgen und Ängste und stimmt heiter. Sie öffnet für die Kommunikation mit anderen. Eine Wonne für die Nase und die Haut: Hier wirkt sie entzündungshemmend, nährend, feuchtigkeitsspendend, antiseptisch, adstringierend. Wohltuend in edlen Gesichtscremes und in einer exquisiten Körpermilch; etwas zum Verwöhnen. Die Mimose wirkt blutreinigend und stärkend auf Leber und Galle. Das Absolue sollte nicht innerlich eingenommen werden, da auch in rückstandsgeprüfter Ware Spuren von Lösungsmitteln enthalten sind.

MOSCHUSKÖRNER (AMBRETTE)

Abelmoschus moschatus (Hibiscus abelmoschus)
Malvaceae – Familie der Malvengewächse

Wasserdampfdestillation aus den getrockneten und zerkleinerten Samenkörnern. Duft: moschusähnlich, süß, blumig. Moschustinktur aus den Drüsen des Moschushirsches wurde seit Jahrhunderten als stärkendes und erotisierendes Mittel in der Medizin und Parfumherstellung eingesetzt. Dies führte beinahe zur Ausrottung der Tiergattung. Heute ist echter Moschus unbezahlbar und praktisch nicht erhältlich und wird fast ausnahmslos durch synthetische Duftstoffe ersetzt. Die Aromatherapie verwendet keine tierischen Duftstoffe. So ist das Öl aus dem Hibiscus abelmoschus eine Alternative aus dem Pflanzenreich für alle, die einen warmen, sinnlichen, animalischen Duft mögen.
Moschus ist seit einigen Jahren in Amerika und Europa die begehrteste Duftnote für Pflegeserien. Mischen Sie sich Ihr eigenes, sinnliches Bad oder Körperöl, ihr Aftershave oder Parfum mit diesem pflanzlichen Moschusduft. Moschuskörneröl wird in Mischungen nur in Spuren zugegeben. Es passt gut zu: Jasmin, Ylang-Ylang, Rose, Tonka, Geranie, Zitrone, Kreuzkümmel, Sandelholz, Bergamotte, Limette, Kori-

ander. Echtes Moschuskörneröl gehört zu den teuren Düften. Das Öl wirkt außerdem Krampf lösend und durchblutungsfördernd.

NELKE (GEWÜRZNELKENBAUM)

Syzygium aromaticum – Myrtaceae – Familie der Myrtengewächse

Wasserdampfdestillation aus den Blüten oder Blättern. Duft: würzig, warm, süß. Nelkenessenz wirkt antiseptisch, krampflösend, blähungswidrig; sie wird verwendet bei Magen-Darm-Beschwerden, die mit Gärung und Fäulnis einhergehen, bei Durchfall und Blähungen; hat tonisierende Wirkung auf den Uterus. Nelke ist ein traditionelles Heilmittel bei Zahnschmerzen (ein mit dem Öl getränktes Wattebäuschchen wird auf den schmerzenden Zahn gelegt). Der Nelkenduft hält Insekten fern; geben Sie einige Tropfen der Essenz in Ihr Sonnenöl, um sich vor den Plagegeistern zu schützen. Nelkenessenz wirkt stimulierend auf unser Gehirn. Sie wurde in früheren Zeiten zur Geburtshilfe verwendet. Doktor Valnet empfahl das Essen von Nelken während der letzten Monate vor der Geburt und das Trinken eines Nelkentees vor der Geburt, als Kräftigungsmittel für den Uterus. Äußerlich zur Desinfizierung von Wunden (in einer 1%gen Lösung ist Nelkenöl noch 3- bis 4-mal keimtötender als Phenol). Gut zur Zahnpflege in Mundwasser und Zahnpasta und Zahnpulver.

NIAOULI

Melaleuca viridiflora – Myrtaceae – Familie der Myrtengewächse

Wasserdampfdestillation aus den Blättern. Duft: eukalyptusartig, frisch. Auch bekannt als Gomenolöl. Hat nichts zu tun mit Neroliöl! Der Niaoulibaum ist ein Verwandter des Cajeputbaumes und wächst in Australien, Neu-Kaledonien und Madagaskar. Die Essenz wirkt antiseptisch auf die Atemwege und die ableitenden Harnwege. Sie wird bei Erkältungskrankheiten, chronischer Bronchitis, Schnupfen, Grippe und Husten in Inhalationen, der Duftlampe, im Luftzerstäuber und in Brustsalben verwendet. Die Essenz wirkt wundheilend und gewebestimulierend. Bei Ohrenentzündung mit Johanniskraut mischen (6 Tropfen Essenz auf 1 Esslöffel Johanniskrautöl) und auf einem Wattebausch ins Ohr einführen. Äußerlich zur Behandlung von rheumatischen Beschwerden. Niaouli mischt sich gut mit Meerkiefer, Zitrone, Myrte, Orange, Eukalyptus, Ysop.

OREGANO

Origanum vulgare ssp. viride – Lamiaceae – Familie der Lippenblütler

Wasserdampfdestillation aus dem blühenden Kraut. Duft: würzig, herb, scharf. Eine der stärksten antiseptischen Essenzen für alle Infektionen. Wirkt antiviral, magenanregend, krampflösend; bei Appetitlosigkeit, Luftschlucken, Gärungs- und Fäulnisdyspepsie; verflüssigt bronchiale Sekretionen, ist hustenstillend, hilft bei chronischen Erkrankungen des Atemtraktes. Oregano wird äußerlich verwendet bei Cellulitis, Ekzemen, Psoriasis, chronischen Hauterkrankungen; bei schwacher und unregelmäßiger Menstruation in Form von Massagen und Sitzbädern. Nicht während der Schwangerschaft einnehmen!

PAMPELMUSE

Citrus maxima
Citrus paradisi – Grapefruit
Rutaceae – Familie der Rautengewächse

Ölgewinnung durch Auspressen der Fruchtschale. Duft: hell, fruchtig, frisch, leicht. Pampelmusenessenz stimuliert im Gehirn den Thalamus, der die Ausschüttung chemischer Stoffe bewirkt. Diese lassen den Gefühlen Flügel wachsen, denn sie wirken euphorisierend. Sie ist gut zu gebrauchen, wenn man

sich depressiv und schwer fühlt. Die Essenz vermittelt uns Lebenslust, Leichtigkeit und Wohlbefinden. Sie hilft bei fehlendem Selbstvertrauen.
Pampelmusenöl scheint dort regulierend eingreifen zu können, wo die psychischen Ursachen für Fettsucht oder Magersucht liegen. Zur Behandlung von Magersucht vermischt man die Essenz mit Muskatellersalbei, Vanille und Tonka (3 Teile Pampelmuse, 2 Teile Vanille, 1 Teil Tonka, 1 Teil Muskatellersalbei). Diese Mischung wird für die Duftlampe, Bäder und Duschgels, Körperöle, Parfums verwendet und als unterstützende Therapie sehr geschätzt. Pampelmusenöl regt Leber und Galle an. Es hilft bei fettiger Haut und fetten Haaren. Einer Mischung zur Behandlung von Cellulitis verleiht es eine frische Spritze. Es strafft und durchblutet die Haut.

PATCHOULI

Pogostemon cablin – Lamiaceae – Familie der Lippenblütler

Wasserdampfdestillation aus den getrockneten und fermentierten Blättern. Duft: waldig, erdig, holzig, muffig, rauchig. Patchouli wird in Asien zur Parfümierung der Wäsche verwendet, um die Motten abzuhalten. Auch unsere Großmütter verwendeten die Essenz für diesen Zweck. Deshalb verbinden viele Menschen mit diesem Duft einen muffig riechenden Kleiderschrank. Patchouli gehört jedoch zu den erotisierenden Düften (nur für jene, die diesen Duft mögen) und wird in Parfums, Bädern und im Körperöl als erotisch wirkende Duftnote geschätzt. Es ist ein natürliches Fixativ.

Für eine sinnliche Duftkombination können Sie es mit folgenden Essenzen mischen: Ylang-Ylang, Tonka, Zitrone, Moschuskörner, Jasmin, Rose. Patchouliessenz wirkt wundheilend, antiviral und entwässernd. Es wird gegen Pilzbefall in der Mundhöhle oder Vagina als Spülung mit Tea Tree eingesetzt.

PETIT GRAIN

Wasserdampfdestillation jeweils aus den Blättern, Zweigen und unreifen Früchten der Bitterorange, Süßorange, Zitrone, Clementine oder Mandarine. Duft: frisch, blumig, belebend, leicht an Neroli erinnernd. In den meisten Eau-de-Cologne-Noten ist diese Essenz enthalten; meist Petit-Grain-Öl aus der Bitterorange. Das Öl stärkt den Geist, erfrischt, erfreut das Herz, wirkt entspannnend und ausgleichend; unterstützt das Gedächtnis. Es eignet sich für erfrischende, belebende Duftmischungen, Bäder und Duschgels. In Massageölen, Gesichtsölen, Cremes wirkt es straffend und reinigend für die Haut.
Petit Grain aus der Bitterorange (Petit Grain Bigarade) hat positive Wirkung auf die Gefühle bei Trauer oder Enttäuschung. Petit Grain Citronnier, aus dem Zitronenbaum, wirkt mehr ausgleichend und beruhigend auf nervöse Störungen, die sich im Verdauungsbereich niedergeschlagen haben (aufgrund von Ärger, Gereiztheit). Petit Grain Mandarinier wirkt bei Verspannungen und Verhärtungen, macht weich bei Egoismus und öffnet einen für andere. Petit Grain Clementine für entspannende Massagen in der Schwangerschaft und für Kinder.

Vorsicht! Bei Einreibungen auf der Haut, in Verbindung mit direkter Sonneneinstrahlung, kann das Öl Hautflecken erzeugen.

SAFRAN

Crocus sativus - Iridaceae – Familie der Schwertliliengewächse

Dieses Öl wird als Safran-Attar im Handel (z.B. von farfalla) angeboten. Bei dieser in Indien entwickelten Methode werden die Safranfäden zusammen mit Sandelholz destilliert. Safranfäden stammen aus dem violettfarbenen Blütenkelch des Safrankrokus. Safran ist ein kostbares und großes Heilmittel. Er wurde schon im alten Ägypten zum Heilen verwendet. In Europa gehörte er zu den lebensverlängernden Heilmitteln. Safran wirkt Krampf stillend, Schmerz lindernd, Wehen anregend, Leber regenerierend, antiviral. In neuerer Zeit hat man ihm eine Antitumoraktivität, und die Fähigkeit den Cholesterinspiegel zu senken, nachgewiesen. In der ayurvedischen Heilkunst gilt Safran als ein stark wirksames Mittel um bei Depressionen, nervöser Unruhe und allen seelischen Störungen wieder eine Balance herzustellen. In Gesichtsölen, Cremes, Lotionen usw. verarbeitet, gilt Safran-Attar als eines der wirksamsten Substanzen, um die Haut zu vitalisieren. Schon im antiken Griechenland stellte man die kostbare und betörend duftende Safrancreme her (siehe mein Buch »Gold in der Küche«).

SALBEI

Salvia officinalis – Lamiaceae – Familie der Lippenblütler

Wasserdampfdestillation aus der getrockneten Pflanze. Duft: stark, kräuterartig, frisch-würzig. Da Salbei bis zu 50% Keton enthält, einen Stoff, der Krämpfe und Vergiftungserscheinungen verursacht, wird von der innerlichen Einnahme abgeraten. Während der Schwangerschaft, bei Epilepsie und Bluthochdruck sollte Salbei ebenfalls nicht verwendet werden. Man verwendet stattdessen den Muskatellersalbei oder den Spanischen Salbei (Salvia lavandulaefolia). In der Duftlampe wirkt der Salbei allgemein stärkend, reinigend und ausgleichend. Die Indianer Nordamerikas benützen Salbeiblätter zur zeremoniellen Reinigung. Salbei ist die beste Essenz zur Schweißregulierung und wird besonders bei Schweißausbrüchen während des Klimakteriums empfohlen (Bäder, Duschgels und innerlich täglich 2 bis 3 Tassen Salbeitee). Als Massageöl und in Kompressen hilft er bei Stauungen in den Beinen. Bei Angina, Mundschleimhautentzündungen, Aphten wird mit verdünnter Essenz gegurgelt.

ROSENHOLZ

Aniba rosaeodora – Lauraceae – Familie der Lorbeergewächse

Warmer holziger Duft, neurovegetatives Tonikum, das bei nervöser Müdigkeit, Nervosität und Stress hilft. Hautpflegend und antibakteriell wirkend besonders bei trockener Haut. Der Verbrauch von Rosenholzöl trägt zum Abholzen der oft 100-jährigen Rosenholzbäume des Regenwaldes im Amazonasgebiet bei. Bis Öle aus Plantagen angeboten werden, rate ich zum Verzicht dieses Öles. Weichen Sie deshalb aus auf Essenzen mit ähnlichem Duft und ähnlicher Wirkung: Linaloeholzöl aus Mexico (Bursera delpechiana) mit zartem, blumig-holzigem Duft oder Ho-Blätteröl (Cinnomonum kamphora) aus dem chinesischen Shiu-Baum mit rosigwürzigem Duft.

TEA TREE (TEEBAUM)

Melaleuca alternifolia
Melaleuca leucadendron
Myrtaceae – Familie der Myrtengewächse

Destillation von Tea Tree in Australien

Wasserdampfdestillation aus den Blättern des Baumes (Australien). Duft: würzig, stark, frisch. Das Öl hat mit dem Teestrauch, aus dessen Blättern der Schwarztee bereitet wird, nichts zu tun.

Als Captain Cook und seine Seeleute in Australien zur Abwechslung Lust auf einen erfrischenden Kräutertee hatten, bedienten sie sich der duftenden Blätter eines Baumes, der in sumpfigen Gegenden Australiens wächst. Seitdem benennt man diesen Baum mit dem simplen Namen Tea Tree, Teebaum. Seine Essenz hat eine besonders starke keimtötende, antivirale Wirkung und wird bei allen Arten von Infektionskrankheiten und bei Pilzbefall eingesetzt. In Mandelöl (10%) oder in einer Salbengrundlage (5% = 1 Teil Tea-Tree-Öl, 19 Teile Salbengrundlage) wird es äußerlich als starkes Antiseptikum verwendet. Bei Fußpilz, Herpes, Insektenstichen, Biss von Spinnen, Skorpionen kann es unverdünnt auf die betroffene Stelle aufgetragen werden. Der französische Arzt

Paul Belaiche hat 1985 eine größere Studie über die Heilkraft der Essenz bei Soorpilzbefall der Vaginalschleimhaut gemacht (Candida albicans). Dieser Pilzbefall kann in den meisten Fällen mit der Essenz geheilt werden, ohne die Nebenwirkungen der sonst üblichen Chemotherapie. Auch Trichomonadenbefall wird mit der Essenz behandelt. Bei einer 1962 in Amerika durchgeführten Studie konnten alle 130 Patientinnen durch in verdünnter Essenz getränkte Tampons geheilt werden. Die Essenz wird in Vaginalduschen (5 Tropfen auf 1 Liter Wasser) und für Tampons mit einer 55%igen Creme bestrichen in täglicher Anwendung empfohlen. Manuka, Leptospermum scoparium, der neuseeländische Teebaum, hat einen angenehmeren und nicht so herben Duft wie der australische Teebaum. Man kann ihn stattdessen einsetzen.

TONKA

Dipteryx odorata
Dipteryx oppositifolia
Leguminosae – Familie der Schmetterlingsblütler

Extraktion mit Lösungsmitteln (Benzol, Aceton oder Alkohol) aus der zerkleinerten, getrockneten Tonkabohne. Aus dem Concrète entsteht das Absolue. Salbenartige, dunkle Masse. Duft: süß, warm, karamellartig, nach Heu riechend. Der Duft der Tonkabohne ist wie eine zarte, heitere Melodie oder eine angenehme Poesie. Er entführt auf sonnenbeschienene Wiesen mit süßduftenden Blumen. Er erheitert, stimmt gelassen und stellt alles in ein angenehmes, freundliches Licht.
Tonka eignet sich wunderbar zum Mischen von Parfums, Bade- und Massageölen, um sich selbst und andere damit zu verwöhnen, zu beschenken. Die sinnliche Seite von Tonka erwecken Mischungen mit Ylang-Ylang, Jasmin, Patchouli oder Cumin. Unschuldig und leicht wird Tonka mit Lavendel, Rose oder Myrte; euphorisierend und stark antidepressiv mit Neroli, Jasmin, Pampelmuse; heiter, freundlich und weich mit Vanille und Geranie. Bei prämenstruellem Syndrom hilft der Duft in Bädern und Cremes mit Pampelmuse, Römischer Kamille und Neroli. Tonka wirkt Krampf lösend bei Keuchhusten. Tonka eignet sich sehr gut zum Würzen von Christstollen und Gebäck. Reiben Sie dazu die Tonkabohne auf einer Muskatreibe.

TUBEROSE (NACHTHYAZINTHE)

Polianthes tuberosa – Agavaceae – Familie der Agavengewächse

Extraktion mit Lösungsmitteln. Duft: schwer, süß, blumig. Einer der teuersten natürlichen Duftstoffe. Die Weltjahresproduktion beträgt weniger als 20 Kilogramm. Eine einzige Tuberoseblume kann einen ganzen Raum in einen duftenden Blumengarten verwandeln. Sie hat einen sinnlichen, kräftigenden Duft mit hoher Strahlkraft. Der Duft verstärkt die persönliche Ausstrahlung und unterstreicht den Charakter der Person, die sich damit umgibt. In anstrengenden, kräfteraubenden Situationen, in denen man ständig auf andere Menschen eingehen muss, hilft Tuberose, nicht »auszulaufen«. Das unverdünnte, zähe Absolue wird mit Alkohol und destilliertem Wasser vermischt. So erhält der unverdünnt zu süße Duft eine leichte, blumige Note. Tuberose ist sehr geeignet für Parfums, Mischungen für die Duftlampe und Cremes. Nicht zur innerlichen Einnahme verwenden! Das Öl wird häufig gefälscht.

THYMIAN

Thymus vulgaris
Thymus serpyllum – Quendel
Lamiaceae – Familie der Lippenblütler

Wasserdampfdestillation aus den blühenden Zweigen. Duft: intensiv, kräuterartig, warm. Der Thymian untersteht dem Planeten Mars, und man sagt, dass dieses Kraut besonders viel Feuerelement hat. Im Griechischen heißt Thymian »Mut«. Es ist ein Heilmittel, das Energie gibt in Zeiten körperlicher und geistiger Schwäche. Die Essenz hilft bei Neurasthenie und Müdigkeit; baut nach schwächenden Krankheiten wieder auf. Sie gilt als intelligenzfördernd und unterstützt geistige Konzentration.
Thymianöl ist in hohem Maße keimtötend, es greift die Enzyme der Bakterien an. Selbst in tausendfacher Verdünnung kann es Staphylokokken abtöten. Es wirkt desinfizierender als

viele chemische Desinfektionsmittel und ist außerdem antiviral. Es fördert die Bildung von weißen Blutkörperchen (Novi). Thymianöl wird eingesetzt zur Abwehrsteigerung bei Infektionserkrankungen und wirkt auswurffördernd, sekretionsanregend, antiseptisch und krampflösend auf die Atemwege bei Erkältung, Bronchitis, Grippe, Schnupfen, Keuchhusten und Stirnhöhlenkatarrh. Meist reicht die Anwendung in Form von Inhalation.
Die Essenz regt die Menstruation an. Sie hilft im Massageöl und Sitzbad bei schwacher und ausbleibender Regel. Fußpilz wird mit der unverdünnten Tinktur betupft.

Vorsicht! Die umgebenden Hautpartien mit Fettcreme schützen! Thymianöl sollte ansonsten nie unverdünnt auf die Haut aufgebracht werden. Nicht anwenden bei Anlage zu Epilepsie, Schilddrüsenüberfunktion, zu hohem Blutdruck und in der Schwangerschaft. Thymian Linalol ist milder als das Thymian Thymol.

Vorsicht! In manchen Büchern sind zu hohe Dosierungen angegeben. Reines Thymianöl niedrig dosieren!

Vanille

VANILLE

Vanilla planifolia – Orchidaceae – Familie der Orchideengewächse

Gewinnung durch Extraktion mit einem Lösungsmittel aus den Schoten. Alkohol als Lösungsmittel ist vorzuziehen. Duft: süß, warm, balsamisch, typisch nach Vanille. Einer der Gründe, warum viele Menschen bei Frustration Schokolade essen, ist deren Vanillearoma. Dieser Duft besänftigt, beruhigt, gleicht aus bei Ärger, Frustration, Reizbarkeit. In Mischungen für Cremes, Körpermilch, Bäder, Parfums und Duftlampe eignen sich Tonka, Rose, Mimose, Limette, Bergamotte. Vanille wirkt leicht menstruationsfördernd, antiseptisch und verdauungsanregend. Es ist wunderbar geeignet, um Süßspeisen, Eis oder Getränke zu aromatisieren (als Alternative zum synthetischen Vanillin).

WACHOLDER

Juniperus communis – Cupressaceae – Familie der Zypressengewächse

Wasserdampfdestillation aus den getrockneten, reifen Beeren, Zweigen oder Holz. Duft: fruchtig, grün, kraftvoll, typischer »Gin-Duft«. Psychische Wirkung: kräftigend, aufbauend bei Energielosigkeit, Angst, Schwächezuständen; reinigt die Atmosphäre, unterstützt Sammlung und Meditation. Blutreinigend, diuretisch und gut geeignet als begleitendes Mittel bei einer Entschlackungskur, zur Behandlung von Rheuma und Arthritis; hierfür innerliche und äußerliche Anwendung. Anregend auf das Verdauungssystem.
Desinfizierend wirkt es auf die Harnwege bei Blasenentzündung, Harnsteinen, Harnverhalten. Sollte nicht bei akuter Nierenentzündung eingenommen werden. Äußerlich zum Einreiben bei Muskelschmerzen, Hexenschuss, Muskelkater, Lähmungen, nässenden Ekzemen, Akne, Geschwüren und Krampfadern. Wacholderessenz wirkt anregend und krampflösend auf die Menstruation (Sitzbäder, Massagen). Nicht überdosieren! Nicht während der Schwangerschaft einnehmen!

WEIHRAUCH (OLIBANUM)

Boswellia sacra – Burseraceae – Familie der Balsambaumgewächse

Ölgewinnung durch Extraktion des Harzes und anschließender Wasserdampfdestillation. Duft: würzig, holzig, nach Weihrauch riechend. Weihrauch hat antiseptische, adstringierende und heilende Kräfte. Wird in Inhalationen zur Behandlung von Bronchitis, Schnupfen und Stirnhöhlenkatarrh verwendet. Sehr wirksames kosmetisches Öl: zusammenziehend, tonisierend, entzündungshemmend, Falten glättend.

WIESENKÖNIGIN

Spirea ulmaria – Rosaceae – Familie der Rosengewächse
Filipendula ulmaria

Wasserdampfdestillation der frischen, blühenden Pflanzen und der Wurzeln; meist in Verbindung mit ähnlich wirkenden Pflanzen, die das Herauslösen des ätherischen Öles unterstützen. Durch ihren hohen Gehalt an Salicylsäureverbindungen kann die Wiesenkönigin Harnsäure im Körper lösen. Sie ist ein gutes Mittel bei Rheuma und Gicht. Sie regt die Harnausscheidung an und wird zu Blutreinigungskuren, bei Fettleibigkeit, Ödemen, Steinerkrankungen, Arteriosklerose eingesetzt. Sie wirkt entzündungshemmend, gefäßerweiternd und herzstärkend. Äußerlich wird sie vor allem zu Einreibungen, Massagen, Bädern verwendet und kann Muskelverhärtungen lösen. Auch zur Behandlung von Cellulitis hat sie sich bewährt.

ZIMT

Cinnamomum verum – Lauraceae – Familie der Lorbeergewächse

Wasserdampfdestillation aus der Rinde (Zimtrindenöl) oder aus den Blättern und Zweigen (Zimtblätteröl). Duft: warm, würzig, süß, nach Zimt. Die einhüllende Wärme der Essenz lindert die Begleiterscheinungen der Grippe, wie Frösteln und Schmerzen in den Gliedern. Sie gibt im Winter, bei Schwächezuständen, nach zehrenden Krankheiten und im Alter die fehlende Wärme (Einreibungen, Bäder). Auch im psychischen Bereich wird sie bei Gefühlskälte, Isolation, Verspannungen und Angst eingesetzt. Sie öffnet die Sinne und fördert die Kreativität. Sie wird zu den erotisierenden Essenzen gezählt; stärkt Nerven und Herz.

Zimtöl wirkt stark antiseptisch, krampflösend und adstringierend und wird bei Blähungen, Durchfällen, Magen- und Darmkrämpfen verwendet. Es wirkt emmenagog und hilft bei schwacher, schmerzhafter Menstruation (als Massage, Sitzbad). Äußerlich angewendet, entspannt es Muskelverhärtungen und erwärmt durch seine durchblutungsfördernde Eigenschaft.

Beachten Sie den Unterschied der beiden Essenzen. Zimtrindenöl enthält u. a. 65 bis 75% Zimtaldehyde, 4-10% Eugenol. Zimtblätteröl enthält 70 bis 75% Eugenol und nur 3% Zimtaldehyd. Zimtrindenöl ist hautreizend, von äußerlicher Anwendung wird abgeraten. Sein warmer Zimtduft hat starke psychische Wirkung, es wird in der Duftlampe und zu innerlichem Gebrauch (in starker Verdünnung) empfohlen. Zimtblätteröl hingegen eignet sich für Bäder, Massagen, Einreibungen, Kompressen (zum Beispiel entspannende, warme Gesichtskompressen) und Mundspülungen bei Zahnfleischblutung. In Duftmischungen verbindet sich Zimtöl gut mit Ylang-Ylang, Jasmin, Sandelholz, Tonka, Limette.

Zimternte auf Sri Lanka

Auswahl der Essenzen

Für Mischungen für Duftlampen, Parfum, Massageöle usw. stehen eine große Anzahl verschiedener Essenzen zur Verfügung. Wie kann man aus dieser Fülle die Passenden auswählen? Es gibt hierfür mehrere Möglichkeiten. Für alle Interessierten, für Laien wie für Aromatherapeuten, möchte ich sie deshalb kurz beschreiben.

INTUITION

Wenn Sie durch dieses Buch oder andere Literatur angeregt und neugierig geworden sind, dann lassen Sie sich für den Anfang von Ihrer Nase leiten! Meist sucht man nämlich ganz intuitiv die Essenzen heraus, die zu einem passen. Schnuppern Sie in einem Geschäft am Probeständer für ätherische Öle und wählen Sie jene, die Ihnen ganz spontan zusagen. Experimentieren Sie mit diesen Essenzen! Geben Sie einige Tropfen in die Duftlampe, oder mischen Sie sich ein Bad.

HEILWIRKUNG

Sie können die Essenzen nach ihrer Heilwirkung auswählen: zum Beispiel Eukalyptus für die Erkältung, Fenchel für Blähungen, Lavendel für Verbrennungen. Ziehen Sie hierfür das Stichwortverzeichnis zu Rate. Aromatherapeuten – vor allem in Frankreich und Italien – erstellen häufig ein »Aromatogramm«, um für den Patienten und seinen speziellen Krankheitsfall die Essenzen auszuwählen. Dafür wird ein Abstrich (zum Beispiel infizierter Schleim aus Nase oder Vagina) mit jeweils verschiedenen Essenzen als Kultur angesetzt. Die keimtötende Wirkung auf die Bakterien dieser Kultur wird beobachtet. Die effektivsten Essenzen werden als Mischung dem Patienten verordnet.

YIN UND YANG

Für eine gezielte Anwendung der Essenzen, speziell für die psychologische Aromatherapie, wird ein östliches System, die Einteilung in Yin und Yang, herangezogen. Dies ist folgendermaßen zu verstehen: Das Universum, dargestellt als Kreis, wird von Yin und Yang, den dualen Kräften, in zwei Hälften geteilt. Sie schmiegen sich wellenförmig aneinander, was ihre dynamische Eigenschaft versinnbildlicht. Die Trennung ist nicht endgültig und starr. Wenn man dies auf die Essenzen überträgt, so kann man feststellen, dass man manchmal eine Essenz sehr angenehm empfindet und sie zum Ausgleich benötigt, ein andermal sie jedoch ablehnt.
Die eine Seite beinhaltet jedoch einen kleinen Punkt der anderen dualen Kraft. Es ist der männliche Anteil im Weiblichen und umgekehrt; ähnlich der Prise Salz in einem süßen Kuchen, die ihn besonders schmackhaft macht. Auch bei den Essenzen kann man feststellen, dass sie einen kleinen Teil gegensätzlicher Energie beinhalten. So kann man zum Beispiel in einem sehr weiblich duftenden Öl wie Ylang-Ylang im Hintergrund eine harzige, männliche Komponente »erriechen«. Nichts ist rein Yin und Yang, es gibt nur ein Vorherrschen einer der beiden dualen Kräfte. Wenn beide Energien sich in harmonischem Wechselspiel befinden und sich einer Balance annähern, dann ist dies die Voraussetzung für geistige und körperliche Gesundheit.
So wird auch in der Aromatherapie angestrebt, Yin- und Yangenergien auszugleichen. Eine Yinkrankheit wird mit einem Yangheilmittel behandelt. Nach dem Prinzip des Gegensätzlichen wird zum Beispiel Fieber, heiß, mit Essenzen von Rose oder Zitrone, kühl und kalt, bekämpft. Genauso wird in der psychologischen Aromatherapie vorgegangen. Ein Yinzustand wie zum Beispiel Konzentrationslosigkeit oder emotionelles Sichauflösen und Zerfließen braucht ein Yangöl, zum Beispiel Zypresse oder Rosmarin, die Struktur geben und zusammenhalten und konzentrieren.
Oft lehnt der Patient/die Patientin das Heilmittel mit der ihm völlig gegensätzlichen Energie ab. Man kann es dann in Mischungen mit anderen Ölen etwas »entschärfen«, zum Beispiel den strengen Duft des Zypressenöls mit wenig Orangenessenz mildern. Es gibt Essenzen, die allgemein ausgleichend wirken, die Yin und Yang in sich selbst fast gleichwertig enthalten. Diese so genannten Merkuröle wirken meist harmonisierend auf extreme Entgleisungen der Energien. Hierzu gehören die Öle aus Rose und Lavendel. Mit diesen Ölen kann man eine Behandlung beginnen, um zuerst »das Terrain, den Boden der Krankheit des Patienten auszugleichen«.
Stellt man ein persönliches Parfum zusammen, das den Charakter einer Person unterstreichen soll, dann verfährt man nach dem »Prinzip des Gleichen«. Ein Parfum soll nicht gegensätzlich wirken. So wählt man für eine Yangperson Essenzen mit Yangcharakter und für eine Yinperson Essenzen mit Yinenergien. Eine Frau mit betont erotischer Ausstrahlung wird Essenzen wie Jasmin, Ylang-Ylang oder Tuberose bevorzugen. Die sportliche Frau liebt Düfte von Bergamotte, Eisenkraut oder Lemongrass (siehe hierfür Kapitel »Parfum«). Yangbetonte, frische Düfte werden als Parfum für den Tag ausgewählt, während sich Yindüfte mehr für den Abend eignen.

Parfum – Gefühle mit Flügeln

Als kaum es deinen Duft gespürt,
der mit dem Ostwind hergeflogen,
Hat sich mein Herz von mir getrennt,
ist, dich zu suchen, ausgezogen.
Vergessen hat es längst nun schon
den Leib, der einst ihm Heimat war,
Und hat zugleich mit deinem Duft
dein ganzes Wesen eingesogen.

ABU SA'ID IBN ABI' L-CHAIR

Seit es gelungen ist, Duftstoffe aus Pflanzen zu gewinnen, hat man sie als Parfums zu unserem Wohlgefallen benützt. Im alten Ägypten waren raffinierte Duftstoffe nur der Pharaofamilie und der Priester- und Beamtenschicht zugänglich. Ihnen zugehörige Damen und Herren bedufteten sich mit Parfums, die bis zu zwanzig verschiedene Inhaltsstoffe enthielten. Verdiente Beamte wurden mit Duftgeschenken vom Pharao belohnt. »Ein Tag ohne Wohlgerüche kann nicht glücklich sein«, so lautete ein ägyptisches Sprichwort. Ich finde, sie hatten Recht, denn unsere Nase macht das Leben lebenswert.

Wir können uns heute mit einigen Essenzen unser ganz persönliches Parfum kreieren (oder kreieren lassen). Ein Parfum kann verzaubern, beflügeln und die innersten geheimen Saiten zum Schwingen bringen. Es kann die Persönlichkeit unterstreichen und die Ausstrahlung verstärken. Sein Duft ist eine geheime Botschaft unserer Eigenschaften und Wünsche. Sie werden auf subtile Weise wie mit Flügeln an die Nasen jener getragen, die uns nahe sind. Parfums legen sich gleich einer Aura um Menschen, Ereignisse und Stimmungen und hinterlassen tiefe Eindrücke in unserem emotionalen Gedächtnis. Sie übertragen unser Schwingungsmuster, das mit den feinsten Fühlern des Geruchssinns unserer Mitmenschen entschlüsselt und gespeichert wird (siehe mein Buch »Poesie der Düfte«).

Natürlich wurden Parfums schon immer wegen ihrer aphrodisierenden Wirkung geliebt und als »zärtliche Botschaften« verwendet, denn manche Düfte können selbst den nüchternsten Verstand betören. Davon wurde zu allen Zeiten reichlich Gebrauch gemacht. Als Kleopatra sich auf ein Treffen mit Marcus Antonius vorbereitete, ließ sie die Segel ihres Schiffes so beduften, dass, so heißt es, »selbst der Wind liebestrunken war«. Sie wollte damit das bezwecken, was ihr offensichtlich gelang.

Meist wählen wir ganz intuitiv das zu uns passende Parfum. Eine Person, die ein Parfum trägt, das ihrer Persönlichkeit nicht entspricht, erzeugt Gefühle der Ablehnung und Distanz bei ihren Mitmenschen. Meist läuft dies völlig unbewusst für alle Beteiligten ab.

Eine Duftmischung kann auf Tageszeit, Jahreszeit und Gelegenheit abgestimmt sein. Morgens passen eher frische Düfte mit betonter Kopfnote, erfrischend und belebend. Der Nachmittagsduft könnte blumig und warm sein. Abends ist es dann Zeit für würzige, sinnliche und schwere Duftmischungen.

Parfumeure können bis zu 2000 verschiedene Duftbausteine voneinander unterscheiden. Sie wählen aus Hunderten von verschiedenen Duftbausteinen jene, die gut zusammenpassen, sich ergänzen und gegenseitig unterstützen. Ein Parfum ist wie eine Symphonie: zusammengesetzt aus vielen Duftnoten, die eine Schwingung ergeben. Das Komponieren eines Parfums ist eine schöpferische Tätigkeit, die viel Einfühlungsvermögen, Phantasie und Inspiration verlangt.

Parfums wurden ursprünglich aus natürlichen Essenzen zusammengestellt. Heute gibt es kein einziges konventionelles Parfum mehr, das nur aus reinen ätherischen Ölen besteht. Diese wurden von den synthetischen Duftstoffen verdrängt und seit den dreißiger Jahren des letzten Jahrhunderts immer weniger verwendet. Heutzutage werden vornehmlich rein synthetische Parfums gemacht.

Mit einigen Essenzen können Sie sich Ihr ganz persönliches Naturparfum mischen. Die Essenzen brechen beim Zusammenkommen ihre Molekularketten auf und verbinden sich mit anderen zu etwas ganz Neuem. So ist eine Mischung mehr als die Summe des Zusammengefügten. Ein einmaliger Duft ist entstanden!
Parfums werden meist in Alkohol gelöst. Danach lässt man sie 2 bis 3 Wochen zusammenwachsen und reifen. Je nach Gehalt an Essenzen entsteht ein Eau de Cologne, Eau de Toilette oder ein Parfum (Extrait).
Eau de Cologne hat den niedrigsten Anteil an Duftessenz in Alkohol, 3% Essenz in 70%igem Alkohol; Eau de Toilette enthält 4% Essenz in Alkohol; Parfum hat 15–30% Essenz in 90%igem Alkohol. Parfums werden heute in vergälltem Alkohol gelöst. Besorgen Sie sich für Ihr Parfum reinen Weingeist in der Apotheke.
Statt in Alkohol können Sie Ihr Parfum auch in der Basis von Jojoba- oder Sesamöl mischen. Diese sind hautpflegend und trocknen die Haut nicht wie Alkohol aus. Sie sorgen dafür, dass die Düfte lange Zeit auf der Haut haften bleiben. Füllen Sie ein 10-ml-Fläschchen mit Jojoba- oder Sesamöl fast voll und tropfen Sie die Essenzen hinein. Man rechnet 15 bis 20 Tropfen. Beginnen Sie mit einer Mischung aus wenigen Ölen und testen Sie sie während des Mischens immer wieder auf der Haut. Lassen Sie das fertige Parfum zwei Wochen reifen, damit die Essenzen zusammenwachsen können. Ein Parfum, besonders ein Naturparfum, verbindet sich mit dem individuellen Duft der Haut. Es kann bei verschiedenen Personen verschieden duften. Erscheint Ihnen das Parfum zu stark, so können Sie es mit Jojobaöl oder Alkohol verdünnen.
Man teilt die Bausteine einer Duftkomposition in drei Gruppen ein:
Kopfnoten sind jene Düfte, die den »Angeruch« eines Parfums ausmachen. Sie steigen uns zuerst in die Nase; Essenzen mit hoher Schwingung, die leicht flüssig sind. Sie duften frisch oder fruchtig, manchmal fast stechend.
Herznoten bilden das Herz einer Mischung. Hierfür wählt man Essenzen mit weichem, blumigem Duft. Oft handelt es sich um Düfte, die »ans Herz gehen«. Hierher gehören auch Essenzen mit stark ausgleichender Kraft.
Basisnoten sind jene Essenzen, die Sie aus Ihrem Parfum noch am Abend riechen, wenn Sie es am Morgen oder Mittag aufgetragen haben. Es sind Düfte mit tiefer Schwingung, die nicht leicht flüchtig sind und länger brauchen, um sich in die Lüfte zu erheben. Sie dienen als Fixative, Duftverzögerer. Das heißt, sie können flüchtige Essenzen daran hindern, schnell zu verdunsten. Solche Essenzen stammen meist von Bäumen oder Gewürzen. Die Parfümerie verwendete früher hauptsächlich Tierdüfte wie Moschus, Amber oder Castoreum (Bibergeil), heute deren synthetische Ersatzstoffe. Wählen Sie als Basisnote Essenzen mit warmem, schwerem Duft (siehe hierzu mein Buch »Poesie der Düfte«).

ÜBERGÄNGE

Manche Öle können Übergänge schaffen zwischen den einzelnen Teilen einer Mischung und verbinden sie miteinander. Wenn die Kopfnote zum Beispiel zu spitz geworden ist und zu wenig Verbindung mit der Herznote hat, dann wählen Sie als Zugabe ein Öl, das beide, Kopf und Herz, miteinander verbindet. Dazu gehören Mandarine, die frisch und warm zugleich riecht, oder Lavendelessenz, die gut verbinden kann. Ist hingegen die Basis zu schwer geworden und ohne Verbindung zur Herznote, dann wählen Sie dazu ein Öl, das zwar Basisnote ist, jedoch auch Eigenschaften der Herznote hat: Linaloeholz oder Koriander.
Ordnen Sie nun Ihre Essenzen nach diesem Prinzip und wählen Sie aus jeder Gruppe eines oder mehrere. Bei Ihrer Entscheidung, welche der Essenzen der jeweiligen Gruppe Sie für die Mischung möchten, lassen Sie sich von Ihrer Nase leiten. Wenn Sie ein Parfum für eine andere Person mischen, lassen Sie diese ihren Lieblingsduft aus den drei Gruppen wählen.
Beginnen Sie mit der Basis. Träufeln Sie einige Tropfen davon in das Jojobaöl. Schütteln Sie gut und prüfen Sie auf der Haut. Danach beginnen Sie mit den Essenzen für die Herznote. Zum Schluss setzen Sie die Kopfnote. Wenn das Parfum am Ende noch nicht »rund« ist, können Sie von den einzelnen Ölen noch etwas zufügen, um auszugleichen. Ist zum Beispiel das Parfum durch Ylang-Ylang zu süß geworden, können Sie dieses etwas abschwächen durch Zugabe von Orange, Zitrone Limette, Petit Grain oder Pampelmuse.

Mit der Jojoba-Sesamöl-Parfum-Mischung können Sie ein neutrales, fettes Öl parfümieren. Wenn Sie etwas Geschick und Erfahrung mit dem Mischen von Essenzen in Ölbasis haben, können Sie die Essenzen auch in einer Flasche ohne Basis mischen. Mit diesem »Duftkonzentrat« können Sie Ihre Bäder, Kosmetika, Duschgel, Briefpapier usw. beduften.

Kopfnoten:	Zitrone, Bergamotte, Orange, Limette, Lemongrass, Minze, Eukalyptus, Eisenkraut, Pampelmuse
Herznoten:	Rose, Ylang-Ylang, Tuberose, Tagetes, Jasmin, Geranie, Ysop, Lavendel, Römische Kamille, Melisse, Muskatellersalbei, Safran, Iris, Mimose, Myrte, Neroli, Frangipani
Basisnoten:	Sandelholz, Zedernholz, Zypresse, Zimt, Cumin, Angelikawurzel, Wacholder, Patchouli, Eichenmoos, Tonka, Benzoe, Weihrauch, Cistrose, Galbanum, Vetiver, Moschuskörner, Opoponax

Parfummischungen:

Weiße Rosen • blumig, warm

Patchouli 10 Tropfen	Geranie 10 Tropfen
Bergamotte 10 Tropfen	

in 10 ml Jojobaöl oder 90%igem Alkohol verschütteln.

Diana • sinnlich

Eisenkraut 2 Tropfen	Jasmin 2 Tropfen
Pampelmuse 5 Tropfen	Tuberose 3 Tropfen
Bergamotte 3 Tropfen	Eichenmoos 2 Tropfen

in 8 ml Sesamöl oder 90%igem Alkohol verschütteln.

Alice im Wunderland • besonders zauberhaft

Ginster 2 Tropfen	Sandelholz 4 Tropfen
Honig 2 Tropfen	Mandarine 2 Tropfen
Vetiver 1 Tropfen	

in 8 ml Jojobaöl oder 90%igem Alkohol verschütteln.

Glück • spritzig und antidepressiv

Rose 2 Tropfen	Neroli 1 Tropfen
Iris 1 Tropfen	Benzoe 1 Tropfen

in 10 ml Alkohol verschütteln oder für Duftlampe.

Essenzen für die Schönheit

Ihre Augen sind Narzissen, Rosen ihre Wangen rot,
Ihre Locken Hyazinthen, die Gestalt: Zypresse schlank,
und von ihrem Widerscheine
ward der Spiegel ganz zum Garten.

NASIKH

ESSENZEN FÜR DIE HAUT

In der Naturkosmetik werden die Essenzen sehr geschätzt, da sie ganzheitlich auf Haut, Körper und Seele wirken. Die ätherischen Öle können tief in die Haut eindringen und dort ihre Wirkung entfalten. Sie nähren, straffen, reinigen, entgiften, fördern die Durchblutung, beruhigen und unterstützen die Haut in ihrer vielfältigen Funktion.
Die Essenzen werden nie unverdünnt verwendet, sondern immer in einer Basis verarbeitet, ob für Gesichtsdampfbäder, Kompressen, Gesichtswässer, Bäder, Cremes, Gesichts- und Massageöl oder Körpermilch. Wählen Sie für Ihre Haut die passenden Essenzen, die Sie einzeln oder in Mischungen anwenden können.

Normale Haut:	Kamille römisch, Rose, Ylang-Ylang, Jasmin, Neroli, Karottensamenöl, Geranie, Lavendel, Mimose, Iris, Benzoe, Magnolie, Frangipani, Safran
Unreine Haut:	Ysop, Schafgarbe, Minze, Immortelle, Zeder, Eukalyptus, Rosmarin, Petersilie, Salbei, Myrte, Wacholder, Galbanum, Mastix, Ysop
Fette Haut:	Geranie, Bergamotte, Lavendel, Sandelholz, Ylang-Ylang, Wacholder, Zypresse, Zeder, Eisenkraut, Lemongrass, Cistrose, Rosmarin, Zitrone, Kampfer, Minze, Patchouli, Orange, Anis, Melisse
Trockene Haut:	Kamille römisch, Ysop, Geranie, Jasmin, Orange, Lavendel, Neroli, Rose, Ylang-Ylang, Muskatellersalbei, Benzoe, Patchouli, Honig, Sandelholz, Vetiver, Salbei, Iris, Tonka, Safran
Aufgesprungene, rissige Haut:	Kamille deutsch, Benzoe, Sandelholz, Lavendel, Rose, Schafgarbe, Linaloe, Immor telle
Gestaute Haut:	Kamille römisch, Lemongrass, Sandelholz, Minze, Fenchel, Rosmarin, Lavendel, Melisse, Neroli, Rose, Weihrauch, Orange, Muskatellersalbei, Cistrose, Wacholder, Geranie, Mastix
Geplatzte Äderchen:	Kamille deutsch, Rose, Neroli, Lavendel, Mastix
Akne:	Lavendel, Eukalyptus, Tea Tree, Cistrose, Thymian, Zitrone, Petit Grain, Kamille deutsch, Sandelholz, Schafgarbe, Immortelle, Eisenkraut, Bergamotte, Minze, Zeder, Wacholder, Rosmarin, Geranie, Zypresse, Galbanum, Muskatellersalbei, Cajeput, Niaouli
Empfindliche Haut:	Rose, Benzoe, Kamille deutsch, römisch, Neroli, Jasmin, Geranie, Karottensamenöl, Melisse, Iris, Linaloe
Entzündete Haut:	Sandelholz, Neroli, Kamille deutsch, Jasmin, Muskatellersalbei, Immortelle, Cistrose, Karottensamenöl, Geranie, Benzoe, Opoponax
Reife Haut:	Safran, Neroli, Weihrauch, Lavendel, Galbanum, Rose,Vetiver, Orange, Sandelholz, Ylang-Ylang, Benzoe, Muskatellersalbei, Zypresse, Fenchel, Iris, Jasmin, Basilikum, Mastix, Tonka, Myrrhe
Cellulitis:	Schafgarbe, Wacholder, Zitrone, Orange, Wiesenkönigin, Zypresse, Rosmarin, Pampelmuse, Birke, Oregano, Fenchel, Mastix
Psoriasis:	Immortelle, Cistrose, Oregano, Bergamotte, Lavendel, Neroli

ESSENZEN FÜR DIE HAARE

Wie schrecklich ist der Einheitsduft billiger Shampoos. Kreieren Sie Ihr eigenes Shampoo mit Ihrem Lieblingsduft. In Haaren halten Düfte besonders lange. Die Essenzen können das Haar pflegen, stärken, glänzen lassen, den Haarboden entgiften und besser durchbluten.
Wählen Sie als Grundlage ein neutrales Shampoo, dem Sie einige Tropfen Essenz zufügen (10–15 Tropfen auf 100 ml). Sie können die Essenzen auch für Haarpackungen mit Rizinusöl oder Jojobaöl mischen. Tragen Sie dies auf die Haare auf oder reiben Sie die Haarspitzen damit ein und lassen Sie die Packung etwa 20 Minuten ziehen. Sie ist sehr gut vor der Haarwäsche oder bei strapaziertem Haar zum Einwirkenlassen über Nacht.
Mit Eigelb und Öl können Sie sich eine nährende Haarkur ohne Chemikalien mixen. In Alkohol und Wasser ergeben die Essenzen erfrischender Haarwässer.

Fette Haare:	Zeder, Lavendel, Zitrone, Meerkiefer, Zirbelkiefer, Salbei, Melisse, Zypresse
Trockene Haare:	Ylang-Ylang, Geranie, Melisse Honig, Linaloe-Öl
Blonde Haare:	Zitrone, Pampelmuse, Lemongrass
Dunkle Haare:	Salbei, Sandelholz
Graue Haare:	Koriander, Salbei, Zitrone
Schuppen:	Lavendel, Schafgarbe, Sandelholz, Melisse, Zypresse
Haarausfall:	Lavendel, Zirbelkiefer, Zeder, Rosmarin, Bay
Haarboden stärkend, durchblutend:	Rosmarin, Zitrone, Zirbelkiefer
Haarwuchsfördernd:	Rosmarin, Bay, Koriander, Zeder, Birke
Haarboden entgiftend:	Zeder, Tea-Tree-Öl
Gespaltene Haarspitzen:	Sandelholz, Ylang-Ylang

Mischungen:

Haarpackung für gespaltene Haarspitzen
Rizinusöl 50 ml Jojobaöl 50 ml
Linaloe-Öl 10 Tropfen Sandelholz 15 Tropfen
in die Spitzen einreiben, etwa 20 Minuten einwirken lassen, danach Haare waschen.

Shampoo • haarstärkend, exotisch duftend
Shampoogrundlage 100 ml
Zeder 7 Tropfen Ylang-Ylang 4 Tropfen
Gut miteinander verschütteln.

Haarpackung
verleiht dem Haar herrlichen Glanz, pflegt besonders strapaziertes Haar
1 Eigelb 3 Esslöffel Jojobaöl 1 Spritzer Zitronensaft
Zeder 5 Tropfen Bay 3 Tropfen

Trennen Sie das Eiweiß vom Eigelb und rühren Sie das Jojobaöl, in das die ätherischen Öle gemischt werden, tropfenweise in das Eigelb. Wenn eine cremige Masse entstanden ist, fügen Sie den Zitronensaft hinzu. Verteilen Sie die Packung auf das gewaschene Haar und lassen Sie diese mindestens eine halbe Stunde einwirken. Decken Sie den Kopf mit einem Frotteehandtuch ab. Danach gut auswaschen.
Im Rahmen dieses Buches kann ich auf das Herstellen von Naturkosmetik nicht weiter eingehen. Wenn Sie Cremes, Körpermilchlotionen usw. mit Essenzen herstellen wollen, rate ich Ihnen zu einem der Bücher über selbst gemachte Naturkosmetik. Geben Sie zu den Rezepten die entsprechenden Essenzen. Beachten Sie dabei, dass die ätherischen Öle immer zum Schluss zugefügt werden müssen, da eventuelles Erhitzen sie verdunsten lässt.

Düfte – auch für Ihn

Noch vor einiger Zeit galt es als unschicklich, wenn »Mann« sich beduftete. Ein Mann roch eben nach Arbeit, Schweiß, Rauch, Aktentasche und nach einem beißenden Rasierwasser (von dem man wusste, dass es Mäuse töten kann).

Die Parfumeure waren so damit beschäftigt, die Damenwelt mit immer neuen Parfums zu beglücken, dass sie dabei sich selbst vergessen haben. In den letzten Jahren jedoch ist das Bedürfnis nach duftenden Herrenpflegeartikeln und auch das »Duftbewusstsein« der männlichen Nasen endlich erwacht.

Vielleicht als Folge einer »natürlichen Auslese« durch die Frauen, die einen Mann mit dem richtigen Duft einfach hinreißend finden. Wenn Sie sich nun entschieden haben, zu den »hinreißenden« gehören zu wollen, dann sind Sie in keiner schlechten Gesellschaft. Männer in höchsten Positionen (und außerdem beliebt bei den Frauen) waren schon immer von Duft umgeben.

Übergehen wir diesmal die Ägypter (deren Pharaonen eine stundenlange Morgentoilette voller Duft schätzten) und beginnen wir bei Napoleon; von ihm ist überliefert, dass er sich nach dem morgendlichen Bad mit Rosmarin-Eau de Cologne geradezu überschüttete. Lesen Sie im Kapitel »Rosmarin«, welche Wirkung er erwarten konnte! Am Abend jedoch gab er sich romantisch und schrieb auf veilchenbeduftetes Papier an seine geliebte Josephine. Römische Gladiatoren, griechische Athleten, chinesische Geschäftsleute, keiner von ihnen verzichtete auf die sichere Wirkung der Düfte und massierte oder salbte seinen Körper mit aromatischen Ölen, bevor er sich an seine Aufgabe machte.

Schiller, so erzählt man sich noch heute etwas mitleidig, hielt in seiner Schreibtischschublade einen faulenden Apfel versteckt, von dessen Duft er sich inspirieren ließ, während er an seiner Dichterarbeit saß. Heute hätte er sicher eine Duftlampe auf seinem Schreibtisch, aus der ihm eine »superkreative« Mischung in die Nase stiege.

Parfums, duftende Bäder und Körperöle waren lange Zeit ein Privileg der Herrscher und des Adels, die verschwenderisch damit umgingen (Ludwig XV. verlangte, dass seine Zimmer jeden Tag mit einem anderen Duft erfüllt wurden).

Als sich immer mehr Bevölkerungsschichten etwas Luxus leisten konnten und die Destillation in größerem Maße betrieben wurde, verbreitete sich die Lust auf Duft mehr und mehr. Durch die Herstellung billiger, synthetischer Düfte ist das Parfum von heute ein Massenprodukt; Parfums mit echten, kostbaren Naturstoffen dagegen sind teuer und rar.

Mit wenigen Essenzen schon können Sie sich den Luxus einer ganz persönlichen, natürlichen Duftnote leisten, die Ihre persönliche Ausstrahlung unterstreicht. Es ist nicht schwer und macht sicher Spaß, diese selbst herzustellen. Kreieren Sie sich ein Duschgel für den Morgen, das Ihren Namen trägt, ein Aftershave, das genau Ihren Duftvorstellungen entspricht, und einen Raumduft für die Duftlampe, der Ihre Präsenz unterstreicht.

Es gibt Essenzen, die Männer besonders mögen und die gut zu ihnen passen. Wählen Sie aus dieser Liste Ihre Lieblingsdüfte, die Ihnen einzeln oder in einer Komposition für die verschiedenen Zubereitungen gefallen könnten. Holen Sie sich genaue Anleitung im Kapitel »Parfum – Gefühle mit Flügeln«.

Kopfnoten:	Bergamotte, Zitrone, Eisenkraut, Limette, Lemongrass, Orange, Minze, Eukalyptus, Pampelmuse, Douglasie
Herznoten:	Muskatellersalbei, Geranie, Ysop, Lavendel, Petit Grain, Tuberose, Rose, Myrte
Basisnoten:	Sandelholz, Zeder, Linaloe-Öl, Zirbelkiefer, Wacholder, Kreuzkümmel, Eichenmoos, Koriander, Bay, Tonka, Angelika, Ingwer; in Spuren Vetiver, Moschuskörner und Adlerholz

Beginnen Sie mit einfachen Mischungen. Einige der Essenzen eignen sich gut für den Anfang, da sie sich mit fast allen anderen Essenzen verbinden: Sandelholz, Zeder, Geranie, Zirbelkiefer, Bergamotte, Zitrone, Linaloe-Öl.

Duschgel

Besorgen Sie sich eine neutrale Duschgelgrundlage ohne Parfümierung. Wenn Sie nur eine einzelne Essenz für die Parfümierung wünschen, so träufeln Sie diese in die Flasche zum Duschgel. Verschütteln – fertig! In 150 ml gibt man 15 bis 25 Tropfen, je nach gewünschter Duftintensität.

Duschgelmischungen:

007

Zirbelkiefer 5 Tropfen — Muskatellersalbei 3 Tropfen
Pampelmuse 2 Tropfen — Lemongrass 1 Tropfen
Sandelholz 1 Tropfen — Ingwer 2 Tropfen
mit 75 ml Duschgelgrundlage vermischen.

Toskanischer Morgen

Eisenkraut 6 Tropfen — Orange 4 Tropfen
Sandelholz 4 Tropfen — Zeder 2 Tropfen
in 150 ml Duschgelgrundlage verschütteln.

Prince Charles' Delight

Zeder 6 Tropfen — Zirbelkiefer 2 Tropfen
Ho-Blätter 2 Tropfen — Wacholder 2 Tropfen
Petit Grain 2 Tropfen — Pampelmuse 4 Tropfen
Eisenkraut 4 Tropfen — Muskatellersalbei 2 Tropfen
Lavendel 2 Tropfen — Vetiver 1 Tropfen
in 150 ml Duschgelgrundlage verschütteln.

Körperöl »Magic 5«

Vetiver 1 Tropfen — Zirbelkiefer 20 Tropfen
Limette 20 Tropfen — Pampelmuse 5 Tropfen
Moschuskörner 1 Tropfen
in 100 ml Jojobaöl verschütteln.

Aftershave »Morgenbrise«

Zirbelkiefer 30 Tropfen — Pampelmuse 10 Tropfen
verschütteln in 30 ml 70%igem Alkohol. Auffüllen mit 70 ml destilliertem Wasser oder Hamameliswasser. In eine dunkle Flasche füllen.
Bei Haut, die leicht zu Entzündungen neigt, können Sie dem Aftershave 5 Tropfen Propolistinktur zufügen. Tropfen Sie diese in den Alkohol. Gut schütteln.

Rosmarintonikum »Napoleon«

zur Erfrischung und Hautbelebung nach der Rasur
destilliertes Wasser 100 ml — Alaun 2 g
Rosmarin 5 Tropfen — Zirbelkiefer 2 Tropfen
Zitrone 2 Tropfen
Das Alaun im erwärmten Wasser lösen, erkalten lassen und die ätherischen Öle darin verschütteln.

Entzückendes für kleine Nasen

Babys und Kinder haben einen sehr sensiblen Geruchssinn. Schon sechs Wochen alte Babys erkennen ihre Mutter am Duft und unterscheiden spielend ein von der Mutter getragenes Unterhemd von einem anderen. Der Duft ist das erste geheime Liebesband in unserem Leben, es verbindet Mutter und Baby auf wundersame Weise. Eine Mutter erkennt an der Veränderung des Körperduftes ihres Babys und Kleinkindes eine Krankheit, noch bevor diese zum Ausbruch kommt. Wenn die ersten Zähnchen kommen, verschwindet allgemein der zarte, angenehme Duft, speziell auf der Kopfhaut des Babys, der die Mutter auf ihr Kind ganz eingestimmt hat.
Düfte erziehen und belehren uns in unseren ersten Lehrjahren auf dieser Erde. Angenehmes und Unangenehmes, Gefährliches und Wohltuendes werden als Dufterinnerungen im Gehirn gespeichert. So können Düfte in unserer frühen Kindheit die Kreativität und Lernbereitschaft anregen und die Sinne schärfen. Schließen Sie doch einmal Ihre Augen und lassen Sie die Düfte Ihrer Kindheit neu entstehen: Wie roch es damals in der Küche? Welchen Duft hatte Ihr Lieblingsgericht? Erinnern Sie sich, wie Mutter oder Vater rochen? Wissen Sie noch, wie ein Marienkäfer riecht? Oder ein Sonntagnachmittagsspaziergang?
Die Wirkung der Düfte für Babys und Kinder lässt sich am besten durch die Duftlampe erzielen, die Sie im Schlafzimmer oder Kinderzimmer aufstellen. Fürs Kinderzimmer eignet sich mehr eine elektrische Duftlampe. Kinder lieben diese Düfte: Mandarine, Honig, Orange, Römische Kamille und Rose für Babys, Zitrone, Zimt, Orange und blumige Düfte in Verdünnung für Kleinkinder und Kinder. Eine Duftlampe sollte jedoch nicht zur »Dauerbeduftung« verwendet werden. Eine Stunde pro Tag reicht z. B. für die Raumluftverbesserung.

Oder basteln Sie Ihrem Baby eine Duftkette zum Spielen und Erschnuppern: kleine Baumwoll- oder Seidenbällchen, die mit verschiedenen duftenden Kräutern gefüllt sind und wie eine dicke Kette aneinander gereiht werden. Sie können die Bälle füllen mit Lavendel, Rosenblättern, Kamillenblüten ... Wie wäre es mit einer duftenden Überraschung aus der Duftlampe?

Happy Birthday
Mandarine 10 Tropfen Honig 10 Tropfen
Vanille 5 Tropfen
hält eine ganze Meute kleiner Geburtstagsgäste bei Laune.

Wenn das Baby bei Zahnungsbeschwerden gereizt und unruhig ist oder wenn es Blähungen hat, hilft oft Römische Kamille mit Lavendel in der Duftlampe. Bei Bauchkoliken können Sie als unterstützende Therapie Fenchel und Römische Kamille verduften. Dazu verabreichen Sie Fencheltee und machen eine feuchtwarme Fenchelkompresse über das Bäuchlein (siehe auch mein Buch »Aroma-Massage«).

Bauchkompresse bei Bauchkoliken
Kamille römisch 1 Tropfen Fenchel, süß 1 Tropfen
Die ätherischen Öle in 1 Esslöffel Honig verrühren und in einem Liter warmem Wasser gut vermischen, ein Gästehandtuch darin tränken und warm auflegen. Mit einem Handtuch abdecken, damit sich die Wärme hält. Nach 10 bis 15 Minuten abnehmen, bevor noch die Kompresse abgekühlt ist.

Bei Erkältungskrankheiten wirken folgende Essenzen schleimlösend und keimtötend: Latschenkiefer, Eukalyptus, Myrte, Zitrone. Für Kinder benötigen Sie halb so viele Tropfen in der Duftlampe wie für Erwachsene.
Kinder mögen duftende Bäder. Für ein Kinderbad (Kinderbadewanne) können Sie 1 bis 5 Tropfen Essenz in zwei Esslöffel Honig und einen Esslöffel Sahne mischen und dem Bad zugeben. Die Essenz darf nie unverdünnt in Kinderhände geraten, bewahren Sie sie immer sicher auf. Für Kinderbäder eignen sich die Düfte aus Römischer Kamille, Honig, Vanille; Lavendel vor dem Schlafengehen besonders für unruhige Kinder. Kleiebäder eignen sich besonders für die Pflege empfindlicher Babyhaut. Verschütteln Sie dazu in einem Schraubglas Badekleie mit den ätherischen Ölen.

Babys Bad
Römische Kamille 5 Tropfen Neroli 2 Tropfen
mit 3 Esslöffeln Honig und 1 Esslöffel Sahne vermischen oder mit 3 Esslöffeln Kleie verschütteln.

Babys brauchen zärtliche Berührung genauso wie andere Nahrung. Sie vermittelt ihnen Nähe, Vertrauen, Geborgenheit. Babys werden durch regelmäßige Massage kräftiger und haben weniger Bauchkoliken. Leider bestehen viele im Handel erhältlichen Babyöle aus Mineralöl. Es ist billig, hält sich lange – das ist seine wirtschaftliche Seite. Es trocknet auf die Dauer die Haut aus, dringt nicht gut ein, nährt die Haut nicht

– das ist die andere Seite, nämlich die empfindliche Haut Ihres Babys. Mineralöle sind anorganischen Ursprungs und ohne Lebenskraft. Verwenden Sie als Grundlage kaltgepresstes, süßes Mandelöl, dem Sie eventuell noch etwas Ringelblumenöl zufügen. In dieses Basisöl geben Sie wenige Tropfen (2–3 Tropfen auf 100 ml) ätherischen Öls hinzu: Rose, Kamille, Mandarine.

Wohlgerüche für die Nase der Götter

Vor der Erfindung der Destillation, die uns die reinen Essenzen schenkte, behalfen sich unsere Vorfahren mit der Räucherung. Das Wort Parfum leitet sich vom lateinischen *per fumum* = durch den Rauch ab. Getrocknete Kräuter und Harze wurden auf heißen Kohlen oder Steinen verbrannt, die Duftstoffe lösten sich und erfüllten die Luft. Dies war sicher eine

der ersten Heilmethoden. Die Menschen beobachteten, dass der Rauch nach oben stieg, dorthin, wo ihrer Meinung nach die Götter wohnten. So wurde das Räuchern für sie eine Art »duftende Postverbindung« zwischen Menschen und Göttern. Sie schickten mit dem aufsteigenden Rauch Opferungen, Gebete und Wünsche gen Himmel. Der Weihrauch wurde den Göttern geweiht, die kostbarsten und am angenehmsten duftenden Kräuter wurden ihnen via Rauch geschenkt. Dass sich die bei der Räucherung Anwesenden ebenfalls daran laben konnten, war ein erfreulicher Nebeneffekt und führte sicher zur großen Beliebtheit des Räucheropfers. Die Heilkunst lag in frühen Zeiten in den Händen der Priesterinnen und Priester. Heilung wurde als etwas Göttliches angesehen und mit rituellen Handlungen verknüpft. Noch heute steckt in unserem Wort »heilen« das »heilig«; heilig ist, wer heil, gesund an Körper und Seele ist. Religion ist für die Seele ein Heilmittel, und die Düfte haben ebenfalls eine heilmachende Wirkung auf die Seele. Aus diesem Grunde war die Anwendung von Düften immer mit religiösem Empfinden und kultischen Handlungen verknüpft. Sicher sind Sie beim Durchlesen der Heilanwendungen der ätherischen Öle über Begriffe gestolpert, die »heilig« klingen.

Wohlgeruch war zu allen Zeiten ein Zeichen für die Anwesenheit der Götter, ja er galt als göttliche Offenbarung. Unangenehme Gerüche assoziierte man mit der Anwesenheit übelwollender Wesenheiten. Man hatte beobachtet, dass sich bei einer Krankheit der menschliche Körper veränderte, meist unangenehme Gerüche ausströmte, und Krankheit war das Zeichen für eine abgebrochene Verbindung zum Göttlichen (siehe mein Buch »Botschaft an den Himmel«).

Können Sie sich ein Paradies vorstellen, in dem es schlecht riecht? Unsere Vorfahren konnten es auch nicht. Sie beschrieben in blumenreichen Worten die kostbaren Düfte, die uns im Paradies erwarten. Von Adams und Evas Leben heißt es, als Gott und seine Engel das Paradies betraten:

... da bewegten sich alle Blätter des Paradieses, so dass alle Menschen, von Adam geboren, vom Wohlgeruch einschlummerten.

Götter scheinen Wohlgerüche zu lieben, das hat man zu allen Zeiten angenommen. Im Gilgamesch-Epos, dem ältesten Werk der Weltliteratur, wird erzählt, dass Noah als Dank für seine Rettung vor der Sintflut Zedernholz und Myrrhe für Gott verbrannte. »... und angenehm stieg den Göttern der Duft in die Nase.«

Viel hilft viel. Nach diesem einfachen Lehrsatz gebrauchte man in den reichen Hochkulturen das Räucherwerk. In Babylon, so ist durch Abrechnungen überliefert, verbrannte man jährlich 26 000 kg (!) Weihrauch. Die Assyrer opferten ihrem Gott Baal bei dessen jährlichem Fest nahezu 60 Tonnen Weihrauch. Bei der Beisetzung von Herodes sollen 5000 Sklaven mit Weihrauchgefäßen vorangeschritten sein, um alle und alles in wahre Nebelschwaden von Düften zu hüllen. Nero verbrannte bei der Bestattung seiner Gattin Sabina Poppäa 65 n. Chr. angeblich so viel Räucherwerk, wie Arabien in einem ganzen Jahr liefern konnte (Arabien unterhielt damals eine eigene Schiffsflotte zum Transport von Weihrauch).

Nur das Kostbarste ist gerade gut genug für einen Gottessohn, dachten sich die Heiligen Drei Könige und packten Gold,

Weihrauch und Myrrhe ein. Daran sieht man die ungeheure Wertschätzung, die Räucherstoffen entgegengebracht wurde. Der Handel mit Räucherwerk war damals das Geschäft und wurde von den großen Staaten monopolisiert. Mit Weihrauch wurde überall in der ganzen antiken Welt gehandelt. Arabien war der größte Duftstoffexporteur, denn nur in einem Landstrich im südwestlichen Arabien wuchs der Weihrauchbaum, der das beste Weihrauchharz lieferte. In dieser Provinz regierte die legendäre Königin von Saba, in deren zarte Hände der Reichtum aus dem Duftstoffhandel floß.

Wenig ist im Vergleich zu damals vom Wissen über Wirkung und Gebrauch des Weihrauchs übriggeblieben. Heute wird Weihrauch in einfacher Zubereitung im Gottesdienst und bei Zeremonien der katholischen Kirche verwendet. Doch die meisten Priester wissen nicht mehr viel von dessen Wirkung oder vom Gebrauch der verschiedenen Mischungen.

Im Volkstum haben sich noch einige Reste früherer Räucherbräuche erhalten. Statt des teuren Weihrauchs gebrauchte man heilsame Kräuter für Räucherungen bei Krankheit von Mensch und Tier, für bestimmte Feste und Rituale. Noch heute werden im alpenländischen Raum das Haus und der Stall, besonders in den Rauhnächten (= Rauchnächten) zwischen Weihnachten und Neujahr oder Dreikönig mit Kräutern wie Wacholder, Salbei und Tanne ausgeräuchert. Die Heiligen Drei Könige, die am 6. Januar an jede Haustür klopfen, schwenken das Weihrauchgefäß durch die Räume.

Das aufkommende Interesse an Duftstoffen, die Nachfrage nach Weihrauch und Mischungen haben in jüngster Zeit dazu geführt, über den Sinn des Räucherns neu nachzudenken. Man entdeckte, dass keine Religion oder spirituelle Schule auf die Wirkungen der Düfte verzichtet, wenn sie ihre Gläubigen oder Schüler und Schülerinnen für kosmische Energien öffnen will.

Weihrauch und die meisten zum Räuchern verwendeten Substanzen wirken stark desinfizierend. Gerade in Tempeln, Kirchen und Versammlungsstätten, wo viele Menschen zusammenkommen, besteht hohe Ansteckungsgefahr. Und besonders in Zeiten, in denen es den Menschen schlecht geht, wenn man krank ist, sucht man die Nähe der Götter. So verwendete man das Räucherwerk als angenehm duftende Desinfektion.

Früher wusste man, dass sich auch Sorgen, Ängste oder Streit als Energien in einem Raum halten können. Gerade in Tempeln und Kirchen hinterlassen die Menschen ihre Sorgen. Deshalb gebrauchte man die Räucherungen zur »atmosphärischen Reinigung«. Auf diese Weise hielt man diese Plätze über Jahrhunderte rein.

In der Nähe Gottes oder der Götter erwartet man Nahrung und Hilfe für die Seele. Zu allen Zeiten wurden die aufbauenden Worte der Priesterinnen und Priester von Düften unterstützt und begleitet. Heute weiß man, dass Düfte beleben, aufrichten, ja trösten können.

In den letzten Jahren haben die Wissenschaftler den Weihrauch unter die Lupe genommen. Sie waren aufmerksam geworden durch die immer wieder beobachteten Suchtfälle und auffallende Schnüffelsucht von Ministranten. Wissenschaftler der Akademie der Wissenschaften in Leipzig fanden 1981 im Weihrauch Stoffe, die sich bei der Räucherung entwickeln. Diese Tetrahydrocannabinole sind psychoaktive Stoffe, die eine bewusstseinserweiternde Wirkung haben.

Der australische Wissenschaftler Dr. Michael Stoddard entdeckte gar im Weihrauch Stoffe, die eine verblüffende Ähnlichkeit mit Sexualhormonen haben. So scheint der Weihrauch, wie das australische Wissenschaftlerteam meint, sexuelle und ekstatische Energiequellen in uns anzusprechen. Das religiöse Ritual versteht diese zu nutzen und zu kanalisieren. Inzwischen hat auch die westliche Medizin bestätigt, dass Weihrauch ein gutes Heilmittel ist, um Rheuma ohne Nebenwirkungen zu behandeln (siehe mein Buch »Botschaft an den Himmel«).

Als Weihrauch bezeichnete man früher alle Substanzen, die man räuchern konnte. Heute versteht man darunter nur noch Olibanum, das Gummiharz der nordafrikanischen Baumart Boswellia, deren milchiger Saft zu gelblichen oder bräunlichen Körnern erhärtet.

Weitere bekannte und sehr geschätzte Räuchersubstanzen sind:

Myrrhe:	das Harz des Myrrhebaumes aus Arabien, dem Jemen und Äthiopien, das ebenfalls bräunliche Körner bildet
Galbanum:	das Gummiharz einer Fenchelart, das grünlichbraune, klebrige Körner bildet
Styrax:	auch flüssiger Amber oder Benzoin genannt, der dickflüssige Balsam des Amberbaumes, Liquidambra orientalis
Benzoe:	das Harz des Benzoebaumes
Pinienharze verschiedener Arten:	Besonders geschätzt war jenes von Picea succinfera, deren Harz flüssiger Amber genannt wird

Auch aus Kräutern, wie Wacholder, Ysop, Salbei, Piniennadeln, mischte man Räucherwerk.
Es gab fertige Mischungen, die über Jahrhunderte in Mode waren und zum Teil noch heute in Gebrauch sind. Hierzu gehört »Kyphi«, eine ägyptische Räuchermischung, deren Rezept auf dem Papyrus Ebers (1550 v. Chr.) erhalten geblieben ist. Sie enthält 16 verschiedene Zutaten wie Weihrauch, Myrrhe, Kalmus, Galgant, Mastix und andere. In Ägypten verbrannte man sie am Abend zu Ehren des Sonnengottes Ra. Über die Wirkung berichten antike Autoren wie Plutarch und Dioscurides. Kyphi soll die Sorgen des Tages vertreiben, entkrampfen, beruhigen, Angst, Panik lindern, angenehme Träume machen und ist außerdem »den Göttern sehr willkommen«. Diese Räuchermischung fand so viel Zuspruch, dass Griechen und Römer daraus später ein Parfum kreierten: das erste bekannte Markenparfum, »Kyphi«.

Räuchermischungen können Sie käuflich erwerben und zu Hause anwenden. Besorgen Sie sich dazu ein Räuchergefäß und Räucherkohle und legen Sie diese ins Gefäß. Nun wird sie mit Streichholz oder an einer Kerze entzündet. Warten Sie nun, bis die Kohle glüht. Sie können mit etwas Blasen oder Wedeln nachhelfen. Nun geben Sie einen gestrichenen Teelöffel der Räuchermischung auf die Kohle. Lassen Sie sich vom aufsteigenden duftenden Rauch inspirieren und entführen.
Sie können sich auch Ihre eigene Räuchermischung zubereiten. Entweder aus verschiedenen Räucherharzen oder auch aus selbst gesammelten Pflanzen, die Sie trocknen und zerkleinern. Es eignen sich Salbeiblätter, Kamillenblüten, Rosmarinblätter, Lavendelblüten, Tannen- oder Fichtennadeln, Baumharze, Gewürze und vieles mehr. Auf einer Reise in den Süden können Sie eine Räuchermischung kreieren und damit zu Hause etwa die Stimmung einer Mittelmeerlandschaft zaubern. Sammeln Sie hierfür Zypressenzweiglein und -zapfen, Wacholderzweiglein, Cistrosenblätter, Thymianblätter, Pinienharz ... (siehe auch mein Buch »Botschaft an den Himmel«).

Der Weg der ätherischen Öle durch den Körper

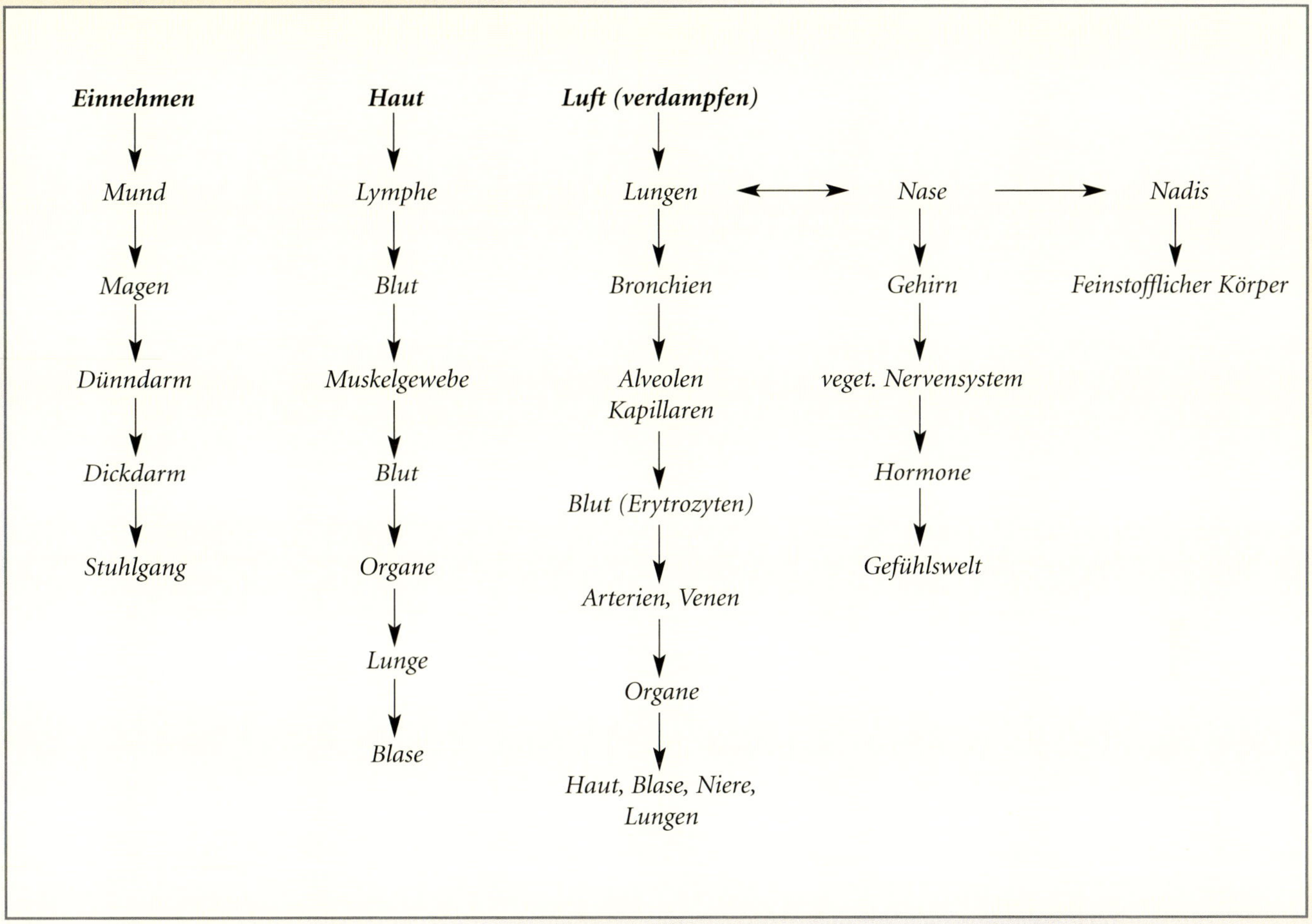

Ätherische Öle und Kontraindikationen

ÄTHERISCHE ÖLE, DIE WÄHREND DER SCHWANGERSCHAFT NICHT VERWENDET WERDEN SOLLTEN

Anis	Kalmus	Muskatellersalbei	Petersilie	Santolin	Wacholder
Basilikum	Kampfer	Muskatnuss	Rosmarin	Schafgarbe	Wiesenkönigin
Cistrose	Koriander	Myrrhe	Salbei	Schopflavendel	Ysop
Dill	Kümmel	Nelkenbaum	Sadebaum	Sellerie	Zeder
Eisenkraut	Majoran	Oregano	Safran	Thymian	Zypresse
Galgant					

Diese Öle sollten während der Schwangerschaft nicht innerlich eingenommen werden, außerdem nicht in Bädern und in höherer Konzentration in Körper- und Massageölen verwendet werden. Für konzentrierte Inhalationen sind sie ebenfalls nicht geeignet.

ÄTHERISCHE ÖLE, DIE WÄHREND EINER HOMÖOPATHISCHEN BEHANDLUNG GEMIEDEN WERDEN SOLLTEN

- Eukalyptus
- Kamille
- Kampfer
- Minze

ÄTHERISCHE ÖLE, DIE FÜR KINDER NICHT VERWENDET WERDEN SOLLTEN

- Arizona-Zypresse
- Basilikum (Art mit viel Kampfer: Ocimum canum camphoriferum)
- Fenchel (bitter)
- Kampfer
- Katzenminze
- Kreuzkümmel
- Muskatnuss
- Petersilie
- Ravensara
- Rosmarin
- Salbei (officinalis)
- Salbeigamander
- Schopflavendel
- Zeder
- Zimtrinde

Außerdem alle Öle der Auflistung »mit stark toxischer Nebenwirkung«.

ÄTHERISCHE ÖLE, DIE HAUTREIZUNGEN UND ALLERGIEN VERURSACHEN KÖNNEN

- Anis
- Alant
- Arnika
- Basilikum
- Bohnenkraut
- Cassia
- Eisenkraut
- Fenchel
- Kreuzkümmel
- Lemongrass
- Muskatnuss
- Nelke
- Oregano
- Pfefferminze
- Rosmarin
- Spearmint
- Tea Tree
- Thymian rot
- Zimtrinde
- Alle Zitrusöle

Bei empfindlicher Haut und Allergiebereitschaft bitte mit einem Tropfen des unverdünnten ätherischen Öles eine Probe in der Ellenbogenbeuge machen, ca. 10–15 Minuten abwarten. Bei Auftreten von Rötung oder Bläschen dieses Öl für Bäder oder Körperöle nicht verwenden.

ÄTHERISCHE ÖLE, DIE DIE LICHTEMPFINDLICHKEIT ERHÖHEN

- Angelika
- Eisenkraut
- Fenchel süß und bitter
- Karottensamen
- Petersilie
- Petit Grain
- Salbei
- Schafgarbe
- Alle Zitrusöle, besonders Bergamotte

Nicht für Sonnenöle verwenden. Bei empfindlicher Haut eine Konzentration über 2–3 Tropfen in einem Trägeröl nicht überschreiten, wenn Sie danach die behandelten Körperpartien der Sonne aussetzen.
Nach Verwendung dieser Öle auf der Haut sollten Sie die behandelten Hautpartien für ca. 4 Stunden nicht direktem UV-Licht aussetzen.

ÄTHERISCHE ÖLE, DIE BEI NEIGUNG ZU EPILEPSIE NICHT VERWENDET WERDEN SOLLTEN

- Fenchel süß und bitter
- Muskatnuss
- Kampfer
- Rosmarin
- Salbei
- Ysop
- Zeder

WEITERE ÄTHERISCHE ÖLE, DIE MIT VORSICHT ZU VERWENDEN SIND

Anis:	nicht zu hoch dosieren, kann Schädigung des Nervensystems verursachen.
Cistrose, Immortelle:	in der Duftlampe können diese Öle in höherer Konzentration die Stimmung dämpfen.
Lavendel:	nicht mit Jod und eisenhaltigen Medikamenten einnehmen.
Muskateller-salbei:	nicht mit Alkohol zusammen einnehmen, nicht mit eisenhaltigen Medikamenten einnehmen.
Muskatnuss:	nicht einnehmen, nicht in höherer Konzentration in Bädern verwenden.
Sandelholz:	nicht bei akuter Nierenentzündung einnehmen.

Absolues sollten nie innerlich eingenommen werden.

ÄTHERISCHE ÖLE MIT STARK TOXISCHER WIRKUNG

Arnika – Arnica montana
Beifuß – Artemisia vulgaris
Bittermandel – Prunus amygdalus var. amara
Boldoblätter – Peumus boldus
Fenchel bitter – Foeniculum vulgare
Gänsefuß – Chenopodium ambroisoides
Jaborandi – Pilocarpus jaborandi
Kalmus, indischer – Acorus calamus (ca. 80% Asarongehalt)
Meerrettich – Chochlearia armoracia
Poleiminze – Mentha pulegium
Rainfarn – Tanacetum vulgare
Sassafras – Sassafras albidum
Senf, nigra – Brassica nigra
Sadebaum – Juniperus sabina
Thuja – Thuja occidentalis
Weinraute – Ruta graveolens
Wurmsamen – Chenopodium anthelminticuin
alle weiteren Artemisiaarten wie Wermut, Eberraute usw.

ÄTHERISCHE ÖLE, DIE NICHT BEI BRUSTKREBS UND MASTOSEN VERWENDET WERDEN SOLLTEN

Muskatellersalbei   Sternanis   Anis   Zypresse

DIE VERSCHIEDENEN LAVENDELARTEN

Deutscher Name	Botanischer Name	Bevorzugte Höhenlage	Farbe
Lavendel extra	Lavandula officinalis (vera), Lavandula angustifolia ssp. angustifolia var. fragans	über 900 m bis 1800 m (manchmal ab 700 m, jedoch nicht so gute Qualität), trockene und sehr sonnige Lage, Kalkböden	gelblich
Lavendel fein	Lavandula officinalis, Lavandula angustifolia ssp. angustifolia var. delphinensis	ca. 700 bis 900 m mehr schattige Hänge	gelblich
Schopflavendel	Lavandula stoechas ssp. stoechas	niedrige Höhenlage 300 bis 600 m, bevorzugt Silikatgestein, Macchien, Garrigue, Kiefernwälder, Hügel in Meeresnähe	zart gelblich
Speiklavendel	Lavandula latifolia (Lavandula spica)	Meereshöhe – 800 m Südlage, trockene Hügel, Kalkböden, frostempfindlich	hellgelblich
Lavandin	• Lavandula × burnatii, Lavandula hybrida • Grosso (ergibt den höchstmöglichen Ertrag) • Abrialis, erste Hybridart • Super entstand nach Abrialis • Mailette • Matheronne (wird kaum mehr angebaut, da ein weniger lösliches Öl, schwierig in der Parfümerie zu gebrauchen)	 700–800 m 700–800 m 700–800 m	hellgelblich

Öl	Botanik	Heilwirkung
sehr fein	Triebe in kleinen Büscheln, Blütenschaft nicht verzweigt, wenige lange dünne Triebe, Blätter linear, blauviolette Blüten	Nerventonikum, beruhigend und anregend zugleich, Hauterkrankungen, Verbrennungen, Narben, Entzündungen, herzstärkend, spasmolytisch, Depressionen, »ein spiritueller Duft«
fein	Triebe in kleinen Büscheln, (jedoch mehr als bei Lavendel extra) Blütenschaft nicht verzweigt, robustere Zweige und größere Blätter als bei extra, blass-blau-violette Blüten, Blätter linear	gleiche Heilwirkung wie Lavendel extra, nur weniger stark
kräftig, kampferartig	kleiner Strauch mit beiderseits filzigen länglichen Blättern, dichte Scheinähre mit dicken Blütenquirlen mit hellvioletten Hochblättern, Blütenkrone schwarzviolett, blüht März–Juni.	Herztonikum, nervenstärkend, nervöse Schwäche, durchblutungsfördernd, Stress. Nicht für Kinder verwenden!
frisch, kräftig, kampferartig	wächst in großen Büscheln, Blätter an der Basis, Blätter länglich und spatelförmig, blütentragender Zweig, verzweigt 70–80 cm, Blätter breiter als bei extra und fein	Pilzerkrankungen (Haut), Rheumatismus, Nervenschmerzen, Akne, durchblutungsfördernd, Abszesse, desodorierend, gestaute Haut
sehr kampferartig kampferartig lavendelig-fein	wächst in großen Büscheln, robuste Zweige, große Blätter, lavendelblaue Blüten	Muskelverspannungen (gut für Massagen und Bäder), Luftverbesserung

Natürliche Hybriden ergeben sich aus dem Speiklavendel und dem Lavendel fein. Sie sind immer unfruchtbar. Vom Menschen geschaffene geklonte Hybriden sind Lavandula hybrida, Grosso super, Abrialis und weitere. Die Hybriden geben einen vielfach höheren Ertrag an ätherischem Öl als die nicht hybriden Arten Lavendel extra und Lavendel fein. Sie haben jedoch auch weniger Heilwert. Grosso wird zur Zeit am meisten angebaut, da er den höchsten Ertrag liefert (3-mal mehr als Abrialis); die Qualität dieses Öles ist jedoch minderwertig.

VERZEICHNIS DER AROMAPFLANZEN

Deutsch	Latein	Italienisch	Englisch	Französisch
Angelika	Angelica archangelica	Angelica	Angelica	Angélique
Anis	Pimpinella anisum	Anice	Anise	Anis
Basilikum	Ocimum basilicum	Basilico	Basil	Basilic
Bay	Pimenta racemosa	Bay	Bay	Bay
Benzoe	Styrax tonkinensis	Benzoino	Benzoin	Benjoin
Bergamotte	Citrus bergamia	Bergamotto	Bergamot	Bergamote
Bohnenkraut	Satureja hortensis	Santoreggia	Savory	Sarriette
Cajeput	Melaleuca leucadendra	Cajeput	Cajeput	Cajeput
Cassie	Acacia farnesiana	Cassia	Cassia	Cassie
Cistrose	Cistus ladanifer	Cisto	Cistus	Ciste
Citronella	Cymbopogon nardus	Cedrina	Citronella	Citronelle
Clementine	Citrus deliciosa	Mandarancio	Tangerine	Clementine
Dill	Anethum graveolens	Aneto	Dill	Aneth
Douglasie	Pseudotsuga menziesii	Douglasie	Douglasie	Douglasie
Eichenmoos	Evernia prunastri	Muschio quercino	Oak moss	Mousse de chêne
Eisenkraut	Lippia citriodora	Verbena	Verbena	Verveine
Elemi	Canarium luzonicum	Elemi	Elemi	Elémi
Estragon	Artemisia dracunculus	Estragone	Tarragon	Estragon
Eukalyptus	Eucalyptus globulus	Eucalipto	Eucalyptus	Eucalyptus
Fenchel	Foeniculum vulgare var. dulce	Finocchio	Fennel	Fenouil
Galbanum	Ferula gummosa	Galbano	Galbanum	Galbanum
Geranie	Pelargonium graveolens	Geranio	Sweet geranium	Geranium
Ginster	Spartium junceum	Ginestra	Spanish broom	Gênet
Immortelle	Helichrysum italicum	Elicrisio	Immortelle	Immortelle
Ingwer	Zingiber officinale	Zenzero	Ginger	Gingembre
Iris	Iris germanica var. florentina	Iris	Iris	Iris de florence
Jasmin	Jasminum grandiflorum	Gelsomino	Jasmine	Jasmin
Kakao	Theobrama cacao	Cacao	Cacao	Cacao
Kamille	Matricaria recutita	Camomilla	Camomile	Camomille
Kampfer	Cinnamonum camphora	Canfora	Camphor	Camphre
Kardamom	Elettaria cardamomum	Cardamomo	Cardamom	Cardamome
Karotte	Daucus carota	Carota	Carrot	Carrote
Koriander	Coriandrum sativum	Coriandolo	Coriander	Coriandre
Kreuzkümmel	Cuminum cyminum	Cumino	Cumin	Cumin
Lärche	Larix decidue	Larice	Larch	Mélèze
Latschenkiefer	Pinus mugo	Pino mugo	Mountaine pine	Pin a crochet
Lavendel	Lavandula vera	Lavanda	Lavender	Lavande
Lemongrass	Cymbopogon citratus	Lemongrass	Lemongrass	Lemongrass
Liebstöckel	Levisticum officinale	Sedano di montagna	Lovage	Livèche
Limette	Citrus aurantiifolia	Limetta	Lime	Limette
Linaloe	Bursera delphiana	Linaloe	Linaloe	Linaloe
Lorbeer	Laurus nobilis	Lauro	Laurel	Laurier
Majoran	Origanum majorana	Maggiorana	Majoram	Marjolaine
Mandarine	Citrus reticulata	Mandarino	Mandarin	Mandarine
Meerkiefer	Pinus pinaster	Pino marittimo	Pine	Pin maritime
Melisse	Melissa officinalis	Melissa	Melissa	Melisse
Mimose	Acacia decurrens	Mimosa	Mimosa	Mimosa
Minze	Mentha piperita L. var. citrata	Menta pierita	Pepper mint	Menthe
Moschuskörner	Hibiscus abelmoschus	Ambretta	Ambrette	Ambrette
Muskatnuss	Myristica fragrans	Noce moscata	Nutmeg	Muscade
Muskatellersalbei	Salvia sclarea	Salvia sclarea	Clary sage	Sclarée
Myrte	Myrtus communis	Mirto	Myrthe	Myrte

Deutsch	Latein	Italienisch	Englisch	Französisch
Myrrhe	Commiphora molmol	Mirra	Myrrh	Myrrhe
Narzisse	Narcissus poeticus	Narciso	Narcissus	Narcisse
Nelke	Syzygium aromaticum	Chiodi di garofano	Clove	Girofle
Neroli	Citrus aurantium	Neroli	Neroli	Néroli
Orange	Citrus sinensis	Arancio	Orange	Orange
Oregano	Origanum vulgare	Origano	Origan	Origan
Palmarosa	Cymbopogon martinii	Palmarosa	Palmarosa	Palmarosa
Pampelmuse	Citrus maxima	Pompelmo	Grape fruit	Pampelmuse
Patchouli	Pogostemon cablin	Patchouli	Patchouli	Patchouli
Petersilie	Petroselinum crispum	Prezzemolo	Parsley	Persil
Petit grain	Citrus bigarade	Petit grain	Petit grain	Petit grain
Pfeffer	Piper nigrum	Pepe nero	Pepper	Poivre
Rose	Rosa damascena	Rosa	Rose	Rose
Rosmarin	Rosmarinus officinalis	Rosmarino	Rosemary	Romarin
Salbei	Salvia officinalis	Salvia	Sage	Sauge
Sandelholz	Santalum album	Sandalo	Sandalwood	Santal
Santolin	Santolina chamaecyparissus	Santolina	Santoline	Santoline
Schafgarbe	Achillea millefolium	Achillea	Yarrow	Millefeuille
Sellerie	Apium graveolens	Sedano	Celery	Celeri
Styrax	Liquidamber orientalis	Storace	Styrax	Styrax
Tanne	Abies alba	Abete	Fir	Sapin
Thymian	Thymus vulgaris	Timo	Thym	Thym
Tea Tree	Melaleuca alternifolia	Tea tree	Tea tree	Tea tree
Tolu	Myroxylon balsamum	Tolu	Tolu	Tolu
Tonka	Dipteryx odorata	Tonka	Tonka	Tonka
Vanille	Vanilla planifolia	Vangiglia	Vanilla	Vanilla
Vetiver	Vetiveria zizaniodes	Vetiver	Vetiver	Vetiver
Wacholderbeere	Juniperus communis	Ginepro	Juniper	Genievre
Weihrauch	Boswellia sacra	Incenso	Frankincense	Encens
Wiesenkönigin	Filipendula ulmaria	Regina dei prati	Meadowsweet	Reine des prés
Ylang-Ylang	Cananga odorata	Ylang ylang	Ylang ylang	Ylang ylang
Ysop	Hyssopus officinalis	Issopo	Hyssop	Hysope
Zeder	Cedrus atlantica	Cedro	Cedar	Cedre
Zirbelkiefer	Pinus cembra	Pino cembro	Swiss stone pine	Pin cembre
Zimt	Cinnamonum verum	Cannella	Cinnamon	Cannelle
Zitrone	Citrus limon	Limone	Lemon	Citron
Zypresse	Cypressus sempervirens	Cipresso	Cypress	Cyprès

AROMAPFLANZEN UND IHRE ZUORDNUNG ZU DEN PFLANZENFAMILIEN

Agavaceae – Agavengewächse

Tuberose
Polianthes tuberosa

Ammaryllidaceae – Ammaryllisgewächse

Narzisse
Narcissus poeticus

Annonaceae – Anemonengewächse

Ylang-Ylang
Cananga odorata

Apiaceae – Doldenblütler

Angelika (Engelwurz)
Angelica archangelica

Anis
Pimpinella anisum

Dill
Anethum graveolens

Fenchel süß
Foeniculum vulgare dulce

Galbanum
Ferula gummosa

Koriander
Coriandrum sativum

Kreuzkümmel
Cuminum cyminum

Burseraceae – Balsambaumgewächse

Elemi
Canarium luzonicum

Myrrhe
Commiphora molmol

Weihrauch
Boswellia sacra

Cistaceae – Cistrosengewächse

Cistrose
Cistus ladanifer

Compositae – Korbblütler

Estragon
Artemisia dracunculus

Immortelle
Helichrysum italicum

Kamille römisch
Anthemis nobilis

Santolin
Santolina chamaecyparissus

Schafgarbe
Achillea millefolium

Cupressaceae – Zypressengewächse

Wacholder
Juniperus communis

Zypresse
Cupressus sempervirens
Cupressus arizonica

Geraniaceae – Storchschnabelgewächse

Geranie
Pelargonium odoratissimum
Pelargonium graveolens

Iridaceae – Irisgewächse

Iris
Iris germanica var. florentina

Lamiaceae – Lippenblütler

Basilikum
Ocimum basilicum

Bohnenkraut
Satureja hortensis
Satureja montana

Lavendel
Lavandula officinalis

Majoran
Origanum majorana

Melisse
Melissa officinalis

Nanaminze
Mentha viridis nana

Pfefferminze
Mentha piperita

Spearmint
Mentha spicata

Muskatellersalbei
Salvia sclarea

Oregano
Origanum vulgare

Patchouli
Pogostemon cablin

Rosmarin
Rosmarinus officinalis

Salbei
Salvia officinalis

Thymian
Thymus vulgaris

Ysop
Hyssopus officinalis
Hyssopus decumbens

Tolu
Myroxylon balsamum

Tonka
Dipteryx odorata

Lichenes – Flechten

Eichenmoos
Evernia prunastri
Evernia furfuracea

Malvaceae – Malvengewächse

Moschuskörner
Abelmoschus moschatus

Myristicaceae – Muskatnussgewächse

Muskatnuss
Myristica fragrans

Myrtaceae – Myrtengewächse

Bay
Pimenta racemosa

Cajeput
Melaleuca leucadendra

Eukalyptus
Eucalyptus globulus
Eucalyptus citriodora

Niaouli
Melaleuca viridiflora

Myrte
Myrtus communis

Nelkenbaum (Gewürznelke)
Syzygium aromaticum

Tea Tree
Melaleuca alternifolia

Oleaceae – Ölbaumgewächse

Jasmin
Jasminum officinalis

Orchidaceae – Orchideengewächse

Vanille
Vanilla planifolia

Pinaceae – Kieferngewächse

Douglasie
Pseudotsuga menziesii

Fichte
Picea abies

Lärche
Larix europaea

Latschenkiefer
Pinus mugo

Meerkiefer
Pinus pinaster

Riesentanne
Abies grandis

Weißtanne
Abies alba

Zeder
Cedrus atlantica

Zirbelkiefer
Pinus cembra

Piperaceae – Pfeffergewächse

Pfeffer schwarz
Piper nigrum

Poaceae – Süßgräser

Citronella
Cymbopogon nardus

Lemongrass
Cymbopogon citratus

Palmarosa
Cymbopogon martinii

Vetiver
Vetiveria zizanioides

Rosaceae – Rosengewächse

Rose
Rosa centifolia
Rosa damascena

Wiesenkönigin
Filipendula ulmaria

Rutaceae – Rautengewächse

Bergamotte
Citrus aurantium ssp. bergamia

Clementine
Citrus deliciosa

Grapefruit
Citrus paradisii

Limette
Citrus aurantiifolia Swingle

Mandarine
Citrus reticulata

Neroli; Petit Grain
Citrus aurantium ssp. auranti

Orange
Citrus sinensis

Pampelmuse
Citrus maxima

Zitrone
Citrus limon

Santalaceae – Sandelholzgewächse

Sandelholz
Santalum album

Sterculiaceae – Sterkuliengewächse

Kakao
Theobroma cacao

Styracaceae – Storaxbaumgewächse Benzoe
Styrax tonkinensis (Siam)
Styrax benzoin (Sumatra)

Verbenaceae – Verbengewächse Eisenkraut (Zitronenstrauch)
Lippia citriodora

Zingiberaceae – Ingwergewächse Ingwer
Zingiber officinale

THERAPEUTISCHER INDEX

Abszess	Kamille, Lavendel, Elemi, Galbanum, Karottensamen
Allergie	Immortelle, Kamille, Melisse, Rose
Angst	Angelika, Bergamotte, Jasmin, Muskatellersalbei, Neroli, Orange, Safran, Sandelholz, Ylang-Ylang, Zeder, Zirbelkiefer, Basilikum, Geranie, Koriander, Majoran, Zimt
Angina	Eukalyptus, Lavendel, Angelika, Tea Tree, Cajeput
Appetitmangel	Bergamotte, Schafgarbe, Estragon, Oregano, Tonka
Arthritis	Cajeput, Wacholder
Asthma	Eukalyptus, Lavendel, Melisse, Muskatellersalbei, Rosmarin, Ysop, Zitrone, Benzoe
Bindehautentzündung	Rose
Blähungen	Angelika, Bergamotte, Kamille, Melisse, Muskatellersalbei, Neroli, Schafgarbe, Anis, Kümmel, Fenchel, Ingwer, Koriander, Limette, Nelke
Blasenentzündung	Bergamotte, Cistrose, Eukalyptus, Myrte, Orange, Sandelholz, Schafgarbe, Zeder, Meerkiefer
Blutungen	Zypresse, Zitrone
Bronchitis	Eukalyptus, Immortelle, Lavendel, Muskatellersalbei, Myrte, Sandelholz, Ysop, Zirbelkiefer, Benzoe, Dill, Cajeput, Latschenkiefer, Meerkiefer, Niaouli, Oregano, Thymian, Weihrauch
Cellulitis	Orange, Zypresse, Rosmarin, Schafgarbe, Birke, Oregano, Pampelmuse, Wiesenkönigin, Wacholder, Zitrone
Depressionen	Bergamotte, Lavendel, Melisse, Neroli, Rose, Schafgarbe, Ylang-Ylang, Zirbelkiefer, Basilikum, Geranie, Tonka
Durchblutungsstörungen	Angelika, Bay, Kampfer, Latschenkiefer, Rosmarin, Mastix
Durchfall	Neroli, Sandelholz, Zypresse, Bohnenkraut, Cajeput, Nelke, Geranie
Ekzeme	Bergamotte, Cistrose, Immortelle, Jasmin, Kamille, Lavendel, Melisse, Rose, Sandelholz, Schafgarbe, Ysop, Geranie, Oregano, Wacholder
Erbrechen	Minze, Cajeput, Dill, Angelika, Ingwer
Erkältung	Eukalyptus, Immortelle, Lavendel, Minze, Myrte, Zirbelkiefer, Zitrone, Bay, Cajeput, Ingwer, Latschenkiefer, Niaouli, Oregano, Tea Tree, Thymian, Douglasie, Manuka
Fieber	Bergamotte, Eukalyptus, Kamille, Lavendel, Orange, Rose, Zitrone
Gallenblase	Entzündung: Immortelle, Melisse, Rosmarin, Mimose Kolik: Kamille, Melisse, Schafgarbe Steine: Minze, Rosmarin, Kamille
Geburtshilfe	Eisenkraut, Jasmin
Geburtsvorbereitung	Jasmin, Rose, Rosenholz, Muskatellersalbei, Mandarine
Gedächtnisschwäche	Rosmarin, Minze, Zitrone, Basilikum
Grippe	Angelika, Lavendel, Minze, Zirbelkiefer, Cajeput, Niaouli, Thymian, Zimt, Ysop
Halsentzündung	Bergamotte, Sandelholz, Niaouli, Cajeput, Zitrone, Benzoe
Hämorrhoiden	Myrte, Zypresse, Schafgarbe, Mastix
Harnröhrenentzündung	Sandelholz, Zeder, Cajeput, Meerkiefer, Niaouli, Wacholder
Harnleiterentzündung	Zitrone, Zeder, Sandelholz, Cajeput, Meerkiefer, Niaouli, Wacholder
Hauterkrankungen	Cistrose, Zeder, Zitrone, Geranie, Karottensamen, Meerkiefer, Oregano, Rose, Immortelle, Bergamotte, Mastix
Herpes	Lavendel, Tea Tree, Melisse, Bergamotte
Herz	Herzklopfen: Eisenkraut, Minze, Neroli, Oregano, Ylang-Ylang Herzschwäche: Angelika, Estragon, Kamp-

	fer, Lavendel, Rose, Galgant nervös: Lavendel, Neroli, Orange, Rose
Husten	Myrte, Thymian, Ysop, Zypresse, Anis, Benzoe, Fenchel, Meerkiefer, Niaouli
Insektenstiche	Lavendel, Melisse, Minze, Zitrone, Tea Tree, Manuka
Kopfschmerzen	Lavendel, Melisse, Neroli, Ingwer, Majoran, Rose, Muskatellersalbei, Rosmarin, Basilikum, Ylang-Ylang, Schafgarbe
Krampfadern	Schafgarbe, Zypresse, Zitrone, Wacholder, Mastix
Kreislauf	labil: Melisse, Ysop, Rosmarin, Galgant Blutdruck zu hoch: Lavendel, Ylang-Ylang, Rose Blutdruck zu niedrig: Rosmarin, Lemongrass, Zitrone, Galgant Stauungen: Melisse, Minze, Rosmarin Schwäche: Immortelle, Melisse, Minze, Galgant, Rosmarin
Lymphstau	Immortelle, Cistrose, Minze, Zitrone, Lavendel
Magen	anregend: Angelika, Schafgarbe, Estragon, Dill, Fenchel, Bohnenkraut, Oregano, Koriander Schleimhautentzündung: Kamille, Schafgarbe, Sandelholz Magenkrämpfe: Muskatellersalbei, Fenchel, Anis
Magersucht	Bergamotte, Pampelmuse, Vetiver, Tonka, Vanille
Menstruation	zu schwach, ausbleibend: Muskatellersalbei, Schafgarbe, Ysop, Basilikum, Koriander, Oregano, Thymian, Vanille, Zimt, Wacholder zu stark: Zypresse, Fenchel, Galbanum schmerzhaft: Bergamotte, Immortelle, Kamille, Muskatellersalbei, Schafgarbe, Koriander, Zimt unregelmäßig: Immortelle, Melisse, Rose, Estragon, Fenchel, Oregano
Mundschleimhautentzündung	Kamille, Schafgarbe, Minze, Geranie, Tea Tree, Salbei, Wacholder, Manuka
Muskelkater	Minze, Rosmarin, Zirbelkiefer, Ingwer, Majoran, Wiesenkönigin, Galgant
Muskelschmerzen	Rosmarin, Zirbelkiefer, Ingwer, Wacholder, Eukalyptus, Jasmin, Galgant
Nervenentzündung	Lavendel, Cajeput, Geranie
Nervosität	Angelika, Bergamotte, Melisse, Muskatellersalbei, Orange, Rosenholz, Sandelholz, Schafgarbe, Basilikum, Benzoe, Estragon, Fenchel, Galbanum, Honig, Koriander, Majoran, Tonka, Weihrauch, Safran
Nieren	Nierenentzündung: Eukalyptus, Schafgarbe Stärkung: Orange, Wacholder, Schafgarbe, Sandelholz
Ohrenschmerzen	Bohnenkraut, Lavendel, Cajeput, Niaouli
Prämenstruelles Syndrom	Kamille, Muskatellersalbei, Neroli, Ylang-Ylang, Galbanum, Majoran, Tonka
Prostata	Sandelholz, Benzoe
Psoriasis	Bergamotte, Cistrose, Immortelle, Cajeput, Oregano, Lavendel, Schafgarbe
Rekonvaleszenz	Angelika, Ysop, Zirbelkiefer, Zeder, Estragon, Thymian, Wacholder, Bergamotte, Zimt, Rosmarin
Rheuma	Eukalyptus, Lavendel, Minze, Rosmarin, Weißtanne, Schafgarbe, Zirbelkiefer, Zitrone, Cajeput, Estragon, Galbanum, Ingwer, Kampfer, Latschenkiefer, Niaouli, Wacholder, Wiesenkönigin, Douglasie
Scheidenkatarrh	Bergamotte, Rose, Schafgarbe, Tea Tree
Schlaflosigkeit	Neroli, Rose, Lavendel, Sandelholz, Majoran, Benzoe, Myrrhe
Schluckauf	Basilikum, Dill, Estragon, Fenchel
Schock	Minze, Neroli, Koriander
Sonnenbrand	Kamille, Lavendel, Immortelle, Schafgarbe, Rose
Stirnhöhlenerkrankungen	Angelika, Immortelle, Sandelholz, Zirbelkiefer, Basilikum, Weihrauch, Majoran
Stress	Bergamotte, Muskatellersalbei, Sandelholz, Vetiver, Fenchel, Neroli, Rose, Galbanum, Safran, Lavendel, Myrrhe
Verbrennungen	Lavendel, Rose
Verdauungsstörungen	Angelika, Eisenkraut, Minze, Muskateller salbei, Orange, Estragon
Wechseljahre	Salbei, Melisse, Muskatellersalbei, Schafgarbe, Zypresse, Geranie
Wunden	Cistrose, Eukalyptus, Lavendel, Rose, Schafgarbe, Zitrone, Benzoe, Elemi, Geranie, Niaouli, Patchouli
Zahnfleischentzündung	Orange, Rose, Nelke, Zimt, Zitrone, Zypresse

BIBLIOGRAPHIE

Asimov, M. S.: Ibn Sina – Avicenna. Unesco-Kurier 10/1980
Avicenna: Das Lehrgedicht über die Heilkunde, Berlin 1939
Balz, R.: Les huiles essentielles, Crest 1986
Bardeau, F.: La medicine aromatique, Paris 1976
Baumann, H.: Die griechische Pflanzenwelt, München 1982
Belaiche, P.: Traite de Phytotherapie et d'Aromathérapie; Band I: L'aromatogramme, Paris 1979; Band II: Les maladines infectieuses, Paris 1979; Band III: Gynécologie (M. Girault), Paris 1979
Beil, E. A., and Charlwood, B.: Encyclopedia of Plant Physiologie, 1980
Berni, P.: Le Essenze, Custoza 1984
Bieber, I.: Olfaction in sexual development and adult sexual organisation, Am. 1. Psychotherapie, 13/1959
Borio, E.: Curassi con erbe, radici, foglie e fiori, Bergamo 1981
Bouhours, J.: La salute del bambino con le piante, Firenze 1982
Brünig, H.: Ätherische Öle und Bakterienwirkung in roher Kuhmilch, Centralblatt für innere Medizin 1906
Brunschwig, H.: Das buch der waren kunst zu distillieren, 1512, Nachdruck Leipzig 1972
Corbin, A.: Pesthauch und Blütenduft, Berlin 1984
Domin, H.: Nur eine Rose als Stütze, Frankfurt 1959
Fischer-Rizzi, S.: Blätter von Bäumen, München 1980
Fischer-Rizzi, S.: Medizin der Erde, München 1984
Fischer-Rizzi, S.: Dufterlebnisse, Isny 1987
Fischer-Rizzi, S.: Duft und Psyche, 1991
Fischer-Rizzi, S.: Aroma-Massage, München 1993
Fischer-Rizzi, S.: Botschaft an den Himmel, München 1996
Fischer-Rizzi, S.: Gold in der Küche, das Safrankochbuch, Aarau 2001
Foerster, K.: Reise doch – bleibe doch, Frankfurt 1953
Gattefossé, R.-M.: Aromathérapie, 1928
Gatti, G., e Cayola, R.: L'Azione delle essenze sul sistema nervoso, Revista Italiana delle Essenze e Profumi 1923
Gatti, G., e Cayola, R.: Azione terapeutica degli olii essenziali, Revista Italiana delle Essenze e Profumi 1923
Gatti, G., e Cayola, R.: L'essenza di valeriana nella cura delle malatti nervose, Revista Italiana delle Essenze e Profumi 1929
Genders, R.: Scented Flora of the World, New York 1977
Gia-Fu Feng: Tao Te Ching, Lao Tsu, London 1973
Gildemeister, E., und Hoffmann, F.: Die ätherischen Öle, Berlin 1966
Groissmeier, M.: Haiku, Pfullingen 1982
Gümbel, D.: Ganzheitsmedizinische Hauttherapie mit Heilkräuter-Essenzen, Heidelberg 1984
Hail, G.: Riechstoffe, München/Berlin 1963
Han Shan: Gedichte vom Kalten Berg, Düsseldorf/Köln 1974
H&R: Lexikon Duftbausteine, Hamburg 1985
H&R: Parfüm, Hamburg 1984
H&R: Duftatlas Damennoten, Hamburg 1984
Henglein, M.: Die heilende Kraft der Wohlgerüche und Essenzen, München 1985
Jackson, J.: Aromatherapy, New York 1986
Jellinek, P.: Praktikum des modernen Parfümeurs, Wien 1949
Jellinek, P.: Die psychologischen Grundlagen der Parfümerie, Heidelberg 1973
Joachim, H.: Papyros Ebers, Übersetzung aus dem ägyptischen Originaltext, Berlin 1890, Reprint Berlin 1973
Karl, J.: Phytotherapie, München 1974
Karsten, H.: Duft-, Farb-, Ton-Therapie bei psychosomatischen Erkrankungen, Heidelberg 1976
Krumm-Heller, A.: Magie der Duftstoffe, Berlin 1955
Kubeczka, K.-H.: Ätherische Öle, Stuttgart/New York 1982
Lautié, R., und Passebecq, A.: Aromatherapie, London 1979
Madaus, G.: Lehrbuch der biologischen Heilmittel, Band I–III, Hildesheim/New York 1976
Maple, E.: The magic of perfume, 1973
Marzotto Caotorta, F.: Profumi ritrovati, Milano 1980
Maury, M.: The secret of Life and Youth, London 1964

Martindale, W. H.: Perfume and Essential Oil Record, Schimmel-Berichte 1, 1911
Meunier, C.: Lavandes et Lavandins, Aix-en-Provence 1985
von Meyer, F., und Meyer, E.: Percutane Resorption von Ätherischen Ölen und ihren Inhaltsstoffen, Arzneimittelforschung 9, 1959
Moncrieff, R.: Odour Preferences, Wiley, New York 1966
Paracelsus: Sämtliche Werke, Hrsg. Karl Sudhoff, München/Berlin 1929
Paracelsus: Sämtliche Werke, Hrsg. Bernhard Aschner, Jena 1928
Plenzat, F.: Duftende Pflanzen in Garten und Haus, Frankfurt 1987
Price, S.: Practical Aromatherapy, Northamptonshire 1983
Rovesti, P.: Alla ricerca della cosmesi dei primitivi, Venezia 1977
Rovesti, P.: Alla ricerca del profumi perduti, Venezia 1980
Rouvière, A. et Meyer, M.-C.: Les huiles essentielles, Paris 1983
Ryman, D.: The Aromatherapy Handbook, London 1984
Schimmel, A.: Nimm eine Rose und nenne sie Lieder, München 1988
Schott, R.: Die Kunst, sich gesund zu erhalten, Zürich/Stuttgart 1964
Schroeder und Messing: Methods for comparing the antibacterial activity of essential oils and other agueous insoluble compounds, Bull Nat. Formulary Comm., 1949
Stead, C.: The power of Holistic Aromatherapy, London 1986
Stoffler, H.-D.: Der Hortulus des Walahfrid Strabo, Sigmaringen 1978
Tisserand, R. B.: Das ist Aromatherapie, Freiburg 1993
Valnet, J.: Aromatherapie, Lausanne 1976
Wabner, D.: Rose Oil – Its Use in Therapy and Cosmetics, Aroma 88 – Symposium, Reading, Sept. 1988
Waggerl, K.-H.: Das heitere Herbarium, Salzburg 1950
Winter, R.: The Smell Book, Philadelphia 1976
Worwood, V. A.: Aromatics, London/Sydney 1987
Worwood V. A.: The Fragrant Pharmacy, London 1990
Zohary, M.: Pflanzen der Bibel, Stuttgart 1983

Register

Bildnachweis:

Seite 2, 24, 49, 50, 73, 75, 80, 82, 135, 147, 148, 149, 156, Anita Kössler, Legau

Seite 11, aus dem Buch »Auf der Suche nach den verlorenen Düften«, Susanne Fischer-Rizzi, P. Rovesti, Hugendubel Verlag, München

Seite 14, Apothekermuseum, Schloss Heidelberg

Seite 16, aus dem Buch H+R Parfüm, Hamburg 1984

Seite 31, Christa Löwe, Geratser Hof, bei Kempten, Allgäu

Seite 61, 96–97, Renate und Ernst Pfeiffer, Winterrieden

Seite 57, Hansjörg Magg, Waltenhofen

Seite 67, aus dem Buch »Lavandes et Lavandins«, Christiane Meunier, Aix-en-Provence 1985

Seite 70, 83, 139, Bruno Vonarburg, Teufen

Seite 132, 140, Fredi Käser, Kirchberg

Seite 143, Anke Hirschberg, Erlangen

Seite 144, Sibylle Tropper, Stuttgart

Alle anderen Bilder stammen aus dem Privatbesitz von Susanne Fischer-Rizzi und Peter Ebenhoch.

Für die zur Verfügung gestellten Bilder bedanken wir uns.

Die Bücher von Susanne Fischer-Rizzi im AT Verlag

Medizin der Erde
Heilanwendung, Rezepte und Mythen unserer Heilpflanzen

Mit Einfühlungskraft und umfassendem Wissen führt uns die Autorin zu den wichtigsten einheimischen Heilkräutern. Das Buch regt dazu an, durch die eigene Erfahrung in eine lebendige Beziehung zu den Pflanzen zu treten. Mit Angaben zu ihrem Vorkommen, zu Sammeln und Anbau, der Zubereitung von Tees, Salben, Tinkturen und weiteren Heilanwendungen bei Mensch und Tier.

Das Buch vom Räuchern

Eine umfassende Darstellung der Kunst des Räucherns – von der Altsteinzeit über die Hochkulturen in Ägypten, Mesopotamien und Griechenland bis zur Räucherkultur im Fernen Osten und bei den Indianern. Mit ausführlichen Angaben zur Geschichte der einzelnen Räuchersubstanzen, ihrer praktischen Anwendung und vielen Rezepten zum Selbermischen.

Blätter von Bäumen
Heilkraft und Mythos einheimischer Bäume

Einfühlsam porträtiert die Autorin 34 einheimische Bäume, erzählt von alten Mythen, Bräuchen und Überlieferungen. Zu jedem Baum gibt sie Hinweise zur medizinischen Verwendung mit vielen praktischen Anwendungen und Rezepten für Salben, Tees, Tinkturen, Umschläge und auch manches überraschende Rezept für das leibliche Wohl.

Gold in der Küche
Das Safrankochbuch

Safran ist ein Gewürz mit ganz besonderen Kräften. Neben seinem unvergleichlichen Duft und Aroma stimmt er heiter, verführt zum Lachen, hat aphrodisierende und heilende Wirkung. Das erste Kochbuch zum Thema mit den 80 besten Rezepte aus verschiedenen Kulturen, darunter Mixturen für Lebenselixiere, Heiltees sowie Getränke und Gerichte aus der ayurvedischen Tradition.

Mit Tieren verbunden
Die geheimnisvolle Beziehung zwischen Mensch und Tier

Tiere können uns wahre Verbündete und Seelengefährten sein, unsere innersten Gefühle ansprechen und eine Verbindung zu arachaischen Schichten des Bewusstseins schaffen. In der Beschreibung von zwölf Tieren verweben sich in diesem außergewöhnlichen Buch Mythologie, psychologische Archetypen, persönliches Erleben und faszinierendes, biologisches Wissen zu eindringlichen Bildern unserer europäischen Kraft- und Seelentiere.

AT Verlag
Stadtturmstraße 19
CH-5401 Baden
Telefon +41 (0)58 200 44 00
Fax +41 (0)58 200 44 01
E-Mail: info@at-verlag.ch
Internet: www.at-verlag.ch